복 있는 사람
오직 여호와의 율법을 즐거워하여 그 율법을 주야로 묵상하는 자로다.
저는 시냇가에 심은 나무가 시절을 좇아 과실을 맺으며 그 잎사귀가
마르지 아니함 같으니 그 행사가 다 형통하리로다.　　　(시편 1:2-3)

오픈 시크릿

Lesslie Newbigin

The Open Secret

오픈 시크릿

레슬리 뉴비긴 지음 | 홍병룡 옮김

복 있는 사람

오픈 시크릿

2012년 4월 18일 초판 1쇄 발행
2022년 9월 13일 초판 5쇄 발행

지은이 레슬리 뉴비긴
옮긴이 홍병룡
펴낸이 박종현

(주) 복 있는 사람
서울특별시 마포구 연남동 246-21 (성미산로 23길 26-6)
Tel 723-7183 (편집). 723-7734 (영업·마케팅) | Fax 723-7184
hismessage@naver.com
등록 1998년 1월 19일 제1-2280호
ISBN 978-89-6360-083-3

The Open Secret
by Lesslie Newbigin
Copyright © 1978, 1995 by Wm. B. Eerdmans Publishing Co.
Originally Published in English under the title
The Open Secret: An Introduction to the Theology of Mission
Published by Wm. B. Eerdmans Publishing Co.
2140 Oak Industrial Drive NE, Grand Rapids, Michigan 49505, U.S.A.
All rights reserved.

Translated and used by permission of Wm. B. Eerdmans Publishing Co.
through arrangement of rMaeng2, Seoul, Korea.
This Korean edition Copyright © 2012 by The Blessed People Publishing Co., Seoul, Korea.

이 책의 한국어판 저작권은 알맹2 Agency를 통해 Wm. B. Eerdmans Publishing Co.와 독점 계약한 (주) 복 있는 사람이 소유합니다. 신저작권법에 의해 한국 내에서 보호를 받는 저작물이므로 무단 전재와 복제를 금합니다.

차례

개정판 서문	9
초판 서문	11
1장_ 논의의 배경	15
2장_ 권위의 문제	33
3장_ 삼위일체 하나님의 선교	45
4장_ 성부 하나님의 나라를 선포하는 일 행동하는 믿음으로서의 선교	65
5장_ 성자 하나님의 삶에 동참하는 일 행동하는 사랑으로서의 선교	83

6장_ 성령 하나님의 증언을 전하는 일   109
      행동하는 소망으로서의 선교

7장_ 복음과 세계 역사   125

8장_ 선교, 하나님의 정의를 실현하는 행동   165

9장_ 교회성장, 회심, 문화   213

10장_ 복음과 타종교   271

주   317

찾아보기   321

개정판 서문

한동안 절판되었던 이 책이 여전히 선교학 입문서로서 유용하다는 이유로 개정판의 모습을 띠고 다시 빛을 보게 된 것을 기쁘게 생각한다. 초판을 최근 상황에 맞게 스타일과 내용 면에서 여러 군데 수정해 주는 등 편집상의 도움과 조언을 아끼지 않은 엘리너 잭슨 박사에게 감사드리고 싶다. 이 개정판이 많은 유익을 주길 기대한다.

런던 헤른 힐에서
레슬리 뉴비긴

초판 서문

이 책의 내용은 내가 4년에 걸쳐—그들의 본국이나 해외에서—선교 사역을 준비하는 예비 선교사들에게 강의하는 동안에 개발된 것이다. 그들은 비교적 짧은 기간 공부하러 온다. 그래서 느긋하게 공부할 여유가 별로 없는 편이다. 또한 생업의 문제를 안고 있고, 가능하면 최대한 명료하게 장차 그들이 수행할 선교사역에 대해 알고 싶어 한다. 내 강의는 그들을 도울 목적으로 개설되었다.

이 과정에 참여하는 선교사 후보생들은 학력과 경험이 각양각색이었다. 대다수는 정식으로 신학을 공부해 본 적이 없었는데, 일부는 신학과정을 수료했을뿐더러 경험도 풍부한 편이었다. 그들은 여섯 대륙 전역에서 찾아온 학생들로 신앙적 배경도 아주 다양했다.

물론 이 강의 내용이 성경신학, 조직신학, 선교신학 등 현대신학을 폭넓게 알고 있는 학자의 눈으로 보면 아쉬운 면이 많을 것이라는 사실을 잘 알고 있다. 따라서 나는 독자들에게 자신이 품은 목적과 자신이 처한 상황을 잘 유념하라고 요청하지 않을 수 없다.

이 책에 제시된 내용의 핵심은 국제선교협의회(IMC)와 세계교회협의회(WCC)가 통합될 당시 출판된 '오늘의 선교를 위한 삼위일체 신앙'(Trinitarian Faith for Today's Mission)이란 팸플릿에 담겨 있다. 나는 그 후 셀리 오크 칼리지(Selly Oak College)에서 강사로 일하는 동안 이 생각을 더욱 발전시킬 수 있었다.

이 책은 학문적인 서적이 아니기 때문에 내가 기대고 있는 출처를 일일이 밝히는 주를 모두 달지는 않았다. 그 모든 출처를 추적하는 일 자체가 거의 불가능한 만큼, 여기서는 내 생각을 자극해 준 수많은 친구들과 동료들의 말과 글에 큰 빚을 지고 있다는 사실만 언급하고자 한다. 특별히 깊은 우정과 격려를 베풀어 준 셀리 오크 칼리지의 폴 클리포드와 여러 동료들에게 감사를 표하고 싶다.

이 책의 내용 일부는 1977년 여름 프린스턴 신학교(Princeton Theological Seminary)에서 행한 강좌에서 발표된 적이 있는데, 당시 나를 강사로 초빙해 준 맥코드 박사에게 깊이 감사드리는 바이다. 그리고 그 강좌에 왔다가 나의 강의를 글로 옮기도록 설득하고 또 어드

먼 씨에게 이 글을 출판하도록 설득한 미국 루터교회의 아서 바우어 박사에게 특별한 감사를 표하지 않을 수 없다.

어드먼 씨와 그 실무진은 아주 부지런하고 유능한 출판인들이었다. 그들의 한결같은 도움에 심심한 고마움을 전하고 싶다.

끝으로, 매우 바쁜 중에도 알아보기 힘든 내 필체를 정확하고 능료하게 타이핑해 준 동료 벨라이 칸트에게 깊은 감사를 표한다.

버밍엄 셀리 오크에서
레슬리 뉴비긴

1장_ 논의의 배경
The Background of the Discussion

"그리스도는 열방의 빛이다." 이 장엄한 문장과 함께 제2차 바티칸 공의회의 가장 위대한 문서인 '교회에 관한 헌장'은 시작된다. 이 공의회에서 공표된 모든 것의 토대가 되는 항목들은 교회의 선교적 성격에 대한 재확증, 아직도 미완성된 과업에 대한 재인식, 교회는 땅끝까지 세상 끝 날까지 순례 중인 백성이라는 고백, 선교지인 이 세상에 대한 교회의 열린 자세의 필요성 등이다.

이처럼 교회의 선교적인 성격을 기꺼이 인정하고 "세상에 대한 그리스도의 선교에 참여하지 않고서는 그리스도에게 참여하는 길이 없다"[1]고 고백하는 것은 로마 가톨릭 교회에만 국한되지 않는다. 오랜 전통을 가진 모든 서구 교회는 선교가 교회의 본질에 속해 있다는 것을 새롭게 인식하게 되었다. 여기서 '선교'는 물론 새로운 단어는 아니지만, 이제 새로운 방식으로 사용되고 있다. 서구 기독교 세계에 속한 모든 교회―가톨릭과 프로테스탄트―는 선교사역에 대해 매우 낯익은 편이다. 그러나 선교사역은 그동안 교회의 외적인 활동에 속해 있었다. 이 사역은 다른 어딘가에서 수행되는 활동이었다. 즉, 아시아, 아프리카, 남태평양, 도시의 슬럼가, 집시나 부랑자나 소외된 사람들 가운데서 행하는 사역이었다는 말이다. 많은 경우 이른바 '선교 교회'는 부유한 지역에 위치한 일반 '교회'와 구별하여 도시의 빈민지역에 있는 이류급 교회를 일컫는 말이 되었다. 교회에서 흔히 사용하는 '선교 교구'라는 용어도 아직 완전한 교구의 자격을 획득하지 못한 교구를 가리키는 말이었다. 신학교는 '선교사역'을 실천신학의 한 분야로 자리 잡게 했을지 모르지만, 그것이 기독교 교리의 핵심부에 들어설 수는 없었다. 요컨대, 교회가 '선교사역'을 승인하긴 했으나 교회 자체가 '선교'는 아니었던 것이다.

앞 단락에서 나는 과거시제를 사용했다. 물론 기독교 세계의 여러 곳에서는 지금도 이런 현상이 지속되고 있는 만큼 현재시제를 사용해도 무방할 것이다. 하지만 서구 교회에 속한 대다수의 사려 깊은 그리스도인들은 더 이상 이런 용어를 사용할 수 없다. 서구 문화가 근본적으로 세속화됨에 따라 한때 기독교 세계였던 지역이 지금은 선교지로 변했음을 모두들 인식하고 있기 때문이다. 더군다나 서구 선교사역의 열매로 태어난 어린 교회들이 '선교'의 단계에서 '교회'의 단계로 넘어가기 위해 많은 고통을 겪어야 했기 때문에, 서구 교회들은 교회를 선교로부터 분리시키는 것이 신학적으로 변호될 수 없다는 사실을 직면하지 않을 수 없었다. 서구 교회에 속한 그리스도인들 가운데 "선교하지 않는 교회"는 아예 교회가 아니라는 인식이 점점 더 확산되고 있다. 그 결과, 교회 집회에서 다루는 의제를 보면 구색을 맞추듯 교회의 선교가 포함되어 있는 것을 보게 된다. 여러 세기 만에 처음으로 교회의 선교사역의 본질에 관한 문제가 뜨거운 논쟁 주제로 등장한 것이다. 그리하여 이 주제에 대해 달리 생각하는 신념들이 서로 충돌하는 현상이 비일비재하고, 어떤 경우에는 심한 양극화 현상이 일어나서 파문(破門)이 거론될 지경에 이르기도 한다. (예컨대, 1970년에 발표된 '선교사역의 근본 위기에 관한 프랑크푸르트 선언'을 보라.) 이런 의미에서 우리는 전혀 새로운 상황에 진입한 것이고, 장래의 전망도 무척 밝은 편이다. 이 책의 논의는 다음 두 가지 목적을 염두에 두고 있다. 첫째는 선교 논쟁을 폭넓은 성경적 관점으로 조망하는 것이고, 둘째는 그렇게 함으로써 현대 선교에 새로운 에너지를 불어넣기 위함이다. 여기에는 세계적 차원의 선교뿐 아니라 현대 서구 세계의 만만찮은 새로운 이교주의를 대상으로 한 선교도 포함된다.

I

이제 논의를 시작하는 시점에 선교사역의 역사적 배경을 잠깐 훑어보는 것이 좋을 듯하다. 과거에 일어난 일을 인식하지 못한 채 현재의 상황을 다루려고 하면 반드시 왜곡된 안목과 잘못된 판단으로 귀결되기 때문이다. 지나치게 단순화시키는 것인 줄 알면서도 일단 우리가 몸담게 된 이야기의 전편(前篇)을 잠시 개관해 볼까 한다.

이 이야기의 출발점은, 배척받고 십자가에서 죽은 예수님이 무덤에서 부활함으로써 사랑과 기쁨과 소망의 엄청난 폭발을 세상에 방출한 사건이다. 이 폭발의 충격파는 불과 이삼 년 만에 그 주변의 모든 지역으로 퍼져 나갔다. 우리는 그것이 서쪽으로 퍼져서 로마와 유럽 전역에 이른 것은 잘 알지만 다른 지역에 대해서는 잊어버리는 경향이 있다. 복음은 그리스어와 시리아어를 구사하는 그리스도인들이 모여 있었던 최초의 선교센터 안디옥에서부터 그리스어 세계인 서쪽으로 퍼졌을 뿐 아니라, 시리아어를 매개로 지중해와 중앙아시아, 인도, 중국을 잇는 고대 무역로를 따라 동쪽으로도 퍼져 나갔다. 2세기 말에 이르면 에데사(Edessa, 현재 터키의 동남부 지역에 있는 도시)가 한 기독교 국가의 수도가 된다. 225년에는 현재의 이라크에 20명도 넘는 기독교 주교가 존재하게 된다. 3세기 말에 이르러서는 아르메니아가 기독교 국가로 변모되었다. 410년 페르시아 제국은 교인들에 대한 별도의 권위를 확립한 교회를 공인하는 협약을 맺기도 한다. 이런 시스템은 훗날 무슬림들이 채택한 것이기도 하다. 5세기에 이르면 메세드(Meshed, 이란 호라산 주의 주도), 헤라트(Herat, 아프가니스탄 서북부 최대의 도시), 메르브(Merv, 투르크메니스탄의 고대 도시) 등지에 기독교 주교들이 있었고, 복음은 곧바로 아시아의 중심부를 향해 진입했다. 다수의 아라비아 부족들에게는 일찍이 2세기 초에 기독교가 전파되었다. 복음은 인도에도 들어왔는데, 어쩌면 사도 도마가 직접 들고 왔을 가능성이 있다. 에티오피아는 4세기 중엽에 복음을 받아들인 것으로 알려져 있다.

서구 교회가 대체로 잊어버렸던 이 동방 기독교 세계 한복판에서 이슬람교가 탄생한 셈이다. 이곳에서 또 다른 강력한 폭발이 일어나 반쯤 기독교화된 아라비아 부족들이 전사의 나라로 변모했다. 마호메트가 죽은 지 한 세기도 지나기 전에 이슬람 세력이 옛 기독교 세계의 중심부를 관통하여 페르시아 제국, 시리아, 이집트 그리고 지중해의 남쪽 해안 전역을 정복하기에 이르렀다. 그로부터 얼마 지나지 않아 이슬람 군대는 스페인, 남부 프랑스, 시칠리아, 남부 이탈리아를 정복했고 마침내 로마에까지 진격하여 교황에게 조공을 바치도록 강요했다.

다른 한편, 북쪽에서 내려온 이방 부족들은 북유럽과 서유럽 전역을 약탈하고 여러 세기에 걸쳐 훌륭하게 개발된 기독교 문화를 쓸어버리고 있었다. 9세기 말 유럽에 살았던 사람이라면 기독교가 완전히 망했다고 생각할 만큼 처참한 상황에 빠진 것이다. 이슬람이 장악한 광대한 지역에서 그리스도인들은 밀레트 제도(Millet system, 오스만 제국이 실시한 다른 종교에 대한 관용 정책-옮긴이)의 울타리 안에 갇힌 이류 시민이 되었고 적극적인 복음전도는 불가능한 상태였다. 그리하여 서구 교회는 이슬람의 우월한 문화와 군사력의 지배를 받고 그 세력에 둘러싸인 일종의 게토(ghetto)와 같이 전락해 버렸다.

이 책이 다루는 주제를 제대로 이해하려면, 서구 기독교 전통의 상당히 많은 부분—전례, 신학, 교회직제 등—이 이처럼 서구 기독교 세계가 선교사역을 할 수 없는 게토와 같은 신세로 전락한 그 오랜 기간 동안 형성되었다는 사실을 기억할 필요가 있다. 교회와 교인들은 더 우월한 세력에 부딪혀 자기 정체성을 유지하려고 몸부림치는 한 공동체였던 것이다. 그런 상황에 처한 교회가 스스로를 모든 민족에게 파송되어 선교사역을 하는 공동체로 보는 것은 거의 불가능했을 것이다.

서구 기독교 세계가 이슬람 세력에 대항해 스스로 힘을 결집하기 시작한 운동은 근대 서구 제국주의의 식민지에서 볼 수 있었던 민족주의 운동과 유사한 점이 많다. (한 가지 예를 들자면) 인도의 민족주의 운동을 연구하는 역사학자들은 인도인들이 교육제도를 통해 유럽 사상을 섭했기 때문에 그 운동이 촉발되였다는 섬에 의선을 같이한나. 이와 비슷하게, 암흑시대 이후 서구 기독교 세계가 부활한 것은 12세기 초에 그리스 과학 및 철학과 이슬람 신학의 종합으로 발전된 아랍 사상이 라틴어로 번역되어 이 새로운 사상이 주입된 덕분이었다. (이 점에서 서구 기독교 세계는 이슬람에게는 물론이고 이슬람 초기에 아라비아에서 온 반[半]야만적인 사람들에게 그리스 학문을 가르친 네스토리우스파를 비롯한 동방 그리스도인들에게도 영구적인 빚을 진 셈이다.)

서구 기독교 세계가 이슬람의 손아귀에서 벗어나려고 몸부림쳤던 기나긴 투쟁은 주로 이베리아 반도를 중심으로 일어났다. 몇 세기에 걸친 투쟁 끝에 이베리아 민족들이 해방을 성취한 것은 그들이 이슬람 세력을 우회해 그들의 손아귀에서 벗어나 동양과 무역을 하고, 동아시아 향신료(이것 없이는 유럽이 살아남을 수 없었다)의 출처를 찾기 위한 담대한 항해 길을 개척했기에 가능했던 일이다.

　이슬람은 종교적 신앙과 정치권력을 융합하는 신정(神政)주의 체제로서 과거 기독교 사회의 경우보다 더욱 완전한 융합을 추구했다. 따라서 이슬람에 대한 반격도 종교적 신앙과 정치권력, 군사력과 상업적 기업이 서로 뗄 수 없이 묶여 있는 체제의 모습을 가졌다. 아시아와 아메리카에 침투한 스페인과 포르투갈은 정치권력과 종교권력을 구별하지 않았다. 나중에 북유럽 세력―덴마크, 영국, 네덜란드―이 식민지 개척에 합류했을 때는 상업적인 면으로 조금 더 기울어지긴 했으나 근본적인 성격은 동일했다. 그래서 아시아, 아메리카 그리고 아프리카가 경험한 서구의 선교는 결국 군사, 정치, 상업, 문화, 종교 등이 불가분의 관계로 섞여 있는 큰 운동의 일부였던 것이다. 이런 면에서 서구 세력의 세계적인 확장은 새로운 것도 아니고 낯선 것도 아니었다. 그것은 계속해서 반복되는 인간 경험의 한 가지 실례에 불과했다. 어쩌면 역사상 가장 멀리까지 뻗어 나간 운동이었을 것이다. 이 운동이 우리 눈에 크게 보이는 것은 가장 최근에 일어난 일이기 때문이다. 우리에게 너무 가까워 그 규모를 가늠하기가 어렵고, 선과 악이 뒤섞여 있는 그것을 제대로 평가하기도 어렵다. 인류 역사의 한 장(章)을 장식한 그 시대에 대해 확실하게 말할 수 있는 한 가지는, 이제 그 시대는 지나갔다는 것이다. 두 세기가 넘도록 이 운동은 서구 교회에 그들의 세계선교사역을 이해하는 틀을 제공해 주었다. 하지만 아직도 그런 견지에서 생각하고 있다면 그것은 어리석은 사고방식이다. 우리는 현재 서구 교회가 탄생한 이래 한 번도 시도한 적이 없는 어떤 것을 하지 않으면 안되는 상황에 처해 있다. 다름 아니라, 서구의 세력과 영향력을 배척한 세계에서 타당성이 있는 선교적 교회의 형태와 본질을 발견하는 일이다. 이제는 선교사역을 예전처럼 팽창하는 서구 세력의 흐름에 따라 수행하는 것이 불가능하다. 지금은 그 흐름을 거슬러 올라가는 법을 배워야 한다. 이런 상황에서 우리는, 19세기보다 신약성경이 우리에게 훨씬 더 직접적인 메시지를 주고 있다는 것을 알게 될 것이다. 후자는 강자가 아닌 약자의 입장에서 복음을 증언하는 법을 가르쳐 주기 때문이다.

독자들은 내가 역사적 사건들을 수박 겉핥기식으로 다루고 있음을 알아차렸을 것이다. 세부적인 사항을 관찰하기 시작하면 물론 이보다 훨씬 더 복잡하다. 가장 최근의 역사만 실퍼보더라도 비시구 세계의 서구 리더십에 대한 배척은 여러 단계를 거쳐 전개되었고, 아직 끝나지 않은 상태에 있다. 한 세기 전에 서구 국가들은 경쟁적으로 세계를 지배하였고 나머지 세계는 백인을 경외하는 자세로 그들의 정치적, 문화적, 종교적 리더십을 받아들였다. 심지어는 정치적 해방운동이 시작되었을 때에도 민족운동 지도자들은 대체로 서구의 언어, 정치사상, 조직형태를 사용하는 등 서구의 문화적 리더십을 수용했다. 두 번째 단계로, 이런 서구적인 것을 모두 배척하고 토착어와 토착 문화 그리고 오래된 사회생활의 전통으로 되돌아가는 것을 볼 수 있다 (예컨대, 인도에서 의회를 권좌에서 쫓아낸 운동을 들 수 있다). 그러나 이 단계에서도 서구의 과학과 테크놀로지는 실질적인 혜택을 준다는 이유로 그대로 받아들이는 것이 보통이다. 이러한 모습이 앞으로도 계속 이어질지는 분명하지 않다. 서구 세계도 이제는 과학과 테크놀로지로 인해 인간이 치러야 하는 값비싼 대가를 인식하게 되었으므로, 과연 이 양자가 보편적인 권위를 영원히 누릴 수 있을지는 장담할 수 없는 처지다. 지난 20년 동안은 '개발'이라는 표어를 높이 내걸고 그것을 절대목표로 삼았던 시기였고, 이 개발은 곧 제3세계 국가들이 유럽과 북아메리카가 취한 방향으로 나아가는 운동으로 이해되었다. 그러나 이제는 그런 시대를 벗어나고 있는 중이다. 지금은 더 이상 '개발'을 절대목표로 간주할 수 없다. 비서구 세계는 머잖아 계몽주의 시대 이후 선진국이 당연시했고 지금도 우리의 사고방식을 지배하고 있는 그 목표에 대해 근본적인 의문을 제기하게 될 것이다.

반면 세계 전역에서 보이는 한 가지 보편적인 특징은 가까운 미래에 바뀔 것 같지 않다. 이것은 흔히 "점점 커지는 기대치의 혁명"이라고 불린다. 지난 시대에는 각 나라의 소규모 그룹만이 사회에 요구했던 것을 지금은 세계 모든 지역에 사는 사람들이 요구하고 있다. 프랑스 혁명과 미국 혁명은 계몽주의 시대에 개발된 원리들에 입각해 인간의 삶을 재조직하겠다고 다짐하는 정부를 세움으로써 인류 역사상 전혀 새로운 장을 열었다. 이 원리들을 대중적이고 폭발적인 형태로 구현한 것이 바로 토머스 페인의 「인간의 권리」(The Rights of Man)다. 이는 19세기 내내 일어난 혁명 운동들을 통해 경험되었고, 그 묵시적 형태는 아마겟돈으로부터 신세계가 도래할 것을 내다본 마르크스의 비전으로 표현되었다. 이 신세계는 각자 능력에 따라 기여함으로 각 사람의 필요가 채워질 수 있는 세계라고 주장했다. 그런데 이 비전의 원동력은 결코 마르크스주의 형태로만 국한되지 않는다. 그것은 루스벨트가 주창한 '네 가지 자유'의 형태로 구현되었고, 지금도 어떤 정당이든 권력을 잡으려면 반드시 내놓아야 하는 공약의 형태로 구현되고 있다. 물론 지금도 조상들이 하던 그대로 아시아의 들판에서 농사를 짓고 있는 수많은 사람들은 인생이 과거와 달라질 것이라는 기대감 없이 살아가는 것이 사실이다. 인생은 원래 끊임없는 노동과 반복되는 굶주림과 지극히 제한된 자유로 영위되는 것이라고 생각하며 사는 것이다. 그러나 이 혁명은 이런 해묵은 속박을 떨쳐 버리는 방향으로 움직이게끔 되어 있다. 어디를 보아도 사람들은 "삶의 자유와 행복 추구의 권리"를 요구하고, 또 정부는 그런 것을 약속하고 있다. 그리고 어디를 보아도 사람들은 그 약속이 지켜지지 않을 때 잠시 못하고 저항하는 모습을 보인다. 오늘날 전세계적으로 인간이 처한 상황을 단 한 가지로 일반화시킬 수 있다면, 그것은 바로 이런 현상임에 틀림없다. 이와 같은 신세계에 대한 기대감과 기독교가 말하는 하나님 나라의 복음 사이의 내적 관계야말로 오늘날 선교학을 논할 때 반드시 다루어야 할 이슈 가운데 하나다.

 기독교 세계선교가 직면한 새로운 상황과 관련하여 또 한 가지 중요한 사실을 언급할 필요가 있겠다. 지금은 세계의 어디를 가도 교회가 없는 곳이 거의 없고, 교회는 범세계적인 모임으로서의 보편적 성격을 갈수록 의식하고 있는 중이다. 윌리엄 템플(William Temple)이 "우리 시대의 크나큰 새로운 현실"이라 불렀던 이 현상은 과거 3세기에 걸친 선교사역의 열매다. 그 선교사역에 대해 우리가 무슨 비판을 하든지 간에, 오늘날의 새로운 현실을 묵상하노라면 참으로 경이로움을 느끼고 감사하는 마음을 품지 않을 수 없다. 따라서 오늘날 교회의 세계선교에 관해 생각하려면, 지금은 선교사역의 "본부"가 다름 아닌 범세계적 공동체라는 사실을 기쁘고 감사하는 마음으로 받아들여야 하고, 모든 종류의 선교활동에 대해 에큐메니컬 운동이 복음의 진정한 표출로 수용될 만한 것인지를 물어봄으로써 그 적절성을 가늠해야 한다.

II

그러면 이런 새로운 현실에 대처하기 위해 서구 교회는 선교사역에 대한 사상을 어떤 식으로 그리고 얼마나 성공적으로 조율했는가? 이 질문에 답하기 위해 나는 다시금 수박 겉핥기식으로 몇 가지로 일반화시켜 설명할 생각인데, 이는 앞으로의 논의에 필요한 관점을 제공할 목적으로 시도하는 것인 만큼 독자들의 양해를 구하는 바이다.

1910년에 열린 세계선교대회(World Missionary Conference)는 당시 이미 국제적인 견지에서 생각하고 있었고 서구 세력이 아시아와 아프리카와 태평양 지역에 미친 악한 영향을 잘 인식하고 있었다. 그러나 이 지역의 어린 교회들을 겨우 인정하고 있었을 뿐 여전히 서구 문명을 "후진국들"에게 복음을 전하는 통로로 확고하게 신뢰하고 있었다. 1928년에 열린 예루살렘대회에서는 어린 교회들을 더 많이 인정하는 분위기였고, 서구 세력의 모호한 성격과 서구 세속주의의 범세계적인 영향력에 대해 훨씬 날카롭게 인식하는 모습을 보였다. 그로부터 10년 후 인도의 탐바람에서 개최된 대회에서는 범세계적인 교회야말로 복음을 들고 옛 기독교 세계의 중심에서 활개를 치고 있는 이교사상과 싸움을 벌이도록 부름받았다는 새로운 각성이 일어났다.

제2차 세계대전 이후 몇 년 동안 교회중심적인 선교개념은 더욱 강화되었다. 빌링엔대회(1952년)는 선교를 범세계적 교회의 중심에 있는 본질적인 요소로 선포했으나, 그 대회를 진행하는 중에 교회의 울타리에 묶이지 않은 선교학의 필요성이 새롭게 대두되기 시작했다. 그 후 스트라스부르에서 세계기독학생연맹(WSCF)이 '교회의 삶과 선교'라는 주제로 개최한 1960년 대회에서는 '하나님의 선교' (missio Dei)에 대한 완선히 세속석인 해석이 능상했다. 거기에 보인 학생들은 "전통적 교회구조에서 개방되고 유연하고 유동적인 집단들로 나오라", 그리고 "교회를 철저히 비(非)신성시하라"는 도전을 받았다.[2] 그 후 10년 동안 에큐메니컬 운동의 영향을 받은 진영들은 이처럼 완전히 세속적인 비전의 영향을 받은 선교개념을 갖게 되었다. 선교란 일차적으로 교회의 교인을 늘리는 문제가 아니라 하나님이 세상에서 행하시는 정의의 사역과 관련이 있다는 것이었다. 아렌트 반 루벤(Arendt van Leeuwen)은 영향력 있는 책인「기독교와 세계역사」(Christianity and World History)에서, 세속화 과정을 성경의 메시지가 각 전통 사회에 미치는 영향력의 현상(現狀)으로 칭송했다. 세계교회협의회(WCC)의 '회중을 위한 선교구조' 연구 분과는 "의제를 쓰는" 주체는 교회가 아닌 세상이라고 천명했다.[3] 그리고 1968년

웁살라에서 열린 WCC 제4차 대회는 선교를 세속적인 삶에서 인간화를 도모하는 활동으로 새롭게 정의하기에 이르렀다. 과거에 기독교 세계 바깥에 위치한 지역을 선교지로 보던 전통적인 개념이 "선교가 필요한 우선적인 상황"의 개념, 곧 교회의 존재 여부와 상관없이 인간의 존엄성을 도모하는 행동이 필요한 상황을 우선시하는 개념으로 대체되었다.

이러한 발전양상과 함께 세계 종교에 대한 새로운 태도가 부상했는데 이는 앞의 상황과 어느 정도 연관성이 있는 현상이었다. 이 입장은 종교 간의 대화와 (적절한 경우에는) 타종교와의 동반자 관계를 지향하면서 이른바 "개종 작업"이라는 낙인이 찍힌 전통적인 태도를 대체하려고 했다.

이에 대한 강력한 공격은 1970년에 발표된 '선교사역의 근본 위기에 관한 프랑크푸르트 선언'(튀빙겐의 피터 바이어하우스(Peter Beyerhaus)가 주도)에 의해 개시되었다. 이보다 덜 적대적이지만 더 큰 영향을 미친 반응은 1966년 11,000명 이상의 해외 선교사를 대표한다고 자부하는 미국의 보수적 복음주의 선교기관들이 참여한 대회에서 채택한 '휘튼 선언'이었다. 이 선언은 WCC의 선교학적 발전양상을 배척하면서도 동시에 WCC의 선교사상인 연합과 사회정의 문제에 대해 참회하는 자세를 심각하게 고려하도록 요청했다. 그 후 10년 동안 방콕(1971년), 로잔(1974년), 나이로비(1975년) 등지에서 여러 대회가 열렸고, 그 대회들은 복음주의 진영과 WCC 모두 상대편이 말하고 있는 바를 진지하게 경청하려는 자세가 있음을 보여주었다. 그 가운데서도 나이로비 보고

서 – '오늘날 그리스도를 고백한다는 것' – 는 "통전적인" 선교를 요청하면서 개인적 회심을 위한 사역과 세상에서 하나님의 정의를 도모하는 사역 모두를 진지하게 받아들이라고 요구한 귀중한 선언이었다.

1982년에 열린 WCC 중앙위원회는 '선교와 복음전도: 에큐메니컬 선언'이란 제목의 문서를 '회중을 위한 연구지침'으로 공인하였다. 내가 생각하기에 이 문서는 정교회(Orthodox) 전통의 중요한 통찰을 통합하는 등 이제껏 진행된 논의 가운데 가장 훌륭한 선언인 것 같았다. 하지만 안타깝게도, 중앙위원회가 이 선언에 높은 지위를 부여했음에도 불구하고 위원회의 후속 작업에서 중요한 역할을 담당하지 못하고 말았다. 다른 한편, 복음주의 진영에서는 정의를 위한 투쟁이 교회 선교에서 필수적인 역할을 담당해야 한다는 점을 부적 강조했다. 그러나 WCC는 1948년 발족할 당시 핵심 구성원에 속했던 교회들이 그동안 잘 지켜온 범세계적인 선교 소명에 대한 헌신을 잃어버리고 말았다. 유럽과 북아메리카의 교회들은 선교사역이 식민주의와 동맹을 맺고 있었던 '바스코 다가마 시대'(유럽에서 아프리카를 돌아가는 인도항로의 개척자인 바스코 다가마[1469-1524년]의 이름을 딴 것으로 대항해 시대를 일컫는다 – 옮긴이) 말기의 새로운 상황에 적응하려고 애쓰는 가운데 선교를 "교회 상호간의 관계"에 흡수시키고 싶은 유혹을 받아왔다. 19세기의 식민지 확장 시대에 발족한 선교기관들이 요즈음 발간하는 문헌을 보면 그들의 주관심사가 기독교 진영 내에서의 문화적 교류에 있었던 것처럼 보인다. 이런 교류도 물론 바람직한 활동이지만 그것은 결코 세계선교가 아니다. 그런데 전통적인 파송기관들이 전혀 인식하지 못하고 있는 사실은 오늘날 가장 시급한 선교지가 다름 아닌 그들의 안방이라는 것과, 그들이 싸워야 할 가장 공격적인 이교사상이 지금 "선진국" 진영을 장악하고 있는 이데올로기라는 것이다.

교회 선교의 본질에 관한 논쟁은 지금도 계속되고 있다. 이것은 대체로 서로 다른 공동체들 간의 논쟁이 아니라 각 교회 내에서 일어나고 있는 논쟁이다. 다음의 논의가 보여줄 것처럼 이는 신앙에 대해 깊은 의문을 품게 만드는 논쟁이다. 나로서는 값싼 표어를 사용하여 그것을 하찮게 만들고 싶은 생각은 없다. 그러나 이 서론 부분에서 한 가지 중요한 점을 끌어내기 위해 어느 정도 위험을 감수하지 않으면 안 되겠다. 각 교회에서 일어나는 내적인 양극화 현상은 그것이 종종 구조적 이분법으로 표출되기 때문에 손해가 더욱 막심하다. 선교를 주로 하나님의 정의를 위한 행동의 견지에서 보는 사람들의 관심은 대체로, 교단의 차원이든 에큐메니컬한 차원이든, 회중의 수준을 넘어 이사회와 위원회가 수행하는 프로그램으로 구현되고 있다. 반면 선교를 주로 개인적 회심의 견지에서 보는 사람들의 관심은 대체로 회중의 수준에서 표현되고 있다. 그 결과, 이 둘은 각각 상대방으로부터 분리됨으로 말미암아 그 나름의 특성까지 빼앗기고 마는 것이다. 정의와 자선을 도모하는 프로그램들은 회중의 예배와 성례에 뿌리박아야 마땅함에도, 거기에서 단절되는 바람에 그리스도의 임재의 표지라는 특성을 잃어버린 채 독선적 도덕주의에 의해 촉발된 십자군 운동처럼 변질될 위험이 있다. 그리고 예배하는 회중의 삶은 주변의 세속 공동체에 대한 자선사업으로 표출되어야 마땅함에도, 거기에서 단절되는 바람에 오로지 교인들의 필요와 욕구만 채우는 자기중심적인 존재로 전락할 위험이 있다. 이처럼 나눠진 양 진영은 각각 상대방을 이상하게 풍자한 나머지 서로에 대한 불신이 더욱 깊어지고 있는 실정이다.

이런 상황에서 우리에게 우선적으로 필요한 것은 신학적인 이해이고, 그 후에 구조를 개편할 필요성이 있다고 나는 생각한다. 이제 나는 하나의 틀을 제시하고 싶다. 이 틀 안에서 우리는 서로 다른 신념들을 공정하게 대하고, 그로 인해 우리가 파괴적인 방향으로 나아가지 않도록 해주는 생활방식과 언어생활을 개발할 수 있을 것이다.

2장_ 권위의 문제
The Question of Authority

현 상황에서 우리가 고려해야 할 중요한 요인은, 비서구인들이 지난 3세기 동안 선교사역을 주로 책임졌던 서구인들을 더 이상 지도자로 받아들이지 않고 있다는 사실임은 이미 언급한 바 있다. 지금으로부터 50년 전에 출간된 선교문헌을 읽어 보면, 백인 문화의 우월성에 대한 확신, 온 세계가 그 문화로부터 복을 받는 일은 단지 시간문제일 뿐이라는 믿음, 복음과 백인 문화의 좋은 요소를 무의식적으로 동일시하는 행습 등이 충격적으로 다가온다. 그런 분위기에서는 복음에 대한 강한 배척―예컨대, 무슬림이나 힌두교의 상층 카스트들에 의한―이 있어도 선교사와 그를 파송한 교회의 확신은 쉽게 흔들리지 않는다.

오늘날은 상황이 다르다. 선교사들은 50년 전만 해도 거의 들을 수 없었던 질문, 곧 강경한 자세로 "당신은 무슨 권리로 우리에게 이 메시지를 전하는 것입니까?"라고 묻는 물음에 직면하곤 한다. 이 질문에 대해 성경에 나오는 대위임령이나 다른 구절을 인용해서 대답하는 것은 아무 소용이 없다. 어째서 힌두교도가 기독교 성경의 권위를 받아들여야 하는가? 기독교가 인류 역사에서 이룩한 업적을 가리켜도 소용없다. 그렇게 하기에는 역사적 기록이 너무나 애매모호하기 때문이다. 또한 사랑에 이끌려 부득불 전하게 되었다고 말하는 것도 충분치 않다. 선교지의 주민들에게 그들의 전통 종교를 버리고 그리스도를 영접하도록—이에 따른 모든 대가를 치르면서—촉구하는 일이 신성 사랑의 행위라는 것은 반드시 삶으로 입증되어야 할 문제이기 때문이다.

이런 질문을 제기하는 사람은 타종교 신자들만이 아니다. 만일 선교사역이라는 것이 타종교인을 개종시키려고 노력하는 일이라면, 교회 내에서도 선교사역 자체에 대해 의문을 제기하는 목소리가 흘러나올 수 있다. 다음과 같은 의문들이 쉽게 들리는 것이다.

"다른 성실한 종교인들도 모두 온전한 진리를 추구하고 있는 만큼 그리스도인들도 그렇게 해야 하지 않는가?"

"당신의 종교 집단에 더 많은 신자를 충원하려고 하지 말고, 선의를 품은 모든 사람과 함께 굶주림, 억압, 질병, 소외 등과 같은 인류의 문제를 해결하는 것이 어떤가?"

"당신의 선교사역은 인류의 하나됨을 방해하는 행위가 아닌가?

모든 민족의 하나됨은 너무도 시급한 문제인데, 종교와 같이 분열적인 것을 전파하는 일은 인류에 대한 범죄에 가깝지 않은가? 오늘날 북아일랜드와 레바논에서 벌어지는 비극을 생각할 때, 당신은 하나됨보다는 분열을 조장하는 그런 프로그램에 참여할 만한 무슨 권리가 있는가?"

이러한 질문에 답하는 첫 단계는 그 질문 배후에 있는 숨은 가정을 파헤치는 반대 질문을 던지는 일이다. "당신은 모든 종교의 통찰을 묶으면 세계적인 문제를 거의 해결할 수 있을 것으로 생각하는 모양인데, 그렇게 생각하는 근거가 무엇인가? 당신은 어째서 인간의 필요를 충족하는 열쇠가 종교에 있다고 생각하는가?"

"가난과 억압 같은 문제를 해결하기 위한 당신의 프로그램은 무엇인가? 만일 당신이 세계적 차원의 경제정의를 실현하는 프로그램이 인류를 하나로 묶어 줄 것으로 생각한다면, 그것은 하나의 환상이 아닐까? 사실 '정의'와 '자유' 같은 표어를 내걸고 가장 잔악한 싸움을 일으키고 있는 것은 바로 이데올로기 간의 충돌이 아닌가?"

"인류를 하나로 만들기 위한 당신의 프로그램은 무엇인가? 무엇을 중심으로 그리고 어떤 조직의 형태로 인류가 하나가 될 수 있다고 당신은 생각하는가? 만일 당신이 나름의 프로그램을 만들 수 있다면, 그것이 기독교 선교사역에 비해 분열을 더 조장할지, 아니면 덜 조장할지를 내가 당신에게 말해줄 수 있을 것이다."

반대 질문을 던지는 이유는, 그들이 제기하는 질문 자체에 인간의 전반적인 상황을 이해하는 방식과 거기에 우리가 반응할 수 있는 방식에 대한 어떤 신념이 함축되어 있기 때문이다. 물론 기독교 선교도 그와 같은 신념에 의지하고 있다. 사실 선교활동은 그런 신념이 실질적으로 표출된 결과다. 따라서 선교의 타당성을 다른 어떤 신념—선교활동은 인류의 통일이나 발전이나 해방에 기여한다는 식으로 주장하는 것—에 호소함으로써 입증하려는 것은 쓸데없는 짓이다. 이왕 말이 나온 김에 꼭 짚고 넘어가야 할 것이 하나 있다. 지난 30년 동안 선교 사역을 홍보할 때 세계의 발전에 기여한다는 이유를 실로 무비판적으로 말해 왔다는 사실이다. 나는 뒤에서 선교사역을 통해 세계 발전에 기여하는 일이 필요하다는 점을 많이 이야기할 예정이지만, 그에 앞서 선교의 권위의 본질에 대한 나의 믿음을 천명하는 일이 꼭 필요하겠다. 우리가 권위의 문제에 대해 답변할 때, 선교사역의 토대가 되는 궁극적인 신념을 제쳐놓고 선교가 어떤 다른 목적을 달성하는 데 유용하다는 것을 증명하는 방향으로 나아가서는 안된다.

권위의 문제는 선교의 초창기, 곧 예수님의 사역이 막 시작되는 시점에 이미 제기되었다. 당시에 청중들은 그가 "권위 있는 자와 같이" 말하는 것을 알아챘으나 그것이 "서기관들과 같지 않았기" 때문에 무언가 아리송한 면이 있었다(마 7:29). 서기관의 권위는 일종의 파생된 권위였다. 그 권위는 일차적인 권위, 곧 계시된 토라(Torah)의 권위에 대한 지식과 그것을 다룰 수 있는 능력을 보유한 데 있었다. 하지만 예수님의 권위는 그와 다른 종류였다. 그분은 스스로 권위를 가진 자처럼 말했기 때문이다. 그러면 그 권위는 과연 무엇이었는가? 일부 유대인은 긴장이 고조되던 고난 주간에 다음과 같은 질문을 예수님께 곧 바로 제기하였다. "[당신은] 무슨 권위로 이런 일을 하느냐. 누가 [당신에게] 이런 일 할 권위를 주었느냐"(막 11:28). 이 질문자들은 예수님이 자신들이 이미 알고 있는 기존의 권위와 연줄이 없다는 것을 보여줌으로써 그분의 신빙성을 떨어뜨릴 수 있는 길을 모색하고 있었다. 그러나 이 질문은 그들이 기대하는 방향으로 응답될 수 없는 것이었다. 먼저, 예수님의 권위는 파생된 권위가 아니다. 그것은 인간 역사의 한복판에 존재하고 있는 하나님의 권위이기 때문이다. 그래서 예수님은 그들에게 과연 그 권위를 인식하는 역량이 있는지를 시험하려고 이런 반대 질문을 던진다. "요한의 세례가 하늘로부터냐 사람으로부터냐?" 요한의 세례는 예수님이 아버지의 부르심을 확증한 계기가 된 사건이었던 만큼 바로 그것이 "복음의 시작"이었기 때문이다(막 1:1-4). 서기관들이 그 권위를 인정할 수 없었던 것은, 그러기 위해서는 그들이 이미 맺은 헌신과 양립할 수 없는 다른 헌신이 필요했기 때문이다. 그러므로 그들의 질문은 응답될 수 없는 것이었다. 예수님의 권위는 궁극적인 권위이기 때문에 그것을 인식하려면 다른 모든 헌신을 대치하는 새로운 헌신을 하지 않으면 안된다.

    마찬가지로, 사도들도 선교사역을 시작하는 마당에 "너희가 무슨 권세와 누구의 이름으로 이 일을 행하였느냐"라는 심문을 받게 되었다. 이에 대해 그들이 내놓을 수 있는 유일한 응답은 "예수 그리스도의 이름으로"라는 것밖에 없었다(행 4:7-10). 그들이 단지 "예수의 이름으로"라고 말할 수밖에 없었던 것은 그것이 곧 궁극적인 권위를 가리키는 말이며, 그들이 결국은 그 권위에 헌신했다는 것을 밝히는 진술이기 때문이다. 예수님의 권위는 기존의 다른 권위를 참조점으로 삼아 그 타당성을 입증할 수 있는 것이 아니었다.

"무슨 권세로"라는 질문에 "예수의 이름으로"라고 대답하면 당연히 반대 질문을 받기 마련이다. "예수가 누구인가?" 이 질문에 응답하는 일은 장차 모든 민족이 그분을 주님으로 고백하는 날이 올 때까지 모든 시대 모든 문화에서 그리스도의 증인이 맡은 과제다. 이어지는 장에서 우리는 먼저 앞의 대답을 다루게 될 것이다. 그 과정에서 우리는 특히 "예수의 이름으로"라는 단순한 형식이 "성부와 성자와 성령의 이름으로"라는 형식으로 확대되어야 할 이유를 고찰하게 될 것이다. 하지만 여기서는 "무슨 권세로"라는 질문에 대한 나의 답변과 관련하여 몇 가지 사항을 좀 더 기술하는 것이 좋겠다.

1. 이 질문에 대한 내 답변은 개인적인 헌신의 성격을 갖고 있다. 파스칼의 유명한 문구를 빌자면, 나는 내 삶을 예수님이 궁극적 권위라고 믿는 신앙에 걸고 있다. 내 답변은 하나의 신앙고백─나는 믿는다─이다. 그것은 또 다른 헌신의 관점에 입각해서는 증명할 수 없는, 어떤 신앙에 대한 개인적인 헌신이다. 그리스도인이 이런 식으로 "나는 믿는다"고 말하는 것은 마치 어떤 물리학 진술의 진실성을 믿는 과학자와 같은 입장에 서는 것이다. 화자(話者)의 바깥에 있는 실재에 관한 진리를 말하고 있다고 주장하는 모든 진술은 바로 본인이 믿는 신앙에 관한 진술이다. 과학적 진술은, 마치 바깥으로부터 오는 빛을 받아 사진 필름 위에서 사진을 만드는 것처럼 그저 수동적으로 화자

의 마음에 임하는 것이 아니다. 오히려 그것은 모든 물체의 상호관계에 관한 점점 더 큰 일반화 과정을 통해 인식되는 바 그 물체들의 의미를 더욱 완전하게 파악하려고 하는 과학 공동체의 지속적인 노력의 결과물이다. 이 진술은 과학 공동체가 그들 방법의 타당성에 대한 신앙을 견지하면서 지속적이고 열정적으로 기울인 노력의 열매다. 기독교 신앙은 그것이 인류의 모든 경험의 의미에 관한 어떤 믿음에 헌신한 것이라는 점에 그 차별성이 있다. 말하자면, 그 의미를 예수 그리스도라는 인물―성육신하여 십자가에서 죽고 부활했으며 장차 만물을 다스리게 될―안에서 발견할 수 있다고 믿는 신앙이다. 나는 처음부터 이러한 신앙으로 인생을 살아간 사람들의 공동체의 일부로, 그리고 이 공동체에 의존하는 가운데 이런 결단을 내린다. 내가 참여하는 선교라는 것은 바로 이 공동체가 점점 더 넓은 경험의 영역에서 신앙을 삶으로 실천하는 일에 다름 아니다.

2. 내가 고백하는 신앙은 예수님이 최고의 권위라는 것, 혹은 신약성경의 언어를 사용하자면 "예수가 주님이다"라는 것이다. 이 고백은 인류의 모든 공적인 삶과 온 피조세계에 관해 하나의 주장을 함축하고 있다. 이는 다름이 아니라 믿음의 공동체가 복음의 이야기 안에 주어진 실마리를 좇아간다면, 그 공동체는 존재하는 모든 사물과 그 사물과의 바른 관계에 대한 참 지식에 도달할 것이라는 주장이다. 자기가 발견한 것에 대한 과학자의 주장과 같이, 이것은 현재 믿고 있는 내용의 진리성은 사전에는 상술할 수 없던 새로운 발견을 통해 확증될

것이라는 주장이다.

예수를 주님으로 고백하는 공동체는 그 초창기부터 인류의 공적인 삶 속으로 진입한 운동이었다. 신약성경의 배경인 그리스-로마 세계에는 사람들에게 종교적 가르침과 행습을 통해 개인 구원에 이르는 길을 제공하는 수많은 공동체가 있었다. 이런 공동체를 지칭하는 그리스어 단어도 몇 가지나 되었다.[1] 그러나 교회는 스스로를 지칭할 때 그 가운데 어느 것도 사용한 적이 없다. 교회는 개인적으로 교회의 가르침과 행습을 따르겠다는 사람들에게 개인 구원을 제공하는 공동체가 아니었고 또 그런 공동체가 될 수도 없었다. 교회는 처음부터 모든 민족의 충성을 요구하는 운동으로 시작되었고 거의 일관되게 스스로를 '에클레시아'(ecclesia)라는 이름으로 불렀다. 이는 도시의 공적 사안을 다루도록 부름받은 모든 시민들의 회합이라는 뜻이다. 이 회합의 특징은 그 도시의 장관보다 더 높은 권위에 의해 부름을 받았다는 사실에 있었다. 그것은 바로 하나님께 부름받은 회합(ecclesia theou)이었으므로 모든 사람이 참석해야 하는 모임이었다. 만일 교회가 개인적인 종교(cultus privatus)의 하나로 취급받는 데 만족했더라면 로마 제국의 핍박을 피할 수 있었을 것이다. 그러나 그러지 않았다. "예수가 주님이다"라는 선언은 결국 제국의 공적인 종교(cultus publicus)와 충돌할 수밖에 없는 공적이고 보편적인 주장을 함축하고 있었다. "예수가 주님이다"라는 고백은 이 세상의 삶 전체―이는 사람들의 개인적인 삶은 물론이고 세상의 철학, 문화, 정치 등을 모두 포함한다―와 관련하여 그 고백대로 살겠다고 헌신하는 것을 의미한다.

그러므로 기독교 선교는 세상에서 영위되는 모든 삶의 영역에서 예수는 만유의 주님이라는 고백을 행동으로 옮기는 일이다.

3. 여기서 반드시 언급해야 할 것이 또 하나 있다. 만일 내가 이 고백을 나만의 것이라고 말한다면, 나는 진리를 왜곡하는 셈일 것이다. 내가 이런 고백을 할 수 있는 이유는 누군가에게 붙들려 그렇게 하라는 사명을 받았기 때문이다. 이것은 일차적으로 또 본질적으로 나의 결정이 아니다. 나로서는 단지 희미하게만 추적할 수 있는 신비로운 방식으로, 나보다 더 큰 누군가에게 붙들려 이런 고백을 하지 않으면 안 되는 장소로, 예수님의 순종적인 제자가 되지 않고는 내 인생이나 세상의 삶의 의미를 이해할 수 없는 장소로 이끌림을 받았다. 그리하여 나는 바울과 한목소리로 이렇게 말하지 않을 수 없다. "내가 복음을 전할지라도 자랑할 것이 없음은 내가 부득불 할 일임이라. 만일 복음을 전하지 아니하면 내게 화가 있을 것이로다. 내가 내 자의로 이것을 행하면 상을 얻으려니와 내가 자의로 아니한다 할지라도 나는 사명을 받았노라"(고전 9:16-17). 내 고백은 본래 내 속에서 나온 것이 아니다. 그것은 나에게 위탁된 것이다. 나는 단지 그 메시지를 전하는 책임을 위임받은 전달자에 불과하다. "너희가 나를 택한 것이 아니요 내가 너희를 택하여 세웠나니 이는 너희로 가서 열매를 맺게…… 하려 함이라"(요 15:16)고 예수께서 사도들에게 말씀하셨다.

흔히 앵글로색슨신학이 빠지기 쉬운 유혹은 펠라기우스주의, 곧 올바른 행동을 해야 할 우리의 책임에 큰 강조점을 두는 사고방식이라고 말한다. 영국의 펠라기우스에 큰 반기를 든 인물은 우리의 구원이 처음부터 끝까지 하나님의 선택과 부르심 등 하나님의 사역이라는 사실을 매우 강조했던 히포의 아우구스티누스였다. 성경을 읽는 사람은 누구나, 하나님은 자신이 원하는 사람을 선택하여 자신의 일을 하도록 부르시는 분임을 분명히 알 수 있다. 그런데 이 하나님의 선택 교리가 나쁜 평판을 받게 된 것은 선택과 부름을 받은 사람들("택함받은 자")이 스스로를 모든 민족을 위한 수탁자가 아니라 하나님의 택하심을 누리는 독점적인 수혜자로 보는 경우가 너무도 많기 때문이다. 그러나 이스라엘과 모든 세대의 교회에 이런 치명적인 오해가 분명히 있었다고 해서 선택 교리의 기본 진리가 부정될 수는 없다. 선택하고 부르고 보내는 분은 하나님이다. 누군가 나에게 무슨 권리로 모든 민족 가운데서 예수를 주님으로 전파하느냐고 묻는다면, 나는 단지 하나님이 선택하여 모든 사람을 위해 보내신 예수 그리스도의 종일 뿐이라고 답변할 수밖에 없다.

선교는 하나님의 것이지 우리의 것이 아니라는 사실을 강조하는 일은 꼭 필요하지만 오해의 소지도 있다. 1952년에 빌링엔에서 열린 세계선교대회는 이 점을 크게 강조했다. 그 집회 이후(특히 1960년대)에 나온 선교에 관한 글들은 '하나님의 선교'라는 용어를 많이 사용했다. 그런데 이 용어는 때때로 교회의 역할을 과소평가하기 위한 의도로 사용되기도 했다. 만일 하나님이 진정한 선교사라면, 우리의 본분은 교회의 선교를 촉진시키는 일이 아니라 세상에 나가서 "하나님이 세상에서 행하고 계신 일"을 파악하고 그분과 힘을 합치는 일이라고 보았던 것이다. 그리고 "하나님이 행하시는 일"은 종교적인 부문이 아니라 세속적인 부문에서 일어나고 있다고 생각했다. 그리하여 현재 한창 떠오르는 세력을 찾아 그러한 정치발전과 문화발달을 지지하는 일과 선교활동을 동일시하기에 이르렀다. 이로 말미암아 마오쩌둥의 '어록'이 새로운 경전이 되다시피 하는 현상까지 일어났다.

이 책의 나머지 내용은 "선교는 하나님의 것"이라는 말의 뜻을 자세히 설명하는 것으로 짜여져 있다. 여기에서 중요한 것은 권위에 대해 분명히 짚고 넘어가는 일이다. 복음이 아닌 다른 곳에서 권위를 인정받으려는 모든 시도는 우리를 곁길로 빠지게 할 수밖에 없다. 그러므로 "무슨 권위로"라는 질문에 대한 타당한 응답은 오로지 복음 자체의 선포밖에 없는 것이다.

3장_ 삼위일체 하나님의 선교
The Mission of the Triune God

권위를 묻는 질문에 대한 첫 번째 답변은 "예수의 이름으로"라는 것임을 살펴보았다. 이 이름에 기대어 바울은 그의 편지에서 자기를 소개하고 있다. 자신은 자기보다 더 큰 분이신 예수님께 부름을 받고 보냄을 받은 전달자라는 것이다. 그가 호소할 수 있는 그보다 더 높은 권위는 존재하지 않는다.

그런데 이 답변은 또 다른 질문을 불러오기 마련이다. "예수는 누구인가?" 그러면 이 질문에는 어떻게 응답해야 할까? 이에 대한 가장 자연스러운 첫 번째 응답은 "사람들이 나를 누구라고 하느냐?"는 예수님의 질문에 대한 최초의 답변에서 엿볼 수 있다. 그는 "선지자들

중 하나"다. 이것은 예수님의 말씀대로 "혈육"에서 나오는 자연스러운 답변이다(마 16:17). 힌두교에서는 예수를 이생에서 신성을 완전히 실현한 인물(jeevanmuktas)이라고 본다. 이슬람에서는 알라의 사자(使者) 가운데 한 명으로 간주한다. 현대 서구인에게는 세계적인 종교 지도자의 한 사람, 「타임」(Time)지의 '종교' 면에는 나오지만 '세계정세' 면에서는 언급되지 않는 인물(이 점에서는 부처, 마호메트, 모세, 구루 나나크 등도 마찬가지다)일 것이다. 예수는 정평이 난 계급에 속하는 인물이다. 하지만 그를 따로 이야기한다고 해서 이처럼 "혈육"으로 분류하는 사상의 구조가 흔들리는 것은 아니다.

내가 말했듯이, 이런 것이 바로 "자연스러운" 답변이다. 첫 단계에서는 불가피한 응답이라고 할 수 있다. 나는 인도에서 선교사로 일할 때 마을에서 열리는 전도 집회에 자주 참여했는데, 거기서는 '예수'라는 이름이 여느 낯선 이름과 조금도 다를 바가 없었다. 강사들은 다양한 타밀어 단어를 사용하면서 그가 누구인지를 설명하곤 했다. 그를 스와미(Swamy, 주님)로, 사트구루(Satguru, 진정한 선생)로, 아바타르(Avatar, 하나님의 화신[化身])로, 혹은 사람이 된 카다발(Kadaval, 초월적인 하나님)로 소개했다. 이런 단어들의 공통점은, 예수라는 인물을 힌두교 전통에 의해 형성되고 그 언어로 구현되어 있는 사상의 세계 내에 위치시킨다는 점이다. 스와미는 보통 '주님'으로 번역되기는 하지만 그리스어 큐리오스(Kurios)가 그리스어를 사용하는 유대인에게 지녔던 그런 의미를 담고 있지 않다. 이 단어는 구약성경의 주님, 곧 여호와를 가리키는 말이 아니고 힌두교의 서사시를 장식하는 무수한 신들의 하나를 지칭한다. 아바타르는 보통 '화신'으로 번역되지만 역사상 많은 아바타르들이 있었고 앞으로도 많이 있을 것이다. 새로운 한 아바타르를 선포한다는 것은 사물의 본질에 어떤 근본적인 변화가 생겼다는 것을 의미하지 않는다. 설령 카다발이란 단어를 사용한다고 해도 그것은 또 다른 의문—"만일 예수가 카다발이라면 그는 누구에게 기도하는가?"—을 불러일으킬 뿐이다.

내가 개인적인 경험을 하나의 예로 든 것은, "예수는 누구인가"라는 질문을 던지는 사람이 그동안 구사해 왔던 언어—그리고 사고구조—를 사용하지 않고는 아무도 그 질문에 응답할 수 없다는 사실을 상기시키기 위함이다. 이 점은 도무지 피할 수 없다. 하지만 예수의 이름을 소개하는 순간 그 구조는 중압을 감당할 수 없어서 무너지지 않을 수 없다. 예수는 현재 단지 스와미나 아바타르에 불과한 존재가 아니라 유일무이한 아바타르다. 카다발이란 단어는 더 이상 한 모나드(monad, 완전무결한 단일체)를 지칭하는 말일 수 없고, 그 속에 청취와 응답의 관계가 존재하는 한 실재를 가리키는 말이 되어야 한다.

이처럼 옛 구조가 무너지는 사건은 결코 자연스러운 해프닝이 아니다. 예수께서는 베드로에게 "주는 그리스도시요 살아 계신 하나님의 아들이시니이다"라는 고백이 "혈육"으로 인한 것이 아니라 아버지의 선물이라고 말씀하신다(마 16:16-17). 그것은 인간의 업적이 아니라 위로부터 온 선물이다. 그것은 바로 하나님의 영이 이루신 일이다(고전 12:1-3, 요일 4:1-3). 그것은 하나님이 누군가를 하나님 나라의 전달자로 선택하여 임명하실 때 행하는 그분의 사역이다. 그것은 주권적인 성령의 사역, 곧 새로운 상황과 새로운 문화에 처한 남녀들을 불러 "예수는 주님"이라는 고백을 그들의 문화적 언어로 표현할 수 있는 길을 모색하게 하시는 일이다. 교회의 선교는 사실상 교회가 이러한 성령의 활동에 참여함으로써 "예수는 주님"이라는 고백이 각 민족에서 그 고유한 언어로 고백되도록 하는 것이다.

그러면 우리는 어떤 식으로 예수가 누구인지를 소개할 수 있을까? 초대교회 당시의 그리스도인들은 유대교 문화에서 그리스-로마의 범세계적 문화로 진입한 첫 세대로서 그 방법을 개발하지 않으면 안 되었다. 그들이 개발한 방법은 초기 문헌의 새로운 양식 속에 구현되어 있다. 그 문헌 가운데 대표적인 것이 마가의 복음서다. 여기에 나오는 이야기는 현대식으로 하나의 전기(傳記)를 제공하기 위한 것이 아니라, "예수는 누구인가"라는 질문에 대한 하나의 답변으로 내놓은 것이다.

하나님의 아들 예수 그리스도의 복음의 시작이라. 선지자 이사야의 글에 보라, 내가 내 사자를 네 앞에 보내노니 그가 네 길을 준비하리라. 광야에 외치는 자의 소리가 있어 이르되 너희는 주의 길을 준비하라. 그의 오실 길을 곧게 하라 기록된 것과 같이 세례 요한이 광야에 이르러 죄 사함을 받게 하는 회개의 세례를 전파하니 온 유대 지방과 예루살렘 사람이 다 나아가 자기 죄를 자복하고 요단 강에서 그에게 세례를 받더라. 요한은 낙타털 옷을 입고 허리에 가죽 띠를 띠고 메뚜기와 석청을 먹더라. 그가 전파하여 이르되 나보다 능력 많으신 이가 내 뒤에 오시

나니 나는 굽혀 그의 신발끈을 풀기도 감당하지 못하겠노라. 나는 너
희에게 물로 세례를 베풀었거니와 그는 너희에게 성령으로 세례를 베
푸시리라. 그때에 예수께서 갈릴리 나사렛으로부터 와서 요단 강에서
요한에게 세례를 받으시고 곧 물에서 올라오실새 하늘이 갈라짐과 성
령이 비둘기같이 자기에게 내려오심을 보시더니 하늘로부터 소리가
나기를 너는 내 사랑하는 아들이라 내가 너를 기뻐하노라 하시니라.
성령이 곧 예수를 광야로 몰아내신지라. 광야에서 사십 일을 계시면서
사탄에게 시험을 받으시며 들짐승과 함께 계시니 천사들이 수종들더
라. 요한이 잡힌 후 예수께서 갈릴리에 오셔서 하나님의 복음을 전파
하여 이르시되 때가 찼고 하나님의 나라가 가까이 왔으니 회개하고 복
음을 믿으라 하시더라(막 1:1-15).

이 간략한 도입부에서 예수님은 하나님의 통치(나라)의 도래를 선포
하는 자, 하나님의 아들로 인정된 자, 그리고 성령의 기름부음을 받은
자로 소개되어 있다.

1. 예수님은 하나님의 통치를 선포한다. 하나님은 이스라엘에서 온
세상을 다스리는 분으로 이미 알려져 있었다. 일찍이 그분은 이스라
엘을 이집트의 노예상태에서 구출하심으로 그분의 통치권을 널리 알
렸다. 열방은 미처 알지 못했지만 그분은 진정 온 땅을 다스리는 주권
자시다. 대대로 이스라엘은 "모든 나라 가운데서…… 여호와께서 다
스리시니"라고 선포하라는 부름을 받았다(시 96:10). 오랜 세월 동안

무참한 실패와 굴욕을 겪으면서도 이스라엘의 남은 자들이 지켜 온 믿음이 있다. 그것은 주권자이신 주님이 말세에 그분의 감춰진 왕권을 밝히 나타내어 악한 자를 가리고 있는 장막을 찢어 버리고, 우상을 그 권좌에서 끌어내리고, 정의롭게 모든 나라를 다스리게 될 것이라는 믿음이었다.

예수님은 바로 그날이 밝아 왔다고 선언한다. 그러나 그 선언은 또한 그동안 취해 온 일반적인 태도를 근본적으로 역전시키라는 요청이기도 하다. 이스라엘은 주님의 통치가 임할 날을 열렬히 기다려 왔지만 잘못된 방향을 바라보며 그것을 찾고 있었다. 그래서 예수님의 선언은 방향을 전환해 다른 길을 보라고 촉구하는 요청이었던 것이다. 한마디로, 회개하라는 선언이었다. 이스라엘은 이처럼 근본적인 방향 전환을 할 때에만 믿음의 선물을 받을 수 있다. 이는 하나님의 통치가 진정으로 임했다고 믿는 신앙, 하나님 나라의 비밀을 아는 신앙(행 4:11)을 말한다. 이 비밀이 바로 교회가 "복음"으로 선포하는 "좋은 소식"이다.

그러므로 예수님은 그 나라의 주도자나 창설자가 아니다. 그것은 어디까지나 하나님의 나라다. 예수님은 그 나라의 반포자요 사자로 보냄받은 분이다.

2. 예수님은 하나님의 아들로 인정되고 있다. 예수님의 입술에 담긴 가장 특징적인 단어는 아람어 아바(*Abba*)였던 것 같은데, 당시 이 단어는 아들이 아버지를 가장 스스럼없이 친밀하게 부를 때 사용하던

호칭이었다. 그것은 그때까지 하나님께 드리는 기도에서 한 번도 사용된 적이 없는 단어였다. 그런데도 예수님이 기도할 때 이 단어를 얼마나 많이 사용했던지, 심지어는 그리스어를 사용하는 교회에까지 전파되기에 이르렀다. 그래서 바울은 하나님을 아바라 부르는 것을 우리가 성령에 의해 양자로 입양되었다는 표시라고 말하게 된 것이다(롬 8:12-17). 이 단어를 자주 사용한 예수님 특유의 용법은 사실 그의 존재에 관한 가장 깊은 비밀을 가리키고 있다. 그는 "독생자"(the Son)였다. 이 점은 제4복음서에 특별히 강조되어 있는데, 예수님의 제자들이 그분 안에서 본 영광이 바로 "아버지의 독생자의 영광"이었다(요 1:14). 예수님은 하나님 나라의 반포자이면서 동시에 순종적인 아들인 셈이다. 그가 통치권을 들고 와서 마귀의 세력을 쫓아낼 때(막 1:27), 자기의 이름이 아니라 아버지의 이름으로 그렇게 했다. 그 권세는 아들의 신분으로서 아버지께 순종하는 자세로 그분을 우러러보는 한 인물에 의해 행사된 것이다.

3. 예수님은 성령의 기름부음을 받은 분이다. 구약성경에서 성령은 모든 생물에게 생명을 주고 사람들에게 능력을 부여해 특별한 사역을 행하게 하거나 특별한 계시를 받도록 하는, 하나님의 살아 있는 능력이다. 그것은 "주님의 숨"이고, 주님의 생명과 능력이 그 속에 있다. 구약의 많은 구절들은 장차 주님의 영이 그분의 정의의 사도가 되도록 보냄을 받은 자 위에 머물러 있을 것이라고 약속하고 있다. 예수께서 세례를 받을 때 들은 목소리는 이사야 42:1의 말씀이다. "내가 붙드는 나

의 종, 내 마음에 기뻐하는 자 곧 내가 택한 사람을 보라. 내가 나의 영을 그에게 주었은즉 그가 이방에 정의를 베풀리라." 그리고 누가복음에 따르면, 예수님은 이사야 61:1-2을 자신의 사역을 예견한 것으로 해석하고 있다. "주의 성령이 내게 임하셨으니 이는 가난한 자에게 복음을 전하게 하시려고 내게 기름을 부으시고 나를 보내사 포로된 자에게 자유를, 눈먼 자에게 다시 보게 함을 전파하며 눌린 자를 자유롭게 하고 주의 은혜의 해를 전파하게 하려 하심이라"(눅 4:18-19).

기록에 따르면 예수께서 하나님의 아들로 인정되고 성령의 기름부음을 받은 사건은 요단 강에서 요한에게 세례를 받을 때에 일어났으며, 그 사건이 곧 "복음의 시작"인 것으로 묘사되어 있다. 요한의 세례는 이스라엘의 선지자 전통에 속한 상징적인 행동이었던 것으로 보인다. 예레미야는 예루살렘에 임할 임박한 심판을 상징하는 행동으로 옹기를 깨뜨려 버렸고, 이사야는 이집트와 에티오피아에 닥칠 재난의 상징으로 벌거벗고 맨발로 다녔다. 이밖에 다른 예들도 얼마든지 인용할 수 있다. 요한의 메시지도 임박한 심판에 관한 것이었다. 즉, 하나님이 곧 오셔서 자기 백성을 불로 정화시키고 열매를 못 맺는 나무를 찍어 버릴 것이며(마 3:10, 참조. 사 5장), 키를 들고 쭉정이와 알곡을 구별할 것이라는 메시지다(마 3:12). 그래서 요한은 사람들에게 이 임박한 심판을 피하기 위해 회개하라고 촉구했다. 요단 강에서 베푼 세례는 이스라엘에게 완전히 새로운 출발을 촉구하는 상징적인 행동이었고, 세례의 수용은 그 촉구를 듣고 받아들였다는 것을 상징했다. 하지만 그것은 어디까지나 상징이었을 뿐이다. 진짜가 올 때 그것은 물이 아니라 삼키는 불, 곧 주님의 숨결일 것이다(막 1:8, 참조. 눅 3:16-17).

예수님은 그 촉구를 듣고 받아들였던 사람들 가운데 하나였다. 그분이 마가의 이야기에 처음 등장하는 장면은 죄를 깨달아 회개의 촉구를 듣고 수용했던 무명의 남녀 가운데 한 사람의 모습이었다. 그들 중 한 명으로 예수님은 세례를 받았다. 그는 죄 많은 인류의 일부로 자리를 잡은 것이다. 그리고 그런 행동을 하는 가운데 성령의 기름부음을 받았다. 또 그 순간에 이사야를 통해 선포된 하나님의 말씀이 그의 귀에 들렸다. 그는 하나님의 사랑하는 아들이요, 성령의 기름부음을 받은 자요, 열방에 정의를 가져올 자다.

요단 강에서의 세례는 단지 출발점에 불과했다. 그것은 예수께서 장차 죄의 무거운 짐을 짊어진 인류와의 하나됨을 행동으로 옮기는 그의 사역에 의해 완성되어야 했다(마 8:17). 그것은 그의 세례가 완성되는 장소인 갈보리에서 완전히 성취되어야 했다(눅 12:50, 막 10:38). 그리고 그의 세례가 완성됨으로써 그가 선택한 모든 사도가 똑같이 성령의 기름부음을 받고, 하나님의 자녀로 인정되고, 하나님의 의를 들고 열방으로 보냄을 받는 길이 비로소 열렸다.

바로 여기에 "예수는 누구인가"라는 질문에 대한 첫 번째 답변이 있다. 그는 열방에 하나님의 나라를 전하는 전달자가 되도록 아버지의 보냄을 받고 성령의 기름부음을 받은 아들이다. 이분이 바로 최초의 그리스도인들이 당시 세계에 선포했던 예수님이다.

모든 선교사는, 아니 사실 의사소통에 관여하는 모든 사람은 듣는 내용과 말하는 내용이 항상 똑같지는 않다는 사실을 너무도 잘 알고 있다. 듣는 내용은 반드시 듣는 자의 사고세계(thought-world)에 의해 영향을 받기 마련이다. 그렇다면 예수에 관한 이야기가 처음 전파된 두 세기 동안 사람들은 무엇을 들었는가?

당시의 사고세계를 몇 문장으로 묘사하려는 것은 터무니없는 짓이다. 그러나 간단하면서도 정확한 사실 한 가지를 말할 수는 있다. 그 세계는 예수님이 속했던 유대교의 사고세계를 지배했던 전제들과는 전혀 다른 전제들이 지배하는 세계였다는 사실이다. 이런 전제들 가운데 가장 기본적인 것은 진정한 실재, 곧 만물의 궁극적 근원은 분명히 우리가 보고 듣고 맛보고 만지는 일상세계를 초월해 있다는 생각이었다. 그것은 시간을 초월하는 것임에 틀림없다. 시간은 변화를 의미하고, 변화는 불완전함을 뜻하기 때문이다. 그것은 공간을 초월하는 것임에 틀림없다. 공간은 우리의 감각적 경험의 영역이고, 이는 우리에게 결코 절대진리를 줄 수 없기 때문이다. 그러므로 역사상의 모든 사건은, 초시간적이고 변함없고 감정이 없는 순전한 영적인 실체—곧 궁극적인 존재—의 그림자나 상징에 불과할 뿐이다.

이는 모든 사유 행위가 도무지 피할 수 없는 이분법의 지배를 받고 있었다는 뜻이다. 과학의 영역에서는 정신의 세계와 감각의 세계, 곧 정신의 이성적인 힘으로 순수한 존재에 대해 알 수 있는 것과 오감을 통해 경험할 수 있는 것—이는 존재 자체에는 결코 접근할 수 없다—사이에 이분법이 존재했다. 역사의 영역에서는 도덕과 운명 간의 분립이 있었다. 외적인 사건의 세계는 논란의 여지가 없는 순수이성의 통제 아래 있지 않다. 이 세계는 순전히 비합리성이나 운명이 지배하는 영역이다. 인간의 역사는 이러한 비합리적인 세력과 인간의 정신, 기술, 용기, 힘과의 싸움에 관한 이야기다.

이런 세계관 안에서는, 한 편에 있는 도무지 알 수도 없고 접근할 수도 없는 순수한 존재와 다른 편에 있는 사물과 사건으로 구성된 일상세계 사이의 간격을 메워 주는 온갖 중간 매체들이 들어설 여지가 있을 뿐만 아니라 실은 그런 것이 반드시 필요하기도 하다. 이와 비슷한 인도의 사고세계가 그렇게 하듯이, 예수를 이 중간층의 어딘가에 위치시키는 것이 당시에는 자연스러웠다. 예수는 역사에 몸담은 실제 인간이었던 만큼 모든 변화와 다양성을 초월하는 궁극적 존재와 동일시될 수 없었다. 그런 시도는 한마디로 난센스일 것이다. 그러나 '아들'이라는 호칭이 종속관계를 의미하므로, 예수는 궁극적 존재에서 유출된 어떤 존재이거나 최초의 피조물 가운데 하나로 이해할 수 있다고 생각되었다. 혹은 궁극적 존재와 아주 예외적으로, 아니 유일하게 가까운 관계를 맺게 된 한 인간으로 이해할 수 있었다. 기독교가 시작된 이래 초기 3세기 동안의 이야기를 읽어 보면 이런 주제들에 관해 매우 다양하게 논했던 것을 알 수 있다. 그들의 공통점은, 하나같이 고전적인 사고세계는 건드리지 않은 채 고스란히 남겨 두었다는 점이다. 달리 말하면, 그들은 그 세계의 이분법을 그냥 두었다는 뜻이다. 뿐만 아니라 그것을 인간의 역사에는 개입하지 않는 모종의 하나님과 함께 남겨 두었다.

이러한 사고세계를 대상으로 교회의 지성은 긴 세월 동안 끈질기게 싸웠으며, 종종 헷갈리기도 했지만 결국은 성공을 거두었다. 이처럼 장기적인 싸움을 벌일 수 있었던 것은 교회의 삶과 사상과 예배의 중심에 한 인물이 있었기 때문이다. 그 인물은 다름 아니라 십자가에서 죽은 뒤에 죽은 자 가운데서 다시 살아난 존재였다. 바울의 말을 빌리자면, "나를 사랑하사 나를 위하여 자기 자신을 버리신 하나님의 아들"이다. 로마에서 발견된 한 유명한 낙서는, 십자가 위에서 팔을 벌린 채 매달려 있는 당나귀 머리의 한 인물 앞에서 한 사람이 손을 들고 예배하는 모습을 그리고 있다. 그 아래편에는 "알렉사메노스가 자기의 신을 예배하고 있다"는 글이 쓰여 있다. 추정컨대 어떤 이방 노예가 농료 그리스도인 노예를 조롱하고 있었던 것 같다. 이 그림은 당시 그리스도인들이 얼마나 고집스럽게 그리스도의 신성을 주장했는지, 그리고 그런 주장이 고전 세계에서 얼마나 큰 혐오감과 경멸감을 불러일으켰는지를 생생하게 보여주고 있다. 절대적으로 중요한 것은 이 인간 예수 안에서 하나님이 실제로 세상의 죄를 위해 고난받으셨다는 것이다. 바로 이런 확신 때문에 그리스도인들은 사자에게 찢겨질 준비가 되어 있었다. 만일 이 확신이 사실이라면, 고전적인 세계관은 모두 잘못된 것인 만큼 근본적으로 다른 무언가에 의해 대체되지 않으면 안된다.

C. N. 코크런(Cochrane)은 「기독교와 고전 문화」(*Christianity and Classical Culture*)에서 고전 사상이 로마 제국 아래서 찬란한 부흥을 이룩했다가 5세기에 붕괴되기까지의 과정을 묘사하고 있다. 5세기에

이르면 인간이 처한 상황에 대한 새로운 이해가 개발되는데, 이를 토대로 장차 천 년 동안 서구 기독교 세계의 사상을 형성하게 될 새로운 세계관의 출발점을 제공한 것은 바로 아우구스티누스의 작품이었다. 이 새로운 이해방식은 삼위일체 교리로 구현되었다. 우리가 살펴본 것처럼, 이 교리는 "예수는 누구인가"라는 질문에 대한 가장 초기의 답변에 이미 함축되어 있었다. 그렇지만 아직 충분한 숙고 과정을 거친 것은 아니었다. 이런 암묵적인 이해를 하나의 모델로 발전시킨 결과 훗날 고전적인 공리를 새로운 일련의 공리들로 대체하게 한 것은 아타나시우스를 비롯해 초기 3세기 동안 등장한 위대한 신학자들의 업적이었다. 이 새로운 세계관에 따르면, 궁극적인 실재는 모든 인간 지식을 초월한 초시간적이고 감정이 없는 단일체로 생각하면 안되고 성부와 성자와 성령의 삼위일체로 이해해야 한다는 것이다. 이런 이해는 그저 사변적인 사상이 낳은 결과가 아니다. 그것은 실제 역사에서 존재한 성자의 삶과 사역으로 계시된 진리에 의해 주어진 것이었다.

이를 믿음으로 영접하면 그것은 세계를 이해하는 새로운 세계관의 출발점이 된다. 그러나 고전 사상의 공리를 참조점으로 삼으면, 이 세계관은 도무지 이해할 수 없고, 그것을 검증하는 것은 더더욱 불가능하다. 그 대신 순교자들의 증언 속에 존재하는 성령의 역사에 의해서만 검증될 수 있다. 만일 이 세계관을 믿음으로 영접하면, 그것은 사변적인 학문이 아니라 실질적인 지혜로서 세계를 이해하는 새로운 방식의 기초가 된다.

따라서 이 새로운 기초 위에서 감각의 세계와 정신의 세계 사이의 이분법은 해결된다. 하나님 자신이 실제로 육신이 되었기 때문이다. 십자가 위에서 아버지께 사랑의 순종이 담긴 완전한 제사를 드린 아들은 그의 아버지가 하나님인 만큼 그 역시 진정한 하나님이다. 하나님의 존재 자체가 역사의 고난 속에 개입한 것이다. 그리고 성령을 통하여 그리스도인은 이 고난에 동참할 수 있으며, 그렇게 함으로써 그들이 하나님의 존재 자체와 접촉하고 있음을 알게 될 것이다(롬 8:18-27).

이와 마찬가지로 도덕과 운명의 이분법 역시 해결되는데, 이는 역사의 진통에 동참하는 그리스도인은 하나님이 자기를 사랑하는 자들에게 모든 것이 합력하여 선을 이루게 하시는 것을 알기 때문이다(롬 8:28). 그러므로 역사의 한복판에 몸담은 그의 인생은 운명을 대상으로 싸우는 절망적인 투쟁이 아니라, 만물을 다스리는 아버지에 대한 사랑의 순종으로 십자가의 길을 따라 신실하게 예수님을 좇는 과정이다. 그리하여 고전 과학과 철학이 이룰 수 없었던 것을 이룰 수 있는 전혀 새로운 길이 열린 셈이다. 즉, 인생은 하나님이 창조하고 지탱하는 세계 내에서 일어나는 뜻깊은 역사의 일부라는 사실을 깨닫고, 그 하나님이 바로 예수 안에서 자신을 계시하시고 지금도 성령에 의해 예수의 제자들을 완전한 진리 가운데로 인도하시는 분임을 알 수 있는 길이 열린 것이다.

이 삼위일체 신앙을 표현할 때 사용한 언어는 물론 그 시대와 장소에서 사용되던 언어였다. 이 신앙을 둘러싼 갈등의 초점이 된 것은 바로 '호모우시오스'(*homousios*, 동일본질)란 단어였다. 이는 당시의 철학 언어로 표현된 단어로서, 아들의 존재와 성령의 존재는 바로 신성의 존재 그 자체이지 저 멀리 있는 접근 불가능한 최고의 존재이자 우리가 아는 자연과 역사의 세계 사이에 있는 중개자가 아니라는 확신을 담고 있었다. 그리고 다른 모든 것은 이 확신을 얼마나 굳게 유지하느냐에 달려 있었다. 이런 의미에서 교회는 결코 당시에 결정된 사항 이전으로 돌아갈 수 없다. 하지만 교회가 당시와 다른 오늘날의 문화적 상황에서 줄곧 똑같은 단어와 어구를 반복하기만 하는 것으로는 충분치 않은 것 또한 사실이다. 따라서 기본 진리인 삼위일체 신앙을 진술할 수 있는 새로운 방법을 찾아야 한다. 이를 위해 매번 새로운 문화 상황에 처하게 되는 교회는 이 신앙의 성경적 출처로 되돌아가서 이것을 새롭게 붙잡아야 하고 또한 당대의 언어로 참신하게 표현할 필요가 있는 것이다.

보통 삼위일체의 문제야말로 진정 종지부를 찍은 신학 문제라고 말해 왔다. 오히려 니케아 신조는 너무도 신성한 것으로 숭배된 나머지 사실상 통용되지 않았다고 말하는 편이 진실에 더 가까울 것이다. 그 신조는 위험을 무릅쓰고 토론 시장에 내놓기보다 안전하게 묻어 놓은 달란트와 같이 취급되었다. 교회는 계속해서 삼위일체 교리를 되풀이하고 있지만─만일 내가 틀리지 않았다면─'하나님'이라는 단어를 듣거나 읽는 서구의 보통 그리스도인은 즉각적으로 삼위일체적인 존재─아버지와 아들과 성령─를 떠올리지 않는 것 같다. 오히려 최고의 단일체(모나드)를 연상하게 된다. 그리고 삼위일체 주일(오순절 다음의 일요일─옮긴이)을 간절히 고대하는 목사도 많지 않은 듯이 보인다. 내가 용감하게 추정하건대, 대다수의 일반 그리스도인이 품고 있는 하나님 개념은 처음 4세기 교부들의 사상보다도 고(高)중세 시대 초기에 기독교 세계 속으로 유입된 그리스 철학과 이슬람 신학에 의해 더 많은 영향을 받은 것 같다.

내가 앞에서 주장한 것처럼, 만일 우리가 권위의 문제에 대해 "예수의 이름으로"라고 응답하지 않을 수 없다면, 그리고 그에 따른 "예수는 누구인가"라는 질문에 응답해야 한다면, 우리로서는 그 질문에 대해 삼위일체적인 신앙을 담은 말로 응답할 수밖에 없을 것이다. 가장 초기 그리스도인들과 같이 우리는 우리의 첫 대답을 좀 더 확대시켜 "아버지와 아들과 성령의 이름으로"라고 답해야 할 것이다. 그리고 이렇게 답함으로써 우리도 그들처럼 인간의 삶을 이해하는 데 필요한 하나의 모델을 제공하는 셈이다. 이 모델은 우리 문화의 공리를 참조점으로 삼아서는 검증될 수 없는 것이고 오직 계시의 권위에 의거하여 제공되는 것이다. 그리고 우리 그리스도인은 이 모델만이 인생의 본질을 이해하고 다루는 데 필요한 실질적인 지혜를 제공해 줄 수 있다고 주장하는 것이다.

내가 이런 식의 접근이 이 책의 주제에 다가가는 바람직한 접근법임을 알게 된 계기는 우리 시대와 아우구스티누스 시대의 유사점을 다룬 마이클 폴라니(Michael Polanyi)의 글을 읽게 된 일이었다. 폴라니는 「개인적 지식」(*Personal Knowledge*)이라는 위대한 책에서 이렇게 말하고 있다.

오늘날 거의 마지막에 도달한 듯이 보이는 중요한 운동은 인간 정신이 여태껏 맺은 열매 가운데 가장 풍성한 열매가 아니었나 생각된다. 중세의 우주를 서서히 파괴시키고 퇴색시킨 지난 4-5세기는 역사상 그 유례를 찾을 수 없을 정도로 정신적, 도덕적으로 우리의 삶을 풍요롭게 해주었다. 그러나 이 백열광은 그리스 합리주의의 산소 속에서 기독교 유산의 산화작용을 먹고 살았고, 연료가 다 떨어지자 그 중요한 틀 자체가 타서 없어지고 말았다.

현대인은 전례가 없는 존재지만, 우리는 이제 성 아우구스티누스에게 되돌아가서 우리의 인지적 능력의 균형을 회복하지 않으면 안된다. 4세기에 성 아우구스티누스는 최초로 탈(脫)비판철학(post-critical philosophy)을 출범시킴으로써 그리스 철학의 역사를 마감하게 했다. 그는 모든 지식이 은혜의 선물이라고 말하면서 그에 선행하는 믿음의 인도를 받아 지식을 얻으려고 애써야 한다고 가르쳤다. 한마디로, "알기 위해 믿는다"라고 말했다.[1]

폴라니는 '탈비판철학'을 주장하면서 이것이 없으면 과학이 스스로를 파괴해야 한다고 믿었다. 그는 아우구스티누스를 언급하는 가운데 다음과 같이 주장한다. "어떤 주제를 검토하는 과정은 그 주제에 대한 탐구는 물론이고 우리가 거기에 접근할 때 사용하는 우리의 근본 신념에 대한 해석도 포함한다. 즉, 탐구와 해석의 변증법적 조합이라는 말이다. 우리의 근본 신념은 그런 과정을 밟으며 계속해서 재고되기는 하지만 그 자체의 기본 전제 범위 내에서 그렇게 될 뿐이다."[2]

우리의 근본적인 신념은 하나님께서 스스로를 아버지와 아들과 성령으로 계시하셨다는 고백 속에 구현되어 있다. 그러므로 나는 기독교 선교를 세 가지 방식으로 고찰하려 한다. 말하자면, 아버지의 나라를 선포하는 것으로서의 선교, 아들의 삶에 동참하는 것으로서의 선교, 성령의 증언을 전달하는 것으로서의 선교를 다룰 예정이다. 그 후에 이러한 삼위일체 신앙의 관점에서 오늘날의 선교 이슈들을 살펴볼 생각이다.

4장_ 성부 하나님의 나라를 선포하는 일
행동하는 믿음으로서의 선교
Proclaiming the Kingdom of the Father: Mission as Faith in Action

이제 마가가 "복음의 시작"이라고 부른 것과 함께 시작해 보자. 예수께서 갈릴리에 오셔서 "하나님의 복음을 전파하여 이르시되 때가 찼고 하나님의 나라가 가까이 왔으니 회개하고 복음을 믿으라 하시더라"(막 1:14-15).

예수님의 전파 내용은 만물의 창조자요 지탱자요 성취자이신 하나님의 통치에 관한 것이다. 우리는 지금 인간사의 한 부문, 세계 역사의 한 줄기에 관해 이야기하고 있는 것이 아니다. 그 대신 우주에 존재하는 모든 것을 다스리는 하나님의 통치와 주권에 관해 논의하는 중이며, 실은 우주의 기원과 의미와 목적 그리고 우주의 역사 내에 있는 인간 역사의 기원과 의미와 목적에 관해 이야기하고 있는 것이다. 우리는 우주적 사건의 물결 아래 있는 지엽적이고 일시적인 현상을 다루고 있는 것이 아니고 온 우주의 근원과 목표를 다루고 있는 중이다. 그렇기 때문에 "예수는 누구인가"라는 질문에 응답하기 위해 신약성경의 저자들은 계속 뒤로 또 뒤로 물러가지 않으면 안되었던 것이다. 선교사 시절 나는 예수를 알지 못하는 사람들에게 그의 이름을 소개할 때 과연 어디에서 시작해야 할지 몰라 언제나 난감했다. 마가는 요한의 세례와 함께, 마태는 아브라함과 함께, 누가는 아담과 함께 시작한다. 그런데 제4복음서의 저자는 그보다 더 뒤로 물러가서 예수님을 태초부터 하나님이셨고 또 하나님과 함께 계셨던 분, 만물이 그로 말미암아 지은 바 된 그 말씀(the Word)이라고 소개하지 않을 수 없다고 생각했다.

성경은 그 구조가 우주의 역사라는 점에서 세계 여러 종교의 경전들 가운데 매우 독특한 책이다. 이 책은 우리에게 인간의 역사뿐 아니라 우주의 역사와 모양과 구조와 기원과 목표까지 보여주고 있다고 주장한다. 그래서 자연을 단지 인간 역사의 드라마가 펼쳐지는 장(場)으로만 보는 견해를 받아들이지 않는다. 그리고 개인의 참 존재의 비밀을 개인 속에서 찾으려는 시도는 더더욱 하지 않는다. 즉, 세계의 공적 역사에 전혀 궁극적인 의미를 가질 수 없는 그런 자아를 추구하는 입장을 거부한다. 오히려 만국의 역사와 자연의 역사를 하나님의 역사의 큰 틀 안에서 조망한다. 달리 말하면, 하나됨을 이루는 성령 안에서 아들을 향한 아버지의 사랑에 근거를 두고 있는 은혜로운 목적이 완전히 성취되는 지점을 향하여 나아가는 여정으로 보는 것이다. 맨 처음 선포된 "하나님의 통치(나라)가 가까이 왔다"는 좋은 소식은 이와 같이 성경적인 우주 역사관의 맥락에 비춰 보아야만 제대로 이해할 수 있다. 여기서 하나님의 통치는 곧 만물을 다스리는 분의 통치를 말한다.

그런데 만일 성경이 곧 우주의 역사라면, 성경은 아주 특별한 구조를 갖고 있다는 점이 분명해진다. 모든 역사는 선택과 생략의 과정을 거쳐 기록되기 마련이다. 전반적으로 그 이야기에 중요한 의미가 있다고 간주되는 것을 선택하고 나머지는 생략하는 법이다. 그러나 성경의 경우 그 선택의 원칙이 현대 역사가들의 그것과 판이하게 다른 것이 분명하다. 성경이 우주적인 관점을 갖고 있음에도 불구하고 그 이야기는 각 단계마다 점점 좁아지는 과정을 거친다. 폭넓은 그림이 각 단계마다 어느 한 부분에 초점을 맞추는 클로즈업으로 대치되고 있다는 말이다.

I

이제 인류의 총체적 타락과 홍수의 심판 이후 인류가 새롭게 재출발하는 창세기 노아 이야기와 함께 시작해 보자. 이 이야기는 노아와 그 가족이 방주에서 나오자 하나님이 그의 모든 후손과 물리적 세계를 무조건 축복하실 것이라는 약속을 주시는 장면을 보여주고 있다. 인류는 이제 모든 인류와 모든 피조세계와 맺은 최초의 언약적 성례인

무지개 아래서 출발한다. 노아는 생육하고 번성하여 땅에 충만하라는 말씀을 받는다. 곧이어 그 축복의 열매로서 '이방인'에 해당하는 70개 나라의 목록이 열거되고 있다. 이 '나라들'은 이어지는 이야기의 배경을 이루게 되지만, 그들의 존재는 바로 하나님의 축복의 열매라는 사실을 분명히 밝히고 있다(창 10장).

이어서 나오는 내용은 그 나라들이 그들의 힘으로 하나가 되고자 하는 슬픈 이야기다. 그것은 이후 모든 제국이 감행하는 모험의 원형에 해당한다. '제국주의'라는 이름은 인류를 하나로 만들려는, 우리 자신이 주도하지 않은 다른 모든 프로그램에 붙이는 호칭이기 때문이다. 그 이름은 '바벨'로서, 니느웨나 로마 같은 거대 도시의 원형이다. 이런 도시의 종말은 한마디로 파탄과 분열이다.

그럼에도 하나님은 인내하시며 또다시 새로운 출발을 허용하신다. 70개 나라 가운데 카메라의 초점은 이제 에벨 가족에 맞춰진다(창 10:25). 에벨의 자손 가운데 아브라함이 택함을 받아, 그는 어디로 가는지도 몰랐으나 자기를 부르는 분을 믿고 자기 백성을 떠나 신앙의 모험을 시작하게 된다. 그는 자기만이 아니라 모든 족속을 위한 축복의 약속을 받는다. 그는 모든 족속에게 임할 하나님의 축복의 약속을 전하는 자가 될 것이다.

이처럼 범위를 좁히는 작업은 계속 이어진다. 아브라함의 모든 자손이 그 축복을 전달하는 자로 선택받은 것이 아니다. 이삭은 택함을 받았으나 이스마엘은 그렇지 못했다. 이삭의 아들 가운데서는 에서가 아닌 야곱이 택함을 받았다. 이야기가 진행되면서 범위는 계속 좁혀

진다. 이스라엘 지파 가운데서는 유다가 선택을 받고 나머지는 그림의 변두리로 사라져 버린다. 그리고 유다 지파 중에서는 점점 더 소규모의 남은 자들만이 그 축복의 전달자가 된다.

그렇다고 해서 나머지 백성이 그림에서 완전히 사라지는 것은 아니다. 축복의 전달자로 선택받은 사람들은 나머지 모두를 위해 선택받은 것이다. 노아의 언약은 결코 취소되지 않는다. 그 약속된 축복은 결국 모든 족속을 위한 것이다. 아브라함과 이스라엘, 유다 지파와 신실한 남은 자들은 바로 그 축복을 전달하는 자로 선택받았다.

혜택을 독점하는 수혜자가 아닌 전달자, 여기에는 끊임없는 유혹이 있었고, 선택받음은 특권을 누리기 위한 것이 아니라 책임을 짊어지기 위한 것임을 거듭해서 말할 필요가 있었다. 이스라엘이 하나님의 선민이라는 이유로 믿음을 저버린다면, 그들은 벌을 받을 것이란 경고를 거듭해서 받아야 했다. "내가 땅의 모든 족속 가운데 너희만을 알았나니 그러므로 내가 너희 모든 죄악을 너희에게 보응하리라"(암 3:2, 저자 강조). 이스라엘의 선택받음과 이에 대한 오해가 가장 극적으로 묘사된 곳이 바로 요나의 이야기다. 이 이야기는 성경에서 하나님의 백성에게 주어진 선교의 소명을 가장 감동적으로 해석한 곳이 아닐까 생각된다. 요나(이스라엘, 하나님의 선민)는 니느웨(바벨론, 로마, 어마어마한 권력과 부를 겸비한 이방 세계)의 한복판에 가서 증언을 하도록 부름을 받는다. 하지만 요나는 이 도전을 받아들일 수 없다. 그래서 그것을 피하여 하나님의 소명의 압력에서 도망치려고 한다. 그리고 드디어 성공했다고 생각한다. 하나님께서 엄청난 폭풍을 불러일으키고 이방 군인들은 자기 신에게 살려 달라고 간절히 기도하고 있는 동안에 요나는 숙면을 취하고 있다(졸고 있는 교회). 요나에게 가서 기도하라고 촉구한 것은 바로 이방인들이다. 그리고 제비뽑기를 한 결과 요나는 자신의 죄를 자백하지 않으면 안되는 입장에 처한다. 그런데 그는 또한 자기 하나님이 바로 "바다와 육지를 지으신 하늘의 하나님"이라고 고백한다. 요나는 죄의 대가로 자신의 생명을 지불할 준비가 되어 있었지만, 이 달갑잖은 선교사에 의한 이방 군인들의 회심은 이미 시작된 상황이었다. 그들은 요나를 구하려고 열심히 노력하며 여호와께 기도한다. 그러나 결국 요나는 바다에 던져지고 만다. 한 알의 밀알이 땅에 떨어져 죽어야만 하고, 선택받은 자는 고난을 당해야 한다. 교회는 그 생명을 잃지 않으면 안된다.

그러나 죽음으로부터 부활이 피어나는 법이다. 회개하여 새롭게 회복된 요나는 하나님의 말씀을 전하러 이방 세계로 갔고, 그의 순종으로 인해 엄청난 기적이 일어난다. 그런데 요나는 깊은 실망에 빠진다. 결국에는 이방인들이 벌을 받지 않게 되었기 때문이다. 아니, 하나님이 이토록 터무니없을 만큼 관대하다면 이 세상에 무슨 정의가 있을 수 있겠는가?(참조. 마 20:1-16) 만일 지옥이 불필요한 것이라면 선교사역이 무슨 의미가 있는가? 요나는 욕구불만과 분노를 느낀다. 그리고는 "그 도시에 무슨 일이 일어나는지를 보려고" 도시의 변두리에 자리를 잡는다(내 친구인 한 타밀 그리스도인이 말했듯이 혹시 선교사 공관이 아닐까?). 그 후 하나님이 그에게 죄 없는 수많은 아이들과 가축들이 있는 큰 도시 니느웨를 동정하도록 간청하는 모습과 부루퉁한 요나의 표정이 그려진다. 하나님이 이방 세계를 위해 그토록 부드럽게 간청하는데도 요나는 언짢은 표정으로 자기연민에 빠져 있다.

하나님의 메시지를 니느웨에 들고 가야 할 인물은 요나다. 그는 열방을 향한 하나님의 축복의 약속을 전하도록 선택된 인물이다. 다른 누구도 그 축복을 들고 갈 수 없다. 그런데 이 선택과 약속은 요나만을 위한 것이 아니라 니느웨와 온 열방을 위한 것이다. 하나님의 선택받은 자로서 그는 고난을 겪어야 한다. 하나님은 그의 책임을 면제시켜 주지 않을 것이다. 또한 그냥 놓아주지도 않을 것이다. 하나님은 자신의 부르심을 취소하지 않기 때문이다.

만일 이 이야기에 각주를 달 수 있다면, 이와 비슷하게 바다에서 폭풍이 일어난 사건을 기록한 사도행전 27장의 이야기를 끌어올 수 있을 것이다. 구원의 이야기 관점에서 보면 그 이야기의 중심인물은 바울이다. 배에 함께 타고 있던 나머지 사람들은 우리의 관심사가 아니다. 하나님의 말씀을 로마에 들고 가야 할 인물은 바울이다. 폭풍이 최고조에 달했을 때 천사가 바울에게 나타나 "바울아, 두려워하지 말라. 네가 가이사 앞에 서야 하겠고 또 하나님께서 너와 함께 항해하는 자들을 다 네게 주셨다"고 말한다(행 27:24). 복을 주시려는 하나님의 목적은 바로 바울을 대상으로 삼고 있지만 그 범위는 그와 함께 여행하는 모든 사람을 포괄하고 있다.[1]

그러므로 성경은 모든 나라를 축복하려는 하나님의 목적으로 온통 덮여 있다고 할 수 있다. 성경의 관심사는 하나님이 세상을 창조하고 그 속에 인간을 창조할 때 품었던 본래의 목적이 완전히 성취되는 일이다. 투박하게 표현하자면, 구속받은 영혼에게 역사에서 벗어날 길을 제공하는 일에 관심이 있는 것이 아니라, 역사를 진정한 목표에 도달하게 하는 하나님의 활동에 관심이 있다는 말이다. 그래서 구약성경은 온전히 회복된 인류가 새롭게 된 창조세계 속에서 평화롭고 행복하게 사는 모습을 그리는 비전들로 가득 차 있다. 이는 내세에 받을 축복에 대한 비전이 아니라, 이 땅에서의 행복과 번영(시 82, 144편), 현명하고 정의로운 정치, 정글의 법칙 대신 애정이 지배하는 새로운 자연(사 61:1-9) 등을 바라보는 비전이다.

하지만 온 세계를 축복하겠다는 하나님의 목적은 모든 인류에게 주어지는 보편적인 계시를 통해 실현되는 것이 아니다. 우리가 살펴본 것처럼 여기에는 선택의 과정이 있다. 소수가 그 목적을 전달하는 자로 선택되었다. 그들은 그들만을 위해서가 아니라 모든 사람을 위해 선택된 것이다. 이러한 선택의 내적 논리—다수를 위한 소수—에 관해서는 7장에서 논의할 예정이다. 지금은 성경을 따라 그 이야기의 초점이 점점 더 좁아지다가 마침내 한 순간, 곧 "복음의 시작"에 도달하는 것에 주목해 보자. 이는 곧 한 인물로 좁아지는 것인데, 그는 그 인격 속에 우주적 구원의 목적을 담고 있는 자요 아버지가 기뻐하는 자요 사랑하는 아들로 칭송받는 자다. 이 사랑받는 아들, 이 선택받은 자는 오랫동안 고대하던 하나님의 통치가 마침내 가까웠다고 선포하기 위해 이 땅에 온 것이다.

그러면 그 선포에는 무슨 의미가 담겨 있는가? 하나님의 통치는 그것에 관심 있는 자들이 참여할 수 있는 어떤 새로운 "운동"이 아니다. 그것은 지지를 호소하는 운동, 지지도에 따라 성공과 실패가 좌우되는 그런 운동이 아니다. 정확히 말해서 그것은 하나님의 통치이며, 예수가 아버지로 알고 있는 그 하나님이 모든 민족과 만물을 다스리는 주권자라는 사실이다. 이 사실은 더 이상 저 멀리 있는 어떤 것, 곧 저 높은 하늘이나 저 먼 미래에 있는 어떤 것이 아니라는 것을 의미한다. 그것은 임박한 실재, 아니 실로 지금 모든 사람에게 결단을 촉구하고 있는 거대한 실재다.

II

그런데 예수님이 오심으로 어떻게 하나님의 통치가 가까워진 것인가? 예수님과 하나님의 통치는 어떤 관계가 있는가? 예수님이 하나님의 기름부음을 받은 자로서 이제 세계사를 주관하고 하나님의 뜻에 따라 그것을 좌우한다는 것인가? 그는 하나님을 대신하여 세계사를 주무르고 경영하는 주인이 되는 것인가? 물론 "그 나라의 권세"가 예수님 안에 명백히 드러나는 것은 사실이다. 그는 기적을 행함으로써 신앙이 있는 자들에게 하나님의 통치가 현존하고 있음을 분명히 보여준다(눅 11:14-22). 그러나 역설적인 것은 그가 고난과 배척과 죽음의 길—십자가의 길—을 걷도록 되어 있었다는 사실이다. 그는 하나님의 통치의 현존을 증거하되 악의 세력을 압도하는 일이 아니라 십자가의 무게를 온 몸에 짊어지는 일을 통하여 그렇게 한다. 하지만 패배처럼 보이는 그것을 통하여 오히려 승리를 얻는다.

따라서 하나님의 통치는 비유를 통해서만 선포할 수 있는 실재다. 그것은 감춰진 동시에 드러난 "비밀"이며, 이는 곧 비유의 언어가 지닌 특징이기도 하다. 예수님은 비유를 설명해 달라는 요청을 받자 이사야가 선지자의 사명을 받을 때 들었던 끔찍한 말씀을 인용하신다. "가서 이 백성에게 이르기를 너희는 듣기는 들어도 깨닫지 못할 것이요 보기는 보아도 알지 못하리라 하여 이 백성의 마음을 둔하게 하며 그들의 귀가 막히고 그들의 눈이 감기게 하라. 염려하건대 그들이 눈으로 보고 귀로 듣고 마음으로 깨닫고 다시 돌아와 고침을 받을까 하노라"(사 6:9-10). 예수님은 자기 제자들에게, 하나님 나라의 비밀이 그들에게는 주어졌으나 다른 이들에게는 수수께끼와 같아서 이사야가 말한 것처럼 사람들의 마음이 완악하게 되는 일이 일어날 것이라고 말씀하신다. 선택의 원리는 여전히 작동하고 있다. 소수만이 하나님의 목적의 비밀을 전하도록 부름받는다. 하나님의 나라가 선포된다고 해서 자동적으로 청중의 눈이 열려 그 현존을 보게 되는 것은 아니다. 하나님의 통치는 능력 있는 모습이 아니라 연약한 형태로 임하기 때문이다. 그것은 하나님의 역사(役事)에 의해 드러나지 않게 감춰진 상태로 있는 실재인 만큼 엄밀한 의미의 비밀에 해당한다.

예수님의 말씀은 이런 비유의 특성을 갖고 있다. 뿐만 아니라 그의 행위도 똑같은 특성을 지니고 있다. 그의 행위들은 믿음의 눈이 주어진 자들에게만 그 나라의 표적으로 다가온다. 세례 요한이 제자들을 보내어 "오실 그이가 당신이오니이까" 하고 물었을 때, 예수님은 자신의 권능의 행위에 대해 이사야 35장의 예언을 상기시키는 말씀으로 응답한 뒤에 "누구든지 나로 말미암아 실족하지 아니하는 자는 복이 있도다"(눅 7:23)라고 덧붙인다. 하지만 예수님의 권능의 행위가 반드시 하나님의 통치의 현존을 밝히 드러내는 것은 아니다. 이 행위들도 비유와 똑같이 양면성을 갖고 있다. 이 행위들은 그에 관해 듣는 자들을 넘어지게 할 수도 있고—축복을 받은 자들에게는—믿음의 계기가 될 수도 있는 것이다.

하나님의 통치가 드러나는 동시에 감춰져 있기도 한 최고의 행위, 곧 최고의 비유는 바로 십자가다. 이스라엘이 회개하고 하나님 통치의 좋은 소식을 믿으라는 예수님의 촉구를 거부했을 때, 그는 (인간적으로 말하면) 다음 두 가지 길을 택할 수 있었다. 하나는 자기 제자들과 함께 광야로 물러가서 기도하며 하나님께서 그분의 통치를 확립하실 때까지 기다리는 길이었다. 이런 공동체들이 당시에 있었다는 사실은 쿰란사본을 통해 알게 되었다. 다른 하나는 당시의 "자유의 투사" 길을 택하여 무력으로 메시아 체제를 수립하려고 노력하는 길이었다. 그러나 예수님은 둘 중 어느 것도 택하지 않았다. 그는 민족의 해방을 기념하는 절기를 맞이하여 제자들을 이끌고 거룩한 도시 예루살렘으로 곧바로 진입했다. 하지만 겸손한 왕을 상징하는 당나귀를 타고 올라가기로 했고, 온 몸으로 하나님의 통치를 거부하는 세력의 공격을 순순히 끌어안게 되었다. 여기에 바로 최고의 비유가 있다. 하나님의 통치가 정죄를 받고 출교된 한 사람의 죽음 속에 감춰져 있고 또 드러나 있는 것이다. 저주받아 십자가에 달린 그 죽음 속에 하나님의 충만한 축복이 담겨 있는 것이다. 하나님의 주권적인 은혜가 없다면 과연 어느 누가 이 진리를 믿을 수 있겠는가? 십자가의 약함과 어리석음 속에 담긴 하나님의 권능과 지혜를 아는 일은 평범한 인간의 분별력으로는 불가능하다. 그것은 "혈육"이 알 수 있는 것이 아니다. 그것은 부르심을 받은 자들에게만 주어지는 하나님의 선물이다(고전 1:24). 십자가가 진정 패배가 아닌 승리라는 사실은 예수님의 부활을 통해 밝히 입증되었다. 부활은 패배의 역전이 아니라 승리의 증거다. 그리고 이 증거는 "모든 백성에게 주어진 것이 아니고", 오직 하나님이 "미리 택하신 증인"에게만 주어졌다(행 10:41). 흔히 부활한 예수님이 자신을 신자들에게만 나타냈다고 말하지만 사실은 그렇지 않다. 다소의 사울은 신자가 아니었다. 신약성경의 일관된 가르침과 맥을 같이 하는 사실은, 부활한 예수님이 하나님께서 선택한 자들에게 나타났다는 것이다. 이들은 그들 자신만을 위해서가 아니라 모든 사람을 위해 증인이 되도록 선택된 것이다.

하지만 부활은 "승리의 증거" 이상의 것이다. 승리의 증거인 것은 분명하지만 그 이상이라는 말이다. 그것은 장차 도래할 추수의 "첫 열매"이기도 하다(고전 15:23). 장차 하나님의 모든 일이 끝나고, 모든 것이 하나님의 손길에 복종하게 되고, 만물이 그분의 통치 아래 들어가게 될 것을 보여주는 첫 열매인 것이다. 서신서와 복음서들은 하나같이 부활을 이렇게 해석한다. 부활하신 그리스도가 사도들에게 나타난 것은 그분이 다시 살아났다는 사실을 입증하는 것일 뿐 아니라, 그들에게 장래에 있을 과업과 약속을 확증하는 것이기도 했다. 그분의 나타남은 승리를 거두었음을 보여주는 확실한 증거이며, 따라서 모든 나라와 만물을 그분의 것으로 주장해야 한다는 것을 시사한다. 애초에 선포된 "좋은 소식", 곧 "하나님의 통치가 가까이 왔다"는 소식은 부활에 의해 확증된 셈이다. 그러나 그 선포의 내용은 여전히 모든 사람에게 전달되게 할 목적으로 소수에게만 위탁된 비밀이다. 하나님의 통치는 예수의 말과 행위 속에, 그리고 무엇보다도 그의 십자가와 부활 속에 드러나 있는 동시에 감춰져 있다. 이 통치는 그 비밀을 위탁받은 사람들을 통해 모든 나라에 선포되어야 한다.

이제 "예수님은 어떻게 하나님의 통치를 가까이 가져온 것인가"라는 질문에 대한 답변으로 지금까지 말한 내용을 요약해 볼까 한다. 부정적인 답변은 이러했다. 그 통치는 사람들의 자연스러운 인식작용에 명백히 드러나는 권력의 역사 속으로 들어와서 그것에 반대하는 세력을 점차 정복하고 제거하는 식으로 이루어지지 않았다고 했다. 긍정적인 답변은 이러했다. 예수님이 온 것은 역사 속에 한 사건이 도입된 것이되, 하나님이 이미 선택한 자들에게 하나님의 통치가 연약함과 어리석음의 형태로 알려지게끔 되어 있었던 것이며, 그들에게 그것이 알려진 것은 모든 사람에게 선포되게 하기 위함이었다는 것이다. 그때 선포된 것은 하나님의 통치이며 그것은 곧 우주 역사의 진정한 비밀이라고 했다. 그것은 개인 구원을 위한 프로그램이 아니고, 그것을 기준으로 인류의 공적 역사를 이해하게끔 되어 있는 감춰진 실재다. 자연스러운 인간의 인식작용으로부터 감춰지도록 되어 있었던, 그 봉해진 역사의 두루마리의 인은 결국 유다 지파의 사자인 죽임당한 어린양에 의해 떼어졌다(계 5:1-10). 그러므로 오직 그분만이 그

의미를 자기가 택하는 사람들에게 나타낼 수 있고 또 실제로 나타내신다. 이들은 어린양이 걸어간 길을 따라가면서 세계 역사에서 일어나는 사건들의 진정한 의미를 증언하게 된다.

III

과거 몇십 년간 선교학에서 가장 인기를 누렸던 표어 가운데 하나는 "하나님이 이 세계에서 활동하고 계시다"라는 것이다. 이는 어떤 의미에서 논란의 여지가 없는 사실이다. 논란의 여지가 있는 것은 성공적인 운동과 세력들이 곧 하나님의 활동이라고 보는 입장이다. 이런 입장은 죄를 충분히 고려하지 않은 채 인간사를 보는 견해이기 때문에 그렇다. 그런데 논란의 여지가 없는 사실이 또 하나 있다. 그것은 우리가 "시대의 징표"를 읽고 그것을 올바로 해석하여 올바로 행하는 법을 알아야 할 필요가 있다는 것이다. 모든 사건과 사물을 다스리는 하나님의 통치를 선포한다는 것은 세상에서 일어나는 사건을 어떻게든—잠정적으로든, 조심스럽게든—해석하는 일을 포함한다. 그런데 역사적으로 그리스도인이 시대의 징표를 분별하려고 시도한 것을 돌아보면 실망을 금할 수 없다. 많은 경우 그리스도인들은 교회가 성장하고 영향력을 미칠 때, 그리고 사회정치적 변동이 일어날 때 하나님의 손길을 분명히 간파할 수 있다고 확신하곤 했다. 그러나 이런 섣부른 판단이 다음 세대의 그리스도인들에게 수치심과 당혹감을 안겨 준 경우가 적지 않았다.

그렇다면 신약성경은 예수가 선포한 하나님의 나라에 비추어 세상에서 일어나는 공적 사건을 이해하는 데 어떤 도움을 주는가? 내가 아는 한, 이 질문에 대한 답변은 신약성경의 묵시적 대목에서 찾아야 한다. 여기에는 마가복음 13장의 '작은 묵시록'과 그 병행구절들, 그리고 성경의 마지막에 나오는 요한계시록이 포함된다.

이런 묵시적 대목들의 역할은 세계의 공적 역사를 예수의 십자가와 부활로 채색된 형태로 개관해 주는 일이다. 반복해서 나오는 "인자가 고난을 받아야 한다"는 주장과 병행하는 것은 "이런 일이 있어야" 한다는(막 13:7) 역사적 환난과 관련된 주장이다. 즉, 십자가의 형태가 세계 역사의 그림을 가로질러 투영되고 있는 것이다. 그것은 바로 그 즉시 승리를 얻어 내는, 성공적인 싸움에 관한 순조로운 이야기가 아니다. 오히려 환난과 신실한 증언, 죽음과 부활에 관한 이야기다.

첫째, 거짓 메시아들에 대한 경고가 있다(막 13:5-6). 무수한 세월 동안 인간은 자신의 운명을 근본적으로 바꿀 수 없는 것으로 받아들였고 인간사의 그림을 자연의 순환—일어났다가 다시 쓰러지고, 태어나면 늙어서 죽는 것—의 일부로 수용했다. 그러나 총체적 구원의 개념이 역사 속으로 들어오자 이 순환은 깨어지게 된다. 사람들은 고통과 고난과 불의가 사라진 세계를 꿈꾸기 시작한다. 단일한 목표를 향해 움직이는 단일한 세계 역사에 대한 비전이 창조된다. 정치는 메시아적 성격을 지니게 된다. 복음이 전파되는 곳에서는 총체적 해방의 소망을 품게 하는 운동이 전개되기 시작한다. 아시아에서 기독교가 가장 철저하게 침투한 지역들에서 마르크스주의적 메시아 사상이 뿌리를 내린 것은 결코 우연이 아니다. "전쟁과 전쟁의 소문"이 새로운 시대의 탄생을 위한 진통이 시작되었다는 증거가 될 것이다(막 13:7-8). 이 세계는 메시아적 환난을 새로운 세계가 탄생하려는 몸부림으로 경험하게 될 것이다. 특히 교회가 그런 환난에 동참하게 되리라(막 13:9). 그러나 이러한 고난을 계기로 성령의 증언이 있게 될 것이며, 이 증언은 만국에 전파되어야 할 것이다(막 13:10-13, 참조. 요 15:18; 16:7-15).

이 시나리오는 한층 더 두려운 위기로 이어질 터인데, 그때가 되면 거룩한 도시에서 악이 왕좌를 차지할 것이고(막 13:14-23), 자연질서가 분해된 뒤에야(막 13:24-31) 주권적인 능력을 발휘하고 은혜를 베푸시는 하나님의 최종적인 승리가 이루어질 것이다. 하나님은 스스로 정한 때에 그분의 방식으로 그분의 목적을 성취하실 것이다. 그러므로 이 비밀을 알게 된 자들은 항상 준비를 갖추고 깨어 있으며 주어진 사명에 충실해야 한다(막 13:32-37).

이 구절 가운데 어느만큼이 실제로 예수님의 입에서 나온 말씀인지는 도무지 알 길이 없다. 어쨌든 그 세부내용은 예수와 첫 제자들의 시대에 일부 진영에서 유행하던 묵시적 가르침을 반영하고 있다. 하지만 중요한 사실은, 예수님의 메시지의 핵심인 하나님 나라의 선포를 장래에 투영하여 다가올 역사에 대한 일종의 해석을 제공해 주고 있다는 점이다. 하나님의 통치는 실로 가까이 다가왔다. 하나님은 진정 역사 속에서 활동하고 계신다. 그러나 그분의 활동은 그와 상반되는 듯이 보이는 사건—하나님의 백성에게 닥치는 고난과 환난—속에 감춰져 있다. 이 비밀은 하나님이 선택한 사람들에게 위탁되었다. 그들은 이 비밀을 만국에 증언하는 증인이 되어야 한다. 하지만 사실 메시아적 환난을 통하여 이것을 증언할 분은 바로 성령이시다. 그들의 본분은 끝까지 믿음을 지키는 일이다. 믿음으로 그들은 하나님의 통치가 악의 세력을 정복했다는 사실을 알고 있다. 그들의 소명은 이 사실을 만국에 선포하는 것이다. 그들이 물론 이 소식을 전파하겠지만 그보다 더 강력한 선포는 성령의 몫이다. 성령은 그들이 배척을 당해도 믿음으로 견디는 것을 증언의 계기로 삼을 것이다.

이런 각도에서 보면 선교는 행동하는 믿음이다. 그것은 역사의 모든 사건을 가로질러 복음전파와 인내를 통해, 하나님의 나라가 가까이 왔다고 믿는 믿음을 행동으로 옮기는 일이다. 그것은 예수께서 제자들에게 가르친 그 기도—"아버지여, 이름이 거룩히 여김을 받으시오며 나라가 임하시오며 뜻이 하늘에서 이루어진 것 같이 땅에서도 이루어지이다"—를 행동으로 옮기는 일이다.

5장_ 성자 하나님의 삶에 동참하는 일
행동하는 사랑으로서의 선교
Sharing the Life of the Son: Mission as Love in Action

예수님은 하나님의 통치를 선포했고 제자들을 보내어 똑같은 일을 하게 했다. 그러나 이것이 전부는 아니다. 그의 선교는 말로만 하는 것이 아니며 우리의 선교도 마찬가지다. 만일 신약성경(New Testament)이 하나님 나라의 선포에 관해서만 말했다면, "새로운"(New)이란 형용사를 정당화할 수 없었을 것이다. 선지자들과 세례 요한도 그 나라를 선포했다. 새로운 점은 예수님 안에 그 나라가 현존하고 있다는 것이다. 그렇기 때문에 첫 세대의 복음전도자들은 예수님의 언어와는 다른 언어를 사용했던 것이다. 말하자면, 예수님은 그 나라에 관해 말했고 그들은 예수님에 관해 말했다는 뜻이다. 그들이 사실에 충실하려면 이러한 언어의 변화를 꾀하지 않을 수 없었다. "하나님의 나라"라는 말은 구약성경을 섭취한 사람에게는 깊은 반향을 일으켰겠지만, 이방 그리스인의 귀에는 무의미한 소리로 들렸을 것이다. 뿐만 아니라 하나님의 나라 혹은 왕권은 더 이상 저 멀리 있는 소망이나 얼굴 없는 관념이 아니었다. 이제는 하나의 이름과 하나의 얼굴을 갖고 있었다. 바로 나사렛에서 온 한 사람의 이름과 얼굴이었다. 그러므로 신약성경에서 우리는 하나님 나라의 선포뿐 아니라 그 나라의 현존에 대해서도 보고 있는 셈이다.

I

여기서 잠시 멈춰 우리에게 낯익은 사실, 곧 지난 두 세기 동안 이러한 언어의 변화는 예수와 제자들 간의 생각의 틈을 보여준다고 주장해 온 학자들이 있었다는 사실에 주목할 필요가 있다. "진짜" 예수는 하나님의 나라에 관해 이야기했던 분이고, 그 나라의 현존 그 자체였던 "다른" 예수는 초대교회가 꾸며 낸 인물이었다는 주장이다. 그것은 제대로 훈련되지 않은 신앙심이 당시의 이방 사상을 모델로 삼아 만들어 낸 일종의 신화로, 19세기의 과학적 방법론을 배우지 않은 사람들은 사실과 허구를 구별할 수 있는 능력이 없었다고 말한다. 이 견해에 따르면, 제4복음서는 제대로 훈련되지 않은 신앙심이 만들어 낸 예수의 초상화 정도에 불과하다. 따라서 "진짜" 예수의 인상은 첫 세 복음서로만 해독해야 하고, 오직 독자가 깨어 있어서 "원시 공동체"

의 상상력이 꾸며낸 요소들을 모두 제거해야만 사실의 추적이 가능하다고 말한다.

만일 그것이 사실이라면, 예수가 말한 것과 그렇지 않은 것에 대한 비평적 판단의 저변에 깔린 무언의 전제들에 관해 많은 말을 할 수 있다. 흔히 이런 판단은 복음서 자체에서는 나오지 않은, 하나님과 인간의 본성에 관한 미검토된 가정에 기초하고 있다. 조금만 조사하면 여기에 감춰진 신조를 밝힐 수 있고 이 점을 보여주는 것도 별로 어렵지 않다. 하지만 이것이 내가 말하려고 하는 논점은 아니다. 내 논점은, 만일 예수님의 선교가 하나님 나라의 선포뿐 아니라 그의 인격 속에 그 나라의 현존을 구현하는 것도 포함하는 것이 사실이라면, 유대 환경에서 그리스 환경으로 전환됨에 따라 그 나라의 선포로부터 예수님을 선포하는 것으로 언어가 전환되었어야 한다는 것은 충분히 이해할 만하다는 것이다.

그러면 예수께서 "그 나라의 현존을 자기 인격으로 구현했다"는 진술을 보증하는 증거가 있는가? 예수님은 이사야 35:5-6과 61:1-2에 나오는 말씀을 연속적으로 인용하며 응답하고 있는데, 이 둘은 장차 하나님께서 구원과 심판의 사역에 친히 개입할 날을 묘사하고 있는 본문이다. 그리고 예수님은 이 말씀에 "누구든지 나로 말미암아 실족하지 아니하는 자는 복이 있도다"(마 11:6)라는 경고를 덧붙인다. 주님의 날은 구원의 날인 동시에 심판의 날이기도 하다. 예수님이 있는 곳에는 심판의 날도 존재하는 만큼, 경고를 덧붙이지 않으면 안되었던 것이다. 바로 예수라는 인물의 현존 속에 풍성한 구원의 가능성과 "넘어질 수 있는" 가능성이 모두 담겨 있었다.

나사렛 회당에서도 예수님은 똑같은 이사야 61장 대목을 인용한 뒤에 즉시 "이 글이 오늘 너희 귀에 응하였느니라"(눅 4:21)고 덧붙였다. 그런데 여기에서도 그 약속된 구원의 현존이 또한 "넘어지게 하는" 계기가 되는 것을 볼 수 있다. 예수님은 배척을 받고 그 동네에서 쫓겨난다.

모두가 고대하던 구원의 날의 특징은 하나님께서 자기 백성의 죄를 용서해 줄 것이라는 약속에 있다. 예수님이 바로 그 약속의 성취를 구현하는 인물이다. 가버나움의 한 집에서 그는 중풍병자를 향해 "작은 자야 안심하라. 네 죄 사함을 받았느니라"(마 9:2)고 말한다. 이것은 그저 상투석으로 읊조리는 소리가 아니라 그 즉시 신성모독이라는 고발을 초래하는 권위 있는 행동이다. 기다리던 주님의 날이 임한 것이다. 축복을 위해, 그리고 넘어짐을 위해.

예수의 자유분방한 모습은 세례 요한의 금욕주의와 너무도 대조적이어서 당연히 비판을 불러일으켰다(마 9:14). 이에 대해 예수께서는 혼인 잔치가 이미 시작되었다는 말씀으로 응답한다. 선지자들이 약속한 그 잔치가 이미 시작되었으므로 지금은 금식할 때가 아니라는 뜻이다. 하나님의 나라는 바로 지금 여기 있다는 것이다.

예수님은 제자들을 전도 보낼 때(마 10장) 하나님 나라의 현존을 선포하고 그것을 입증하는 사역을 수행하라는 사명을 주신다. 동시에 믿지 않는 동네나 집안의 먼지를 발에서 털어 버림으로써 그 나라와 함께 오는 심판을 전하는 권위를 그들에게 부여하신다. 그들이 예수의 메신저로 보냄받은 행위 속에 그 나라가 현존하고 있고, 이는 마침내 축복이나 심판으로 귀결되는 것이다.

예수의 현존과 그 나라의 현존은 너무도 동일시된 나머지 한 사람이 예수를 인정하느냐 부정하느냐에 따라 그 사람에 대한 하나님의 영접과 배척의 문제가 좌우된다. "누구든지 사람 앞에서 나를 시인하면 나도 하늘에 계신 내 아버지 앞에서 그를 시인할 것이요 누구든지 사람 앞에서 나를 부인하면 나도 하늘에 계신 내 아버지 앞에서 그를 부인하리라"(마 10:32-33). 다시 한번 하나님 통치의 실재는 축복과 심판의 이중적 성격을 지닌 채 예수 안에 실질적으로 현존하고 있는 것이다.

그리고 예수의 이름으로 보냄을 받은 자들도 그 나라의 현존을 전하는 자들이다. "너희를 영접하는 자는 나를 영접하는 것이요 나를 영접하는 자는 나를 보내신 이를 영접하는 것이니라"(마 10:40). 이 구절은 사실 요한 특유의 필치(요 13:20)를 반영하는 것이며, 뒤에 나오는 다음 단락은 요한복음과 공관복음 사이에 쐐기를 박으려는 사람들에게 당혹감을 주는 유명한 대목이다.

그때에 예수께서 대답하여 이르시되 천지의 주재이신 아버지여, 이것을 지혜롭고 슬기 있는 자들에게는 숨기시고 어린 아이들에게는 나타내심을 감사하나이다. 옳소이다. 이렇게 된 것이 아버지의 뜻이니이다. 내 아버지께서 모든 것을 내게 주셨으니 아버지 외에는 아들을 아는 자가 없고 아들과 또 아들의 소원대로 계시를 받는 자 외에는 아버지를 아는 자가 없느니라. 수고하고 무거운 짐 진 자들아, 다 내게로 오라. 내가 너희를 쉬게 하리라. 나는 마음이 온유하고 겸손하니 나의 멍에를 메고 내게 배우라. 그리하면 너희 마음이 쉼을 얻으리니 이는 내 멍에는 쉽고 내 짐은 가벼움이라 하시니라(마 11:25-30).

요아킴 예레미아스(Joachim Jeremias)는 이 말씀이 셈족 언어를 구사하는 환경에서 나온 것임을 (언어와 양식과 구조를 근거로) 확증함으로써 "요한"의 담론이 마태복음 속으로 영입된 것이 아님을 보여주는 강력한 논증을 한 바 있다.[1] 여기에서 예수님은 자신이 바로 하나님 나라의 비밀을 위탁받은 자로서 그 나라의 축복에 동참하고 싶은 사람 모두를 초대하고 있다. 만일 누구든지 이 대목과 더불어 진정한 예수님의 말씀으로 인용되는 이와 비슷한 증언들을 받아들이면, 그는 훗날 하나님의 나라가 아닌 예수님이 기독교 메시지의 중심으로 발전하게 된 실마리를 갖고 있는 셈이다. 일부 학자들은 예수님이 실제로 이러한 말을 했다고 믿기를 꺼리는데, 이런 태도는 역사적 근거나 문학적 근거보다는 교리적인 이유 때문인 것 같다.

우리가 계속 공관복음서의 자료를 이용한다면 산상설교에 나오는 대목들, 곧 예수가 토라의 가르침을 다루면서 자신이 토라의 저자와 같은 권위를 갖고 있음을 시사한 곳을 언급할 수 있을 것이다. 그는 선지자들이 사용한 언어─"주께서 말씀하시기를"─를 사용하지 않고 나름의 독특한 권위가 담긴 언어를 사용한다. "옛 사람에게 말한 바⋯⋯ 하였다는 것을 너희가 들었으나 나는 너희에게 이르노니"

(마 5:21-22). 우리는 또한 산상설교의 끝에 나오는 말씀, 곧 예수께서 마지막 날에 심판자가 될 것이고 그의 말에 대한 순종 혹은 불순종에 따라 한 사람의 최후의 운명이 좌우될 것임을 시사하는 대목을 언급할 수도 있다.

이밖에도 여러 예를 들어 예수님의 선교와 사역 속에 하나님의 통치가 현존하고 있음을 입증할 수 있다. 사실 나로서는 이 점을 도무지 의심할 수가 없다. 달리 말하면, 선지자들과 시편 기자들이 내다보았던 그 "주님의 날", 하나님이 축복과 심판을 위해 결정적으로 개입하는 날이 예수님의 오심과 함께 시작되었음이 틀림없다는 뜻이다. 나는 이것이 사실이라고 믿을 뿐 아니라 예수님 스스로도 그렇게 알고 있었다고 믿는다. 아울러 제4복음서 저자의 견해, 곧 예수님의 메시지를 전달하려고 나름의 언어를 사용하면서 "역사상의 예수"를 자신이 "아버지로부터 보냄받은" 인물인 것을 알고 있던 자로 묘사하는 그의 견해에 문제가 있다고 생각하지 않는다. 이제 증거를 다루는 이 대목을 마감하면서 누가가 기록한 바, 예수께서 제자들에게 하신 의미심장한 말씀을 인용하는 것이 좋을 듯하다. "제자들을 돌아보시며 조용히 이르시되 너희가 보는 것을 보는 눈은 복이 있도다. 내가 너희에게 말하노니 많은 선지자와 임금이 너희가 보는 바를 보고자 하였으되 보지 못하였으며 너희가 듣는 바를 듣고자 하였으되 듣지 못하였느니라"(눅 10:23-24). 오래도록 고대하던 그 나라는 널리 선포되었을 뿐 아니라 바로 거기에 현존하고 있었던 것이다.

이 지점에서 우리는 또 하나의 매우 중요한 질문을 제기해야 한다.

그 나라의 현존은 예수님의 지상사역의 마감과 함께 끝나는 것인가? 예수님이 시각과 청각과 촉각이 닿지 않는 곳으로 가신 뒤에 우리는 다시 세례 요한과 선지자들과 함께 있게 되는 것인가? 하나님의 통치는 다시금 우리가 선포해야 할 어떤 것, 바라보면서 기도해야 할 어떤 것일 뿐인가? 아니면 예수 안에 있는 그 나라의 현존은 역사 내내 계속되는 것인가? 우리는 복음서로부터 예수님의 의도에 관해 무엇을 알 수 있는가?

교회를 예수의 승천 이후 그의 사역을 계속하도록 위임받은 몸으로 언급하는 구절들은 네 복음서 여기저기에 흩어져 있고, 아주 의심스럽기로 유명하다. 흔히 예수는 종말이 당장 임할 것으로 예상했기 때문에 자신의 사역을 이어받을 기관을 의중에 품을 수 없었을 테고 또 품지 않았을 것이라고 이야기한다. 이 문제를 다룬 문헌이 굉장히 많이 존재하는 만큼 나로서는 내가 믿는 바를 간단하게 기술함으로써 선교학과 관련된 논의를 시작하는 편이 좋을 것 같다.

1. 예수님이 마침내 축복과 심판으로 귀결될 하나님의 목적이 성취될 날이 임박했다고 보았다는 것과, 이는 당장의 결단을 촉구하기 때문에 뒤로 미루거나 우유부단한 것을 용납할 수 없다고 생각했다는 것은 의심할 여지가 없다.

2. 신약성경의 가장 초기 문헌(복음서들보다 더 이른 시기에 쓰인)은 질서정연한 교회가 이미 존재하고 있었음을 보여준다. 그것은 예수 그

리스도를 그 토대로 이해하는 교회(고전 3:11), 예수의 죽음과 합하는 (롬 6:3) 세례를 실행하는 교회, 그리스도의 몸과 피에 참여하는 행위로서 정기적으로 음식을 함께 먹는 교회(고전 10:16)다. 이 초기 편지들에서, 교회의 존재는 애초의 기대가 무너지는 바람에 그것을 무마하려고 생긴 임기응변식 조치의 산물이라는 흔적을 나는 전혀 찾을 수 없다.

3. 흔히 교회를 역사상 계속 존속되는 기관으로 보는 것은 임박한 종말을 내다본 예수님의 비전과 모순된다고 생각하는데, 이런 견해는 기독교 '종말론'의 핵심을 제대로 파악하지 못했기 때문에 생긴 것이다. 이 주제는 우리가 나중에 다시 논의해야 할 것이다. 그것은 진정한 선교신학의 정립에 필수적이기 때문이다. 현 단계에서는 다음과 같이 언급하는 것으로 충분하리라. 바울은 "말세〔종말〕를 만난 우리"(고전 10:11)라는 표현을 쓰고 있는데, 이는 가장 초기 기독교 공동체의 생각이 어떠했는지를 보여주는 것이다. 그런데 오늘날의 신자들도 자신들이 동일한 상황에 처해 있다는 것을 알고 있다. 이들에게도 지금은 종말이다. 그리스도의 몸(교회)이 오랫동안 존속되어 온 것을 감안하더라도—초대교회와 멀리 떨어져 있지만—여전히 종말인 것이다.

4. 예수님이 자신의 승천 이후의 기간에 대해 무슨 생각을 갖고 있었는지를 알려면, 우리에게까지 전수된 그분에 관한 전통에서 가장 오래되고 가장 확고한 요소 하나를 살펴보아야 한다. 그것은 바울이 받

은 전통의 일부이며, 바울이 예수가 죽은 지 20년도 되지 않은 시점에 자신이 개척한 교회들에게 전수한 전통이기도 하다.

주 예수께서 잡히시던 밤에 떡을 가지사 축사하시고 떼어 이르시되 이것은 너희를 위하는 내 몸이니 이것을 행하여 나를 기념하라 하시고 식후에 또한 그와 같이 잔을 가지시고 이르시되 이 잔은 내 피로 세운 새 언약이니 이것을 행하여 마실 때마다 나를 기념하라 하셨으니 너희가 이 떡을 먹으며 이 잔을 마실 때마다 주의 죽으심을 그가 오실 때까지 전하는 것이니라(고전 11:23-26).

물론 이 대목의 봉헌 자체에 대해서는 논란이 있지만, 이 전통의 신성성에 대해서는 전혀 논란이 있을 수 없다. 여기에 한 편의 믿을 만한 증거가 있다. 이 대목은 예수님이 제자들의 공동체가 맞이할 장래를 미리 내다보고 있었음을 보여준다. 그들은 예전에 그들이 예수님과 함께 그리고 그분이 영접한 죄인들과 버림받은 자들과 함께 자주 행했던, 떡을 떼는 일을 계속하라는 권면을 받고 있다. 하지만 이제 이 공동식사는 새로운 의미를 갖게 될 것이다. 그분은 그들과 헤어지게 되어 있다. 그들로서는 죽음을 무릅쓰고라도 그분과 함께 있고 싶어 한다. 그러나 그럴 수 없는 상황이다. 그분에게 주어진 사명은 그분만이 수행할 수 있을 뿐이다. 그렇지만 그들은 나중에야 그분의 동반자가 될 것이다. 그들이 떼는 떡은 그들을 위해 주어진 그분의 몸이 될 것이다. 그들이 나누는 잔은 그들을 위해 흘린 그분의 피가 될 것이다.

그들이 이 공동식사에 반복해서 참여하는 일은 그분의 죽음에 계속해서 참여하는 것이고, 따라서 그분의 승리에도 동참하는 것이다. 예수님과 헤어지는 순간만 해도 그들은 "하나님의 통치"가 무엇을 뜻하는지 전혀 깨닫지 못하고 있었다(눅 22:24-30). 그때 예수님은 바로 이 행동으로, 또한 명령으로 그들로 하여금 계속해서 그분의 존재의 신비 속에 깊이 참여하게 하여 그들을 자신에게 묶어 놓는다. 그분의 삶과 잔인한 죽음과 부활은 단지 선포하고 기록하고 공부해야 할 이야기에 불과한 것이 아니다. 그것들은 몸소 살아내야 할 그 무엇이기도 하다. 그렇게 함으로써 제자들은 그 나라의 현존이라는 드러난 비밀의 일부가 될 것이다. 바울의 말을 빌리자면, 그들은 "항상 예수의 죽음을 몸에 짊어짐은 예수의 생명이 또한 우리 몸에 나타나"는(고후 4:10) 사람들이 될 것이다.

제4복음서는 다른 세 복음서에 나오는, 예수께서 저녁 먹던 자리에서 하신 말씀―서로 약간의 차이가 있다―을 되풀이하지는 않는다. 그 대신 예수님이 스스로를 아버지께 거룩하게 하고 또 제자들을 거룩하게 하여 자신의 사명을 계속 이어가도록 그들을 세상에 보내는 위대한 기도(요 17장)로 이어지는 긴 담화(요 13-16장)를 기록하고 있다. 이제 제자들이 세상에서 예수님을 대변하려고 나아가는 시점에 이르렀고, 이 담화는 그들 앞에 놓여 있는 길을 개관하고 있다. 그들은 예수께서 그들을 섬긴 것과 같이 서로를 섬기는 종이 되어야 한다(요 13:1-20). 그들은 서로 사랑함으로써 그들이 누구인지를 보여주어야 한다(요 13:34-35). 그들은 길을 가는 동안 아버지께서 그들에게 마련해 주시는 영원한 거처를 발견하게 될 것이고, 그들은 그 길을 알고 있다. 다름 아닌 예수 그분이다(요 13:36-14:11). 예수께서 아버지에게 돌아감으로써 더 폭넓은 사역을 위한 길이 열릴 터인데, 그것은 그들 편에서는 사랑과 순종을 드리고 아버지 편에서는 성령의 선물, 함께 거함, 그분의 평안을 제공하는 것이 될 것이다(요 14:12-31). 이처럼 서로 안에 거하는 일을 통하여 마침내 열매가 맺힐 것이다(요 15:1-17). 세상은 그들을 미워할 것이나 세상의 미움은 성령의 증언을 불러오는 계기가 될 것이다(요 15:18-27). 성령은 그들보다 앞서 가서 세상을 책망할 것이고 그들을 완전한 진리 가운데로 인도하실 것이다(요 16:8-15). 그들은 이 세상의 새로운 탄생에 따른 진통에 동참할 것이나 그문 안에서 평안을 누릴 것이다(요 16:16-33). 그리고 예수께서 그들에게 아버지를 온전히 나타냈고(요 17:1-8) 또 예수께서 그들을 악에서 지켰으므로(요 17:9-14), 이제 그들은 세상 속으로 들어가서 그분의 성별의 능력으로 그분의 사명을 계속 이어가야 한다(요 17:15-19). 하나님의 영광, 광야 시절 이스라엘의 한복판에 장막을 치고 있었던 그 영광, 예수 안에 거하고 있었던 그 영광(요 1:14)이 제자들과 함께함으로 말미암아 그들을 통해 세상으로 하여금 예수의 신적 사명의 징표를 알아보게 할 것이다(요 17:20-23).

　공관복음서에도 이 담화와 병행하는 단락들이 있는데, 특히 교회가 장차 수행할 사명을 다루고 있는 '작은 묵시록'(막 13장)이 대표적이다. 그러나 예수님이 제자들에게 위탁한 운동, 또 그들을 준비시키고 성별하여 참여하게 한 이 운동의 장래에 대한 그분의 의도를 가장 잘 보여주고 있는 것은 요한복음의 이 담화다. 내가 말했듯이, 여기에 나오는 용어들은 복음전도자가 만든 것으로 추정해야 한다. 공관복음서에 이와 비슷한 내용(그리고 중복되는 내용)이 많이 있는 것을 감안할 때, 그 전도자가 독자적으로 글을 쓰고 있는 것이 아니라 교회에 보존되어 온 기억과 특히 "사랑하는 제자"의 기억 속에 남아 있는 것에 의거하여 예수의 의도를 해석하고 있는 것으로 보는 편이 좋긴 하지만 말이다. 무엇보다도, 이 담화의 "위치"를 떡과 잔을 놓고 하신 말씀 근처에 잡았다는 사실이 더욱더 이런 확신을 갖게 한다. 이것은 만찬의 의미를 설명한 것이고, 만찬을 제정하실 때 하신 말씀을 통하여 이 운동의 장래에 대한 그분의 의도를 엿볼 수 있다고 우리는 충분히 확신할 수 있다. 요컨대, 그분은 이 운동의 장래를 제자들에게 위탁했고, 그분 자신을 그들에게 완전히 내어 주었고, 그들이 그분과 아버지와의 친밀한 연합 속으로 들어오도록 허락하셨고, 음식을 나누는 가운데 그들을 자기에게 묶어 놓음으로써 자신이 승천한 뒤에도 그분의 삶을 이어가게 했고, 그들을 보내어 그가 가르친 진리의 선생이 될 뿐 아니라 그가 아버지와 함께 누렸던 영광을 전하는 자들이 되게 했다. 그들을 통하여 하나님의 통치가 선포될 뿐 아니라 그것이 현존하게 될 것이다.

5. 이런 맥락에서 제4복음서의 저자는 교회가 선교를 위해 파송받는 장면을 묘사하고 있다(요 20:19-23). 성별 기도(요 17:18)에서 아버지께 드린 말씀이 이제 두려워하고 있는 제자들에게 주어지고 있다. "아버지께서 나를 보내신 것 같이 나도 너희를 보내노라"(요 20:21). 제

자들은 이 말씀을 하시는 그분의 정체를 고난의 상처를 통해 인식하게 된다(요 20:20). 이 상처는 끝 날까지 그리스도의 몸이 지닌 진정한 흔적이 될 것이다. 그분의 선교는 곧 그들의 선교가 되리라. 그리고 그분의 영도 그들의 영이 될 것이다(요 20:22). 성령은 예수께서 요단 강에서 세례를 받을 때 그분에게 기름을 부었다. 하지만 그것은 시작에 불과했다. 그것은 갈보리에서 그분이 세상의 죄와 완전히 하나가 되었을 때 완성되어야 했다. 십자가는 곧 세례의 성취였던 것이다. 그때까지 우리는 제자들에게 주어질 성령의 선물에 대해 전혀 듣지 못했다. 공관복음서에서 열두 제자가 선교의 사명을 안고 복음전파와 치유의 권능을 받아 보냄을 받을 때에도 성령은 전혀 언급되지 않는다. 그리고 요한은 다음과 같이 아주 명시적으로 밀한다. 예수의 지상사역 기간에는 "예수께서 아직 영광을 받지 않으셨으므로 성령이 아직 그들에게 계시지 아니하시더라"(요 7:39). 그러나 이제 그 세례가 완성되었다. 제자들이 거기에 동참할 수 있는 길이 열린 것이다. 즉, 세상의 죄를 짊어지기 위해 물과 성령으로 세례를 받는 그 완전한 세례에 동참할 수 있게 된 것이다. 제자들은 이제 예수님이 성령의 능력으로 기름부음을 받아 파송된 목적인 구원의 사명으로 끌어올려진 것이다.

그러므로 그들은 예수의 선교의 핵심에 있는 권위, 곧 죄를 용서하는 권위(요 20:23)를 위탁받게 되었다. 이 권위는 교회(교회와 분리된 어떤 사역이 아니라)에 주어진 것이다. 여기에서 예수께서는 초시간적인 진리―하나님은 죄를 용서하신다―를 계시하고 있는 것이 아니다. 오히려 가만히 있으면 이루어지지 않을 어떤 일을 하라는 사명을 주고 있다. 그 내용은, 하나님의 용서를 제각기 구체적인 상황에 처한 남녀들에게 가져가라는 것인데, 이는 육신을 입고 있는 우리가 취할 수 있는 유일한 방법이기 때문이다. 말하자면, 또 다른 인간의 말과 행동과 몸짓을 통해서만이 그 용서가 전해질 수 있다는 뜻이다.

    죄의 용서는 하나님의 평안을 선물로 얻을 수 있는 길이다. 그러므로 교회에 주어진 사명의 내용을 가장 단순하면서도 포괄적으로 진술하는 방법은 부활하신 예수님의 입에서 나온 첫 말씀에서 찾을 수 있다. "너희에게 평강이 있을지어다." 평화, 샬롬, 모든 것을 포괄하는 이스라엘의 하나님이 주시는 축복. 이것이 바로 하나님 나라의 현존이다. 교회는 세상의 생명을 위해, 그 삶으로 하나님의 평안을 전하기 위해 세상의 삶 속으로 들어가는 하나의 운동이다. 그러므로 교회는 하나님의 나라를 선포할 뿐 아니라 삶으로 그 나라의 현존을 증언하기 위해 보냄을 받는 공동체다.

II

이 지점에서 예민한 사람은 "잠깐!" 하고 소리치고 싶을 것이다. 우리가 무슨 권리로 감히 교회의 삶 속에 있는 그 나라의 현존에 대해 말할 수 있는가? 우리가 교회를 살펴볼 때, 그리고 부끄러운 배신, 비겁한 타협, 노골적인 악 등으로 얼룩진 교회의 긴 역사를 되돌아볼 때, 어떻게 교회를 하나님의 통치가 현존하는 장소라고 감히 말할 수 있는가? 오히려 우리는 하나님께서 그의 회중에게 하신 다음과 같은 말씀을 상기하고 또 스스로 듣는 것이 마땅하지 않은가? "너희는 목이 곧은 백성인즉 내가 한순간이라도 너희 가운데에 이르면 너희를 진멸하리니"(출 33:5). 어떻게 거룩하고 의로운 하나님이 이와 같은 백성 가운데 거할 수 있다는 말인가? 도대체 우리는 무슨 의미로 교회 안에 하나님의 나라가 현존한다고 말할 수 있는가? 하나님의 통치가 악의 전복과 정의와 자비와 진리의 확립을 의미한다면, 어떤 뜻으로 교회 안에 하나님의 나라가 현존한다고 말할 수 있는가?

이 질문에 응답하려면 우리는 우리 믿음의 중심에 있는 십자가에서 시작해야만 한다. 신약성경의 증언에 따르면, 십자가는 신앙의 눈으로 볼 때 패배처럼 보이는 곳에 하나님의 통치가 밝히 나타난 곳이다. 연약함 속에 하나님의 능력이, 어리석음 속에 하나님의 지혜가 나타난 곳이 십자가다. 교회는 바로 이 사건을 통해 모든 사물의 틀이 다시는 뒤집힐 수 없도록 변했다고 믿고, 또한 십자가야말로 본래의 복음선포의 의미가 밝히 드러난 곳이라고 믿는다. 여기서 본래의 복음선포란 바로 "하나님의 나라가 가까이 왔다"는 메시지를 말한다. 교회가 이런 믿음으로 지탱되고 또 살아갈 수 있는 것은 약한 상태로 십자가에서 죽은 예수님이 "성결의 영으로는 죽은 자들 가운데서 부활하사 능력으로 하나님의 아들로 선포되"신(롬 1:4) 분이기 때문이다.

이 사건과 관련하여 다음의 세 가지를 언급할 필요가 있다.

1. 우리는 현재 한 사건에 관해 말하고 있는 중이다. 우리의 지적 능력으로는 완전히 파악할 수 없고 어떤 이론이나 교리로도 바꾸어 놓을

수 없는 사건, 우리는 우리의 이해력에 도전을 던지고 그것을 뛰어넘는, 신비로 가득 찬 실재 앞에 있는 것이다. 무척 단순한 신앙은 언제나 하나님의 통치의 도래를 이스라엘과 교회의 적을 배척하고 파괴하는 것으로, 그리고 하나님의 백성을 억압으로부터 구원하는 것으로 보았다. 이러한 신앙은 민중의 소리(*vox populi*)로 표현되는데, 이는 구약성경의 많은 부분을 통해 너무도 크고 분명하게 울려 퍼지기 때문에 종종 수수께끼와 역설의 형태로 말한 참 선지자들의 목소리를 거의 묵살시킬 정도다. 그것은 예수의 동시대인들 사이에 존재했던 정치적 메시아 사상으로 표현된다.

예수님은 민중의 소리를 만족시킬 수 없었다. 그분은 오히려 격분을 불러일으켰다. 그분은 "의인들"을 배척하고 "죄인들"을 영접했다. 아니, 좀 더 정확하게 표현하자면, 예수님의 도래는 빛이 비치는 것(요일 1:5)이므로, 그 빛 안에서 모든 사람이 하나님의 적으로 노출되며, 모든 사람이 하나님의 사랑받는 자로 영접된다. "의인들"—종교, 도덕, 사회정치적 질서, 신성한 전통을 대표하는 자들—과 "죄인들"—서민들과 총독 공관 밖에서 데모하는 철저히 의식화된 군중들—은 마지막에 하나님의 살해자로 밝혀지고, 양자 모두 하나님의 사랑받는 자로 영접되어진다. "아버지, 저들을 사하여 주옵소서. 자기들이 하는 것을 알지 못함이니이다." 예수님은 누구는 위하고 누구는 반대하는 분이 아니다. 그분은 모두를 위해 모두를 반대하는 분이다. 그래서 신앙의 눈은 이 사건에서 하나님의 진노와 그분의 사랑, 하나님의 심판과 그분의 자비, 하나님의 저주와 그분의 축복을 모두 목격한다. 겟세마네 동산에서의 고뇌와 십자가에서 외친 버려짐의 울부짖음 속에서 신앙의 눈은, 그 결정적 사건으로 말미암아 모든 것이 변하게 되었고, 절대권력을 자부했던 (국가와 법과 전통의) 권세들의 가면이 벗겨져 그 합법성을 잃었으며, 마침내 하나님의 통치가 확립되었다는 것을 본다. 그 십자가는 바로 예수님이 우리를 위해 하나님과 사별한 곳이며 인류가 하나님께 드리기를 거부했던 사랑의 순종이 우리를 위해 바쳐진 곳이다.

십자가 사건의 첫 증인으로부터 오늘에 이르는 오랜 세월 동안 교회는, 우주 역사의 중심이요 위기이며 다른 모든 사건의 운명을 좌우하는 이 사건의 말할 수 없는 신비를 표현하려고 수많은 상징들을 찾아왔고 또 사용했다. 우리의 죄를 위해 바쳐진 희생제물이신 그리스도, 우리를 대신한 대리인이신 그리스도, 우리의 구속을 위한 값으로 지불된 대속물이신 그리스도, 이 세상의 임금을 쫓아낸 정복자이신 그리스도 등과 같은 상징은 그 신비의 핵심을 가리키려고 사용된 것이다. 그러나 어느 것도 그 핵심을 완전히 표현할 수는 없다. 이 사건은 하나님의 통치가 현존한다는 것이다.

2. 그것은 하나의 사건이므로 역사의 일부다. 인간사의 광대한 구조 속 특정한 장소에서 특정한 시간에 발생한 사건이다. 그 사건은 도쿄나 뭄바이가 아닌 예루살렘 바깥에서, 10세기나 20세기가 아닌 1세기에 발생했다. 그 사건이 이런 특정성을 갖고 있다는 사실은 수많은 경건한 사람들에게 하나의 걸림돌로 작용한다. 수많은 사람들은—특히 인도의 전통 속에서 양육받은 사람들이 그러하다—당연히 하나님

의 임재가 모든 장소, 모든 시대, 모든 사람에게 똑같이 주어져야 마땅하다고 생각하기 때문이다. 하나님은 특정한 장소나 시간에만 있을 수 없는 분이 아닌가? 하나님은 자기를 향하는 모든 사람에게 가까이 해야 할 분이 아닌가? 이 문제는 우리가 나중에 선택의 교리를 논의할 때 다루어야 할 것이다. 그래도 여기서 미리 한마디 할 필요가 있겠다. 문제가 되는 질문은 다음과 같다. 하나님의 통치의 대상은 영원히 공유할 수 없는 운명을 가진 독특한 단일체(모나드)로 간주되는 인간 영혼인가, 아니면 그 속에서 인생이 그 의미와 운명을 갖게 되는, 서로 맞물린 단일한 실재로 간주되는 인류 역사 전체인가? 만일 전자가 옳다면, 당연히 특정한 시간과 장소에서 일어나는 우발적 사건이 모든 인간 영혼에게 궁극적인 중요성을 지닐 수는 없다. 하나님의 완전한 통치 속으로 들어가는 길은 모든 사람에게, 각기 다른 시간과 장소에 처한 각 사람에게 똑같이 열려 있어야 하기 때문이다. 그러나 만일 후자가 옳다면, 하나님의 통치 대상이 인간(그리고 우주)의 역사 전체라면, 그분의 통치 행위는 우리 각자를 우리 모두에게 묶어 주고 그 특성의 일부가 되도록 하는 성격을 지닐 수밖에 없다. 이 경우에는 특정한 시간과 장소에서 일어난 단 하나의 사건이 모든 사람에게 결정적인 중요성을 지닐 수 있게 된다.

    이제까지 요약된 형태로 진술한 내용의 함의는 7장에서 자세히 탐구하겠지만, 이 시점에서 하나님의 통치의 현존에 따른 한 가지 결과를 살펴보는 것이 좋겠다.

3. 그 결과는 이런 것이다. 예수의 삶과 죽음과 부활이라는 특정한 사건, 곧 한 시대와 장소에서 일어난 사건으로서의 "그리스도에 관한 사실"은 역사적 사건의 흐름 속에 들어가서 그 과정의 일부가 되어야 한다. 달리 말해서, 만일 하나님의 통치가 한 덩어리를 이루는 총체적인 역사와 관련이 있다면, 그 사건이 발생한 지 이천 년이 지난 뒤에 사는 우리도 그 사건과 관련되어 있음이 틀림없는 만큼, 우리는 책에서 그에 관해 읽거나 사람들을 통해 그에 대해서 들을 때 그로부터 생겨나서 계속 존속하고 있는 공동체의 삶에도 참여함으로써 그 능력을 공유해야 한다.

이렇게 해야 한다는 것은 다음과 같은 사실에 의해 확증된다. 만일 예수께서 하나님의 나라에 관한 가르침을 글로 기록했다면, 잘못될 소지가 있는 제자들의 기억에 의해 그것이 왜곡되는 것을 막을 수 있었음에도 전혀 그런 시도를 하지 않았다. 기독교회에는 이슬람의 코란에 비교할 만한 것이 하나도 없다. 예수님의 가르침은 여러 그룹의 다양한 기억과 해석을 통해 걸러진 형태로 우리에게 전해져 내려왔다. 다른 한편, 예수님의 주관심사는 장차 자신의 정체성과 사역을 증언할 남녀들로 구성된 살아 있는 공동체를 불러내어 자신에게 묶어 놓는 일이었다. 그가 역사 속에 도입한 새로운 실재는 책의 형태가 아니라 공동체의 형태로 역사 내내 계속 이어지게 될 것이었다.

우리는 이것이 사실이라는 것을 초기 기독교 문헌의 언어로 확증할 수 있다. 바울이 믿음의 친구들과 나눈 편지를 보면 십자가에서 죽고 부활한 예수의 생명을 계속 이어가는 삶의 경험을 표현하는 어구들로 가득 차 있다. "우리가 항상 예수의 죽음을 몸에 짊어짐은 예수의 생명이 또한 우리 〔죽을〕 몸에 나타나게 하려 함이라"(고후 4:10). 우리의 세례는 예수의 죽음과 동일시됨으로 말미암아 우리도 그분의 새로운 부활의 생명 가운데서 행하기 위함이다(롬 6:3-4). 우리는 그리스도와 함께 죽었고 그분과 함께 살리심을 받았으며, 우리의 생명은 그분의 생명 속에 감춰져 있다(골 2:20-3:4). 우리는 "그리스도의 몸"의 지체들이다(고전 12장). 이 모든 구절은 십자가에서 죽고 부활한 예수의 생명이 계속 살아 있다는 사실과 그의 선교를 계속 이어가는 공동체가 있다는 사실을 증거하고 있는데, 그 선교는 바로 하나님의 나라를 선포할 뿐 아니라 **죽음과 부활의 형태로** 그 나라의 현존을 보여주는 일이었다. 그것은 단지 어떤 가르침을 계속 전수하는 일에 그치지 않는다. 사실 부처의 제자나 마호메트의 제자가 "부처 안에서" 혹은 "마호메트 안에서"라는 말을 사용하는 것은 도무지 상상할 수 없는 일이다. 예수의 십자가 안에 감춰진 동시에 드러난 그 나라의 현존은 예수의 죽음과 부활을 증언하는 공동체의 삶 속에 감춰져 있고 또한 삶으로 드러나는 가운데 역사 내내 진행되고 있는 것이다.

4. 그러면 감춰지고 동시에 드러난다는 것은 무슨 말인가? 물론 이 둘 중에서 감춰진다는 말에 대해서는 아무도 묻지 않을 것이다. 굳이 냉소주의자가 아니더라도, 배신을 일삼은 교회의 긴 역사가 하나님 나라의 현존을 감춰 버린 나머지 실질적으로 그것을 파괴해 버린 사실을 의심치는 않을 것이기 때문이다. 신약성경이 교회 안에 존재하는

죄를 얼마나 혹독하게 말하고 있는지를 우리는 기억할 필요가 있다. 신약성경 어디를 보아도 교회의 죄나 배신이나 타협이 우연히 생겼거나 나중에 첨가된 것이 아니라 맨 처음부터 교회의 중심에 존재하고 있었다는 사실을 접하게 된다. 공관복음 전통에서는 그리스도를 최초로 고백한 베드로가 바로 그리스도가 가야 할 길—십자가의 길—을 막은 최초의 인물이기도 하다. 교회의 가르침에서 중심적 역할을 해온 그 위대한 약속—"너는 베드로라. 내가 이 반석 위에 내 교회를 세우리니"—에 곧이어 끔찍한 책망—"사탄아, 내 뒤로 물러가라"—이 따라온다(마 16:18, 23). 미켈란젤로는 성 베드로 성당의 거대한 돔을 이 두 텍스트 중 어느 하나만 반영하여 설계하는 것은 사람들을 속일 위험이 있었기 때문에 둘 다를 반영하지 않았을까? 마찬가지로, 바울의 편지 역시 특정한 공동체를 향해 한편으로는 하나님의 성전(고전 3:16-17)이요 그리스도의 몸(고전 6:15)으로 그들을 칭송하면서도, 다른 한편으로는 바로 그 공동체의 죄를 가차 없이 노출하고 있다. 무엇보다도, 제4복음서는 유다라는 인물 속에서 마귀가 교회의 초창기부터 활동하고 있었음을 반복해서 주장하고 있다.

그런데 이 점은 유다라는 인물에게만 해당하는 것이 아니다. 요한복음 6:66-70과 마태복음 16:21-23을 비교해 보면 그런 인물을 파악하는 일이 결코 단순하지 않다는 것을 알 수 있다. 예수께서 자신이 선택한 친구들 가운데 하나가 자신을 배신할 것임을 엄숙하게 예언하는 바람에 다락방 속에 어둠의 그림자가 드리웠을 때, "제자들이 서로 보며 누구에게 대하여 말씀하시는지 의심하더라"고 기록되어 있다

(요 13:22, 참조. 마가복음 14:19에는 "그들이 근심하며 하나씩 하나씩 나는 아니지요 하고 말하기 시작하니"라고 되어 있다). 만일 교회가 역사 내내 하나님 나라의 현존을 반영하는 공동체라면, 그것은 분명 죄 많은 세상에 존재하는 의인의 공동체로서 그렇게 하는 것은 아닐 것이다. 그런 식으로 상상하는 것은 다시금 선지자들의 증언에는 등을 돌리고 민중의 소리가 주는 유혹에 넘어가는 것이며, 사실상 예수의 십자가가 그것을 반박하고 있다. 하나님 나라의 현존은 감춰진 현존, 곧 예수의 십자가 속에 감춰진 현존이고, 바로 그 감춰진 상태에서 하나님이 성령을 통해 믿음의 선물을 허락하신 자들에게 드러나게끔 되어 있다. 만일 우리가 하나님의 통치가 예수 안에 현존하고 있었다고, 곧 그 통치가 예수의 삶과 죽음과 부활 속에 현존하고 있었다고 말한다면, 우리는 이어서 부차적이긴 하지만 진정한 의미에서 하나님의 통치가 그의 이름을 반영하는 공동체, 그의 인격과 사역을 믿는 신앙으로 사는 공동체, 그의 성령의 기름부음을 받은 공동체, 예수의 죽음과 부활의 역사로 말미암아 살아가는 공동체 속에도 현존하고 있다고 말해야 할 것이다. 이 공동체는 물론 죄 많은 공동체다. 그 역사를 보면 대체로 연약하고 분열되고 실패한 공동체였음을 알 수 있다. 그러나 이 공동체는 십자가에 달린 그리스도의 부활의 생명으로 살고 그것을 증언하고 있기 때문에, 하나님의 통치가 실제로 현존하고 역사의 한복판에서 활동하며 예수님의 사명이 성취되고 있는 장소다. 이러한 단언은 교회의 역사와 현재의 실상을 살펴본 뒤에 내린 결론이 아니다. 이와 반대로, 이것은 신앙고백의 필수적인 일부로 내린 결론이다. 나는

한분이신 성부 하나님과 한분이신 주 예수 그리스도와 한분이신 성령을 믿기 때문에 거룩하고 보편적이고 사도적인 한 교회를 믿는다. 그리고 나는 하나님의 통치가 이 죄 많고 연약하고 분열된 공동체 속에 현존하고 있다고 믿는다. 이 공동체가 지닌 어떤 능력이나 선(善) 때문이 아니라 하나님께서 모든 사람을 위해 이 공동체를 그분의 선물을 전하는 자로 부르고 또 선택했기 때문이다.

교회의 삶의 중심에는 성찬식이 있다. 이 의식을 통해 주님의 식탁에 모인 사람들이 거듭해서 그분의 희생적인 행위 속으로 들려 올려지고, 그분의 죽음과 부활의 생명에 참여하게 되고, 그분 안에서 또 그분을 통하여 아버지께 거룩하게 구별되고, 세상의 삶을 통하여 십자가와 부활의 능력을 증언하도록 세상 속으로 보냄을 받는다. 예수께서 드린 위대한 성별 기도(요 17장)는 성찬을 이렇게 해석하고 있다. 교회는 이 세상의 삶에서 하나님의 통치의 현존을 나타내는 공동체인데, 이는 승리주의적인 의미("성공적인" 운동으로서)에서나 도덕주의적인 의미("의로운" 운동으로서)에서가 아니라, 예수의 죽음과 부활 속에 있는 그 나라의 비밀을 지금 여기에 존재케 함으로써 의로운 자와 불의한 자 모두 하나님의 사랑을 맛보고 공유할 수 있게 하는 곳이라는 의미에서 그러하다. 바로 이 하나님 앞에서는 모두가 불의한 자이며, 모두가 의로운 자로 영접되기 때문이다. 교회는 하나님의 영광("독생자의 영광")이 실제로 거함으로써, 하나님의 사랑이 죄의 짐을 지고 있는 모든 사람에게 베풀어지는 장소다(요 17:22-23). 교회는 하나님의 능력이 죄인들의 공동체 안에서 밝히 나타나는 곳이다. 교회는 예수님의 약속이 성취되는 곳이다. "내가 땅에서 들리면 모든 사람을 내게로 이끌겠노라"(요 12:32). 교회는 사랑스럽지 않은 사람들 가운데서 사랑을 나눔으로써 하나님의 통치가 임하는 곳이다.

교회의 공공연한 복음선포나 공적인 봉사를 금지하는 지역은 언제나 있었고 현재도 마찬가지다. 구소련에서는 거의 3세대 동안, 그리고 중국에서는 수십 년 동안 그런 상황이 이어졌다. 금세기에 이런 교회들이 겪은 경험은 인간의 능력이 아니라 하나님의 성령을 통하여 그것이 이루어졌음을 강력하게 입증했다. 그 기나긴 암흑의 세월 내내 그리스도의 선교는 계속 이어졌다. 구소련의 경우 매주 정교회에서 거행된 성찬식과 침례교회와 오순절교회에서 진행된 성경 읽기와 설교는, 비록 소수의 노인들만 참석할 수 있었지만, 하나님의 통치를 부인하는 세계의 한복판에서 그 통치의 현존을 증언했다. 중국에서 문화혁명이 한창 진행되는 시기에 기독교 공동체들은 몰래 마을에서 보이지 않는 들판에 모여 기도하곤 했다. 이와 같이 조용히 하나님의 통치의 현존을 증언하는 일을 통하여 많은 남녀들이 믿음을 갖게 되었고 교회는 이전보다 더 강한 면모를 지니게 되었다. 이러한 최근의 경험들을 통하여 우리는, 자유로운 선교 프로그램을 개발할 때에도 선교는 우리의 것이 아니라 하나님의 것임을 새삼 깨닫게 된다. 또한 이 경험은 오늘날 사우디아라비아와 같이 명시적인 복음전도가 금지된 나라에서 신자들이 믿음을 지킬 수 있도록 그들을 격려해 주고 있다.

6장_ 성령 하나님의 증언을 전하는 일
행동하는 소망으로서의 선교
Bearing the Witness of the Spirit: Mission as Hope in Action

나는 선교를 모든 인간 역사와 온 우주를 다스리는 하나님의 왕권을 **선포하는** 일이라고 말했다. 선교는 다름 아니라 하나님께서 세계와 인류를 창조하실 때 시작하신 모든 일을 완수하는 것과 관련이 있다. 선교의 관심사는 부분적이지 않고 총체적이며 보편적이다.

둘째로, 나는 선교를 예수와 교회 안에 있는 하나님의 **임재**와 왕권이라고 말했다. 이런 면에서 선교는 제한적인 것, 특정한 것, 우발적인 것과 관계가 있다.

이제 세 번째 주장을 할 필요가 있는데, 이것 없이는 앞의 두 주장이 오해될 소지가 많기 때문이다. 나는 하나님의 왕권이 교회 안에 현존하고 있다고 주장했다. 그러나 이는 교회의 건물을 말하는 것이 아니다. 그것은 교회 내에 갇혀 있을 수 없다. 선교는 단지 교회가 자신의 능력을 발휘하여 자기 확장을 꾀하는 일이 아니다. 이런 식으로 생각하면 선교의 개념이 크게 왜곡될 소지가 많다. 이와 반대로, 선교의 능동적 행위자는 교회를 다스리고 인도하고 교회보다 앞서 가는 하나의 능력이다. 이는 자유롭고 주권적이고 살아 있는 하나님의 영의 능력이다. 선교는 단지 교회가 행하는 어떤 것이 아니다. 그것은 성령에 의해 수행되는 어떤 것이다. 성령은 증인이요 세상과 교회를 변화시키는 분이요 선교 여정에서 언제나 교회보다 앞서 가시는 분이다. 그러므로 하나님 나라의 선포와 그 나라의 현존만 이야기하는 것으로는 충분치 않고, 그 나라의 선행(先行)에 관해서도 말해야 한다. 이 장에서 우리는 선교의 세 번째 차원을 탐구하게 될 것이다.

신약성경의 증거를 잠시만 살펴보아도 모든 체계적인 선교사상에서 성령의 사역이 중심적 역할을 차지해야 한다는 것을 알 수 있다.

'영'(Spirit)은 '바람' 혹은 '숨'이란 뜻을 가진 히브리어 단어 루아흐(ruach)를 번역한 것이다. 한 사람의 숨은 생명의 비밀이고, 주님의 영(ruach Yahweh)은 인간에게 생명과 능력, 지혜와 말, 지식과 이해력을 주기 위해 표출되는 주님의 생명 그 자체다. 그것은 살아 있고 강력하며 자기 소통을 하는 하나님의 임재다.

신약성경을 보면 맨 처음부터 예수님의 오심과 그분의 언행이 모두 성령의 능력과 직결되어 있는 것을 알 수 있다. 예수님은 성령으로 잉태되었고, 세례를 받을 때 성령으로 기름부음 받았으며, 성령에 의해 광야로 물러나 사탄과 대면하게 되었다. 예수님이 시작하신 가르침과 치유의 사역도 성령의 능력으로 수행된 것이었다(눅 4:14, 18; 마 12:18). 이 모든 것에 비추어 볼 때, 복음서들에 예수님이 지상사역 기간 제자들에게 성령을 주었다는 기록이 전혀 없는 것은 주목할 만한 사실이다. 요단 강에서 시작된 세례가 예수님의 사역을 통해 채워지고 그분의 죽음에서 완성되었을 때에야 비로소 제자들은 부활한 예수님과 동일시되는 일을 통하여 성령의 새로운 기름부음 속으로 들어갈 수 있었다. 이에 관한 요한의 이야기(요 20:19-23)는 이미 언급한 바 있으므로 이제는 사도행전에 나오는 누가의 이야기를 살펴보려고 한다. 후자야말로 성령이 진정한 선교의 행위자임을 가장 완전하게 보여주고 있기 때문이다.

사도행전의 첫 대목은 제자들이 요단 강에서 요한의 세례로 시작된 일이 완성되는 것을 기다리라는 말씀을 듣는 장면이다. "요한은 물로 세례를 베풀었으나 너희는 몇 날이 못되어 성령으로 세례를 받으리라"(행 1:5). 요한의 세례는 다가올 그 나라의 현존을 가리키는 표지와 같았다. 그리고 예수님의 세례에서 표지와 실재가 만났다. 예수님의 세례는 물과 성령으로 주는 세례였다. 이 둘이 이제는 하나이며(요 3:5), 하나님이 합쳐 놓은 것이 다시는 나눠지지 않을 것이다. 그들의 세례는 그분의 세례가 완성될 때까지는 완성될 수 없었다(참조. 눅 12:50). 이제 그들의 때가 이르러 그들도 그분의 완전한 세례에 동참하게 될 터인데, 그것은 곧 세상의 죄를 위한 세례를 말한다.

그렇다면 기다리는 시기가 끝났다는 뜻인가? 만일 그 표지와 실재가 하나가 되었다면, 주님의 날이 여기에 있다는 뜻이 아닌가? "주께서 이스라엘 나라를 회복하심이 이때입니까?"(행 1:6)라는 질문은 타당하다. 이에 대한 예수님의 응답은 하나의 경고인 동시에 하나의 약속이다. 경고란, 하나님은 무한한 인내심을 품고 계시고 죽을 인생들이 그분의 약속을 미리 처리하려고 하는 것은 옳지 못하다는 것이다(행 1:7). 약속이란, 제자들이 당장 하나님의 나라를 완전한 형태로 받지는 못하지만 그 나라의 맛보기요 보증인 선물을 받을 것이라는 것이다. 이 선물은 다름 아닌 성령의 임재다(행 1:8, 참조. 고후 1:22, 엡 1:14). 이 구절들에서 사용된 아라본(arrabon)이라는 단어는, 나중에 완전한 액수를 지불하겠다는 약속으로 미리 지불하는 보증금을 뜻하는 상업적인 단어다. 제자들은 현재 하나님 나라의 완전한 승리의 약속은 받지 못하지만, 당장에 그 보증금을 주겠다는 약속은 확실히 받는다. 이 선금(先金)은 그들에게 약속된 실재를 가리키는 살아 있는 증거가 될 것이었다. 하나님의 생명이 그들의 공동생활에 현존하는 것은 만국을 향해 하나님의 통치가 완전히 실현되는 날이 오고 있음을 가리키는 증거가 될 것이다. 여기에서 주어진 것(이는 진정한 선교 사상에서 매우 중요하다)은 하나의 명령이 아니라 하나의 약속이다. 성령의 현존이 그들을 증인으로 만들어 줄 것이다.

이 약속은 오순절에 성취된다. 제자들은 이제 예수께서 세례 때에 받았던 그 기름부음을 똑같이 받게 된다. 그리고 제자들은 이날이 진정 선지자들이 내다보았던 그 "주님의 날"임을 알고 있다. 마침내 "말세"가 시작된 것이다(행 2:17). 바벨탑의 저주가 사라지고 있다. 노아와의 언약에서 만국에게 약속된 하나님의 축복이 이제는 모든 사람에게 주어질 수 있게 되었다(행 2:21). 모든 민족은 제각기 자신들의 언어로 하나님의 위대한 일을 들을 수 있다(행 2:11). 드디어 하나님과 메시아의 백성이 되려고 만국에서 모여드는 일이 시작되었다.

이처럼 교회 선교의 출범은 결국 하나님의 주권적인 영의 활동에 의한 것이었다. 그것은 여전히 성령의 선교로 남아 있다. 선교에서 성령은 핵심적 역할을 한다. 빌립을 에티오피아 재무장관과 만나게 한 것도 성령이다(행 8:26-40). 대표적인 핍박자 사울을 형제로 영접하도록 아나니아를 준비시킨 것도 성령이다(행 9:10-19). 베드로로 하여금 그동안 소중히 지킨 원칙을 깨고 이방 군대 지휘관의 손님이 되도록 준비시킨 것도 성령이다(행 10:1-20). 이방인들에게 나아간 최초의 선교를 주도한 것도 성령이고(행 13:1-2), 그 선교사들의 여정을 인도한 것도 역시 성령이다(행 16:7).

베드로와 고넬료의 만남에 관한 이야기는 성령이 선교에서 주권적인 사역을 하고 있음을 보여주기 때문에 특히 의미심장하다. 흔히 이것은 고넬료의 회심에 관한 이야기일 뿐 아니라 베드로와 교회의 회심에 관한 이야기이기도 하다고 말하는데, 참으로 지당한 말이다. 이 이야기의 초반부에는 베드로가 율법을 위반하는 것으로 보이는 행위를 단호히 거부하는 장면이 나온다(행 10:9-16). 이스라엘의 자손이라는 그의 신분은 계명에 대한 철저한 순종과 결부되어 있다. 그러나 이런 망설임에도 불구하고 그는 결국 설득되었고 이방인 장교의 집으로 가서 복음을 들려주게 된다. 그가 이야기를 미처 끝내기 전에 그로서도 어쩔 수 없는 상황이 벌어진다. 고넬료와 그 집안은, 도무지 부인할 수 없는 방식으로, 베드로를 비롯한 제자들이 오순절 이래 알고 있었던 것과 똑같은 자유와 기쁨을 경험한다. 베드로는 자기로서도 어쩔 수 없는 일이 일어나고 있음을 알고 있다. 베드로보다 더 큰 힘이, 경건한 유대인을 더러운 이방 세계로부터 보호했던 장벽을 무너뜨렸던 것이다. 그리하여 베드로는 단지 그 사실을 겸손히 받아들이고 할례받지 못한 이방인들에게 세례를 베풀어 교회의 교제 속으로 영접할 수밖에 없었다(행 10:47-48).

다음 장에는 베드로가 교회 앞에서 자기 행동을 변호하는 장면이 나온다. 그가 행한 일은 분명 이스라엘의 율법을 위반한 행위다. 베드로는 그 자신이 성령에 이끌려 그분이 행하는 활동을 목격한 것을 이야기했을 뿐이고, 마침내 "내가 누구이기에 하나님을 능히 막겠느냐"(행 11:17)라는 말로 결론을 내린다.

이 이야기를 통해 분명히 알 수 있는 사실, 그리고 (우리가 나중에 살펴보겠지만) 제4복음서에 신학적인 견지에서 더 자세히 설명되어 있는 사실은, 선교는 세상을 변화시킬 뿐 아니라 교회도 변화시킨다는 것이다. 이 경우에는 고넬료의 회심과 더불어 교회의 회심도 일어난 것이 확실하다. 이는 마치 교회가 새로운 사람이 그 교제 속으로 들어오도록 문을 열어 주었다가, 곧 예외적으로 한 사람을 교인 명단에 추가시켜 주었다가, 다시 문을 닫고 예전과 똑같이 되는 것과 같은 경우가 아니다. 선교는 단지 교회의 확장이 아니다. 그것은 그보다 더 값비싸고 혁명적인 그 무엇이다. 선교는 성령께서 자유로이 세상을 책망하고(요16:18-21) 또 교회를 미처 깨닫지 못한 완전한 진리 가운데로 인도하는(요16:12-15), 성령이 행하는 활동이다. 선교는 본래 교회가 주변의 세상을 정복하려고 자신의 힘과 지혜를 발휘하는 그런 활동이 아니다. 오히려 하나님께서 세상의 구원을 위한 그리스도의 보편적 사역을 완성시키기 위해 그분의 영의 능력을 발휘하는 하나님의 활동이다. 사도행전 10:1에서 11:18까지 이어지는 이 이야기의 끝에 이르면, 교회가 베드로와 고넬료가 만나기 전의 모습과는 다른 공동체로 변모한 것을 보게 된다. 예전에는 이스라엘의 문화와 세계 속에 갇힌 공동체였으나, 지금은 유대인과 이방인 사이에 놓인 엄청난 간격을 뛰어넘어 이스라엘의 언약 밖에 있었던 모든 민족을 포용하는 전혀 다른 공동체로 변한 것이다.

베드로와 고넬료의 이야기는 이방인 개종자들이 교회에 들어오도록 허락하는 조건과 관련하여 장차 교회가 싸워야 할 그보다 훨씬 크고 값비싼 싸움을 예고하는 서막에 불과하다. 당시에 교회 내에서 할례를 고집하는 사람들은 굉장히 강력한 입지를 구축하고 있었다. 할례의 법은 율법의 전반적인 구조에서 가장 근본적인 요소에 속했다. 할례를 받지 않은 남자는 하나님의 백성에서 쫓겨나게끔 되어 있었다(창17:14). 유대교의 순교자들은 이 법을 사수하기 위해 자기 목숨을 버렸다. 예수님도 할례를 받았고, 할례를 폐기해야 한다고 시사하는 말씀은 한 마디도 하지 않았다. 이 전통에는 율법의 또 다른 기둥인 안식일에 대한 그분의 태도에 비견할 만한 것이 전혀 없었다. 할례야말로 하나님의 가족으로 들어오는 필수불가결한 조건이라고 주장한 사람들은 자신들의 입장을 지지해 주는 강력한 근거를 갖고 있었던 것이다. 할례를 받지 못한 이방인들이 아브라함의 후계자와 하나님의 가족의 일원이 될 수 있다는 주장은, 성경과 전통은 물론이고 심지어 예수의 명백한 가르침까지 난센스로 만드는 것이라고 충분히 논증할 수 있었기 때문이다.

이처럼 압도적인 권위를 갖고 있던 행습을 교회는 무슨 논리로 폐기시킬 수 있었을까? 오직 사실에 근거한 논증으로만 가능했다. 말하자면, 그리스도를 전파하는 순간에 하나님의 성령이 할례받지 못한 이방인들에게도 명백하게 또한 틀림없이 주어졌다는 명약관화한 사실에 근거하여 그럴 수 있었다. 바울은 갈라디아 교인들과의 논쟁에서 중요한 순간에 이르러 "내가 너희에게서 나만 이것을 알려 하노니 너희가 성령을 받은 것이 율법의 행위로냐 혹은 듣고 믿음으로냐"(갈 3:2) 하고 물었다. 이에 대해 내놓을 수 있는 답변은 하나밖에 없으며, 이로써 문제는 해결되는 법이다. 베드로의 경우도 마찬가지다. 그 이슈를 둘러싼 논쟁에서 베드로 역시 자신의 경험을 이야기함으로써 문제를 해결한다. "마음을 아시는 하나님이 우리에게와 같이 그들에게도 성령을 주어 증언"하셨다(행 15:8). 그 후에 "온 무리가 가만히 있어 바나바와 바울이 하나님께서 자기들로 말미암아 이방인 중에서 행하신 표적과 기사에 관하여 말하는 것을 듣더니"(행 15:12)라고 기록되어 있다.

그 순간에 교회는 입을 다물고 있지 않으면 안된다. 교회는 선교를 좌우하는 권한이 없기 때문이다. 그 권한은 또 다른 존재에게 있으며,

그분의 새로운 사역은 거듭해서 교회를 놀라게 하고 교회로 하여금 입을 다문 채 듣지 않으면 안되게 만들 것이다. 오직 성령만이 선교를 좌우하는 주권을 갖고 있는 만큼, 교회는 그 증언을 경청하는 종의 입장에 있을 뿐이다. 진실로 말하건대, 성령이야말로 선교의 여정에서 교회보다 앞서 가는 증인이다. 교회의 증언은 그에 따른 부차적인 것일 따름이다. 교회는 성령이 인도하는 대로 따라가는 한에서 증인이 될 수 있다.

성령과 교회 선교의 관계에 대해서는 신약성경의 다른 대목들도 신학적으로 다루고 있다. 그런 대목이 상당히 많이 있지만 그중에서 몇 가지만 간략하게 언급할까 한다.

마가복음에는 마태복음과 누가복음에도 그 병행구절이 있는 이른바 '작은 묵시록'이 포함되어 있다. 그 내용은, 그리스도인들은 그들의 증언 때문에 시련을 당하겠지만 어떻게 변호할지를 염려하지 말라고 하면서, 그때에 그들에게 적절한 말이 주어질 것인데 그것은 "말하는 이는 너희가 아니요 성령이시"기 때문이라고 한다(막 13:11, 참조. 마 10:20, 눅 21:14-15). 이처럼 성령을 법정에서 재판받는 그리스도인을 위해 말씀하시는 변호인으로 보는 개념은 마가의 묵시록에 대응하는 요한복음의 담화에서 더욱 발전되고 있다. 제자들을 보호하던 예수님이 사라진 뒤에 그들의 곁에 서서 변호할 분은 바로 성령이다(요 14:16-20). 그분은 그들에게 예수께서 말씀하신 모든 것과 행하신 모든 일을 생각나게 할 것이다(요 14:26). 세상은 그들을 미워하고 그들의 가르침을 배척하겠지만 그들이 재판받을 때 곁에 서서 변호할 분이 있을 터이고, 그분의 증언은 결코 막을 수 없을 것이다. 이 강력한 변호인으로 인해 그들의 증언은 유효할 것이다(요 15:18-27). 그런데 이 변호인은 그들을 변호하는 일 이상을 할 것이다. 그분은 그들을 비난하는 세상의 근본적인 종교적, 도덕적 신념이 잘못되었음을 입증하되 예수님의 사역으로 그렇게 하여 그들의 대적을 논박할 것이다(요 16:8-11). 그리고 마침내 이 변호인은 "아버지께 있는 모든 것"을 갖고 와서 예수의 정당한 유산인 교회에 알려 줄 것이므로 제자들을 완전한 진리 가운데로 인도하실 것이다(요 16:12-15). 바울의 표현을 빌리자면, 그분은 모든 생각을 사로잡아 그리스도에게 복종하게 할 것이다(고후 10:5).

이와 같은 선교의 그림은, 교회를 세상의 힘과 지혜를 정복하려고 자신의 힘과 지혜를 발휘하는 강력한 공동체로 묘사하는 그림과는 너무도 동떨어진 것이다. 사실은 이와 정반대다. 교회는 연약하다. 교회는 재판을 받는 중이다. 무슨 말을 해야 할지도 모르고 있다. 박해자를 논박할 논리를 갖고 있지도 않다. 그러나 바로 이런 상황에서 차분하게 확신을 가질 수 있다. 교회는 스스로 자기를 변호할 필요가 없다. 이 작업을 하고도 남을 만한 자격을 가진 변호인이 있다. 그분의 일은 공동체의 삶에 반영된 십자가의 약함과 어리석음을 갖고 그것을 증거로 삼아 세상을 거꾸로 뒤집고 세상의 근본 관념을 논박하는 것이며, 그분에게는 그럴 만한 능력이 충분히 있다. 바울은 이 점을 알고 있기 때문에 "내가 약한 그때에 강함이라"(고후 12:1-10)는 확신을 품고 크게 기뻐할 수 있는 것이다. 요한계시록의 저자도 이 점을 알고 있기 때문에, 인간으로서 극한의 고난을 당하면서도 우주의 보좌에 앉아 있는 어린양을 바라보는 자들을 일컬어 승리를 이룬 주님의 군대로 묘사할 수 있는 것이다. 우리도 이 점을 알기 때문에, 교회의 선교를 군사작전이나 판매홍보와 같은 식으로 수행하거나 그 성공을 측정해서는 안된다고 확신할 수 있다. 세상을 논박하는 그 증언은 우리의 것이 아니다. 그것은 우리보다 앞서 가는, 우리보다 더 큰 존재의 증언이다. 우리의 본분은 단지 신실하게 따라가는 일이다.

복음의 진정한 승리는 세상적인 의미에서 교회가 강할 때 얻는 것이 아니다. 오히려 교회가 멸시와 배척을 받는 등 연약한 가운데서도 믿음을 지킬 때 얻는 것이다. 그리고 여기에 나 자신의 간증을 덧붙이고 싶다. 나는 교회가 복음에 충실하다가 지극히 연약하고 배척받는 입장에 처했을 때, 그 변호인이 벌떡 일어서서 가장 "보잘것없는" 사람들의 말과 행동을 통하여 이 세상의 지혜와 힘을 대적하고 부끄럽게 만드는 말씀을 발했던 것을 많이 경험했다.

바울의 글을 보면, 교회 선교에서의 성령의 역할에 대해 더 많은 것을 알 수 있다. 사도행전 1:6-8에서 제자들이 하나님 나라의 임박한 도래에 관해 질문했을 때 예수께서 성령을 주시겠다고 약속하는 장면은 이미 다룬 바 있다. 나는 '아라본'(보증)이란 단어를 주목하라고 했는데, 바울은 그것을 성령을 묘사하는 단어로 사용하고 있다. 마치 선금이 훗날의 전액 지불을 보증하는 것처럼, 성령의 선물은 하나님 나라의 도래와 관계가 있는 것이다. 성령은 장차 메시아가 주최할 잔치의 맛보기와 같다. 성령의 임재는 하나님의 완전한 통치에 속하는 사랑과 기쁨과 평안의 현존이지만 그것이 아직 완전히 성취되지는 않은 상태다. 그것은 말세가 시작되었다는 징표이며(행 2:17), 따라서 우리에게 그날이 올 것임을 확신시켜 주고 우리로 하여금 완전한 성취를 열렬히 고대하게 만들어 준다. 이렇게 성령의 임재는 세상은 전혀 무지한 하나님의 통치를 가리키는 강력한 증언인 셈이다.

바울은 이와 똑같은 사상을 로마서 8장에서 다른 상징들을 이용하여 펼쳐 가고 있다. 예수 그리스도 안에서 행한 하나님의 역사(役事)로 우리는 죄와 죽음의 지배에서 해방되어 성령의 지배 아래 놓이게 되었다. 모든 "해방"은 정권의 교체를 의미하기 때문이다. 성령의 체제하의 새로운 생활은 우리의 인격이 새롭게 되는 것을 약속할 뿐 아니라(롬 8:10) 온 피조세계가 거짓된 세력의 지배로부터 해방될 것도 약속하고 있다(롬 8:19-21). 성령의 선물은 우리에게 장차 완전한 추수가 있을 것임을 보증해 주는 "첫 열매"다(롬 8:22-24). 우리로 하여금 하나님을 "아빠"라고 부를 수 있게 해주는 성령을 통하여 하나님의 자녀가 된 우리는 우리가 하나님의 상속자임을 알고 앞으로 완전한 상속을 받을 날을 고대하고 있다(롬 8:14-17). 자녀이자 상속자로서의 우리의 신분은 예수님의 고난에 참여하는 일을 통해 입증될 것이다. 요한복음의 담화에서 그랬듯이, 우리가 성령의 임재를 확신하게 되는 것은 세상의 배척과 그로 인해 환난을 당하는 상황에 처할 때다. 성령은 옛 세계의 한복판에 다가올 새 세계의 실재를 가져오는 분이다. 그것은 다가올 추수의 첫 열매인 셈이다. 또한 우리가 다가올 새 나라의 상속자임을 보여주는 증거다. 그러므로 성령은 이미 약속되었으나 아직 눈에 보이지 않는 미래가 현존하는 것을 가리키는 증인이라고 할 수 있다. 그러므로 성령은 우리 자신만을 위한 소망이 아니라 하나님의 우주적 사역이 완성될 것을 바라보게 하는 소망의 근원이기도 하다. "우리는 소망으로 구원을 얻었다"(롬 8:24). 그래서 우리는 우리 "속에 있는 소망에 관한 이유를 묻는 자에게 대답할 것을 항상 준비"하고(벧전 3:15) 있으면서 선교적인 대화에 참여하는 것이 필요한 것이다. 이러한 관점에서 보면 선교를 "행동하는 소망"이라고 정의해도 좋을 것이다. 그것은 우리가 약속된 보물의 첫 할부금, 약속된 추수의 첫 열매를 이미 받았다는 사실로부터 나오는 전반적인 생활방식이다. 따라서 우리는 하나님께서 온 피조세계에 약속한 것이 완전히 이루어질 것을 위해 일하고 또 열심과 인내를 품고 기다릴 수 있는 것이다. 신약성경이 말하는 그 증인은 우리의 업적이 아니라 하나님의 선물이다. 그것은 우리가 불을 지피고 바람으로부터 그 불꽃을 보호해야 하는 그런 불빛이 아니다. 그것은 새날의 약속과 함께 동편 하늘에서 이미 밝아 오고 있는 광채를 향해 돌린 우리의 얼굴 위에 비치는 불빛이다.

교회가 선포하는 하나님의 통치는 진정 교회의 삶 속에 현존하고 있으나, 그것은 교회의 소유가 아니다. 오히려 우리보다 앞서 가면서 우리에게 따라오라고 손짓한다. 이것에 담긴 실질적인 의미는 나중에 논의할 예정이다. 여기서는 사도행전에 나오는 그림이 교회의 선교 경험에서 계속 재생산되는 장면임을 이야기하는 것으로 충분하다. 길을 인도하며 새로운 문을 열어 주는 분은 성령이고, 교회는 순종하는 자세로 거기 들어가 불꽃을 일으키는 일이 필요하다.

　나 자신의 선교 경험으로 보면, 선교지 교회의 의미심장한 진보는 "자원"의 동원과 할당에 관한 우리의 결정이 낳은 결과가 아니었다. 이런 식의 표현은 군사작전이나 기업경영에는 어울릴지 모르나 선교에는 적합하지 않다. 내 경험상 의미심장한 진보는 베드로와 고넬료의 이야기를 전형으로 삼는 그런 사건을 통하여, 곧 우리에게 사전 지식이 전혀 없는 그런 사건을 통하여 이루어졌다. 복음에 대해 우리의 마음을 열게 해주는 분은 바로 하나님이다. 사자(행 10:3에 나오는 "천사")의 역할은 낯선 사람, 설교자, 성경 한 구절, 꿈, 응답받은 기도, 기쁨이나 슬픔의 경험, 위험이나 구출의 경험 등 온갖 종류의 것이 될 수 있다. 그것은 결코 교회가 고안한 "선교전략"이 아니었다. 교회보다 앞서 행하시는 하나님의 자유롭고 주권적인 행동이었다. 그리고 베드로가 그랬듯이, 교회도 따르기를 꺼릴 만한 나름의 이유를 갖고 있는 것이 보통이다. 그러나 신실하려면 반드시 따라가야 한다. 선교는 우리의 것이 아니라 하나님의 것이므로.

예수님이 갈릴리에서 하나님의 나라를 전파하러 오신 그 "복음의 시작"(막 1:1)에서부터 지금까지 선교의 관심사는 다름 아닌 바로 이것이다. 온 인류와 피조세계를 다스리는 예수님의 아버지의 주권적인 통치, 곧 하나님의 나라다. 이제까지 나는 선교에 관해 세 가지 방식으로 이야기했다. 그것은 하나님 나라의 선포이고, 하나님 나라의 현존이며, 하나님 나라의 선행(先行)이다. 교회는 만물을 다스리는 하나님의 통치를 선포함으로써 예수님의 아버지가 진정 만유의 지배자라고 믿는 신앙을 행동으로 옮기게 되는 것이다. 교회는 모든 인류를 향해, 교회가 예수님의 죽음과 부활의 생명에 연합하여 얻게 된 그 생명 속에 감춰진 하나님 나라의 현존의 비밀에 동참하자고 초대함으로써, 기꺼이 십자가를 진 예수님의 그 사랑을 행동으로 옮기게 되는 것이다. 그리고 종종 계획하지 않은, 알거나 이해하지도 못하는 길로 성령이 이끄는 대로 순종하며 따라감으로써, 교회는 하나님 나라의 맛보기인 성령의 임재에 의해 주어진 소망을 행동으로 옮기게 되는 것이다.

교회의 선교에 대한 이 삼중적인 이해는 하나님의 삼위일체적인 본성에 뿌리박고 있다. 이 가운데 어느 하나를 따로 떼내어 선교관의 실마리로 삼을 경우에는 왜곡된 이해를 낳기 마련이다.

이어지는 장들에서는 이 삼중적인 모델을 하나의 틀로 삼아 교회가 선교의 소명을 쫓을 때 부딪히게 되는 신학적인 문제와 실제적인 문제들을 논의하려 한다.

7장_ 복음과 세계 역사

The Gospel and World History

예수께서 전파한 복음은 하나님의 우주적 통치에 관한 좋은 소식이다. 그것은 온 인류와 우주를 향한 굿 뉴스다. 하지만 특정 문화에 속한 특정한 사람과 장소들과도 관련이 있다. 그것은 모든 민족 가운데 하나인 이스라엘에 관한 이야기고, 지구상에 살아간 수많은 사람들 가운데 하나인 예수에 관한 이야기다. 그 언어와 상징들은 동부 지중해의 문화에 속해 있는 만큼, 아프리카나 인도나 일본의 문화와는 생소할 수밖에 없다.

앞에서 이런 '특수성의 스캔들'을 살짝 언급한 적이 있는데, 이제 제대로 다룰 때가 되었다. 만일 무려 4천 년에 걸친 심오한 종교와 철학의 유산을 물려받은 경건한 힌두교도에게 구원의 근원을 해외에서 수입해야 한다고 말하면, 그 소리는 스캔들로 들리지 않을 수 없을 것이다. 그는 이렇게 되물을 것이다. "아니, 나와 우리 조상이 40세기 동안 사랑하고 예배해 온 그 최고의 존재가 내 영혼의 욕구를 채울 능력이 없어서, 내가 유럽이나 북아메리카의 종교에 속한 인물을 기다려 그의 구원을 얻어야 한다는 것이 말이 되는 소리요? 당신은 나에게 무슨 신을 믿으라고 말하고 있는 것이오? 그는 단지 당신네의 문화적 편견이 낳은 산물에 불과하지 않소? 여보시오, 우리 이치에 맞는 말을 합시다! 우리의 보물들을 내놓고 나란히 두면, 당신의 신과 우리의 신이 서로 다른 역사와 문화에 의해 형성된, 동일한 실재의 다른 형태에 불과한 것임을 알게 될 것이오. 만일 하나님이 신성 하나님이라면, 곧 모든 민족과 온 땅의 하나님이라면, 하나님은 분명 우리 민족의 기나긴 경험을 통해 나에게 주신 수단으로 나를 구원할 수 있고 또 구원할 것이라고 확신하오."

이런 항변의 타당성을 누가 부인할 수 있겠는가? 이런 소리를 들으려고 굳이 저 멀리 인도에까지 갈 필요도 없다. 인도가 아니라 자기 도시에 있는 공장이나 조선소에 선교사로 들어가려는 사람도 이와 똑같은 소리를 듣게 될 것이다. "당신은 하나님을 공장으로 모셔 올 것처럼 생각하지 마시오. 그분은 이미 거기에 있소. 당신이 무대에 등장하기 오래 전부터 이미 거기에서 일하고 계셨고 당신이 사라진 뒤에도 거기에 계실 것이오. 당신의 과업은 이미 그분의 소유인 이 세상에서 그분이 무슨 일을 하고 있는지를 배우는 것이지, 그분이 없는 세상에 그분을 소개하는 것이 아니라오."

특수성의 스캔들은 선교사역의 중심 문제다. 좀 더 자세히 말하면, 그것은 하나님의 보편성을 그분의 특정한 행위와 말씀에 연결시키는 문제다. 하나님은 만유 위에 그리고 만유 안에 계신다. 참새 한 마리도 그분의 뜻이 아니면 땅에 떨어지지 않는다. 그러나 성경은 하나님을 특정한 때와 장소에서 행동하시고 말씀하시는 분으로 묘사하고 있다. 이 양자는 서로 어떤 관계에 있는가? 만일 하나님이 만물을 주관하는 보편적인 주님이라면, 우리는 어떻게 하나님의 특정한 행위에 대해 적절하게 말할 수 있을까? 그런 보편성을 어떻게 이런 특수성과 연결시킬 수 있을까?

성경을 꼼꼼하게 읽는 독자라면 이 두 주제가 전혀 양립 불가능하지 않으며 서로 얽혀 있다는 사실을 알아차렸을 것이다. 로마서 10:12-13을 보면, 바울은 모든 사람을 포괄하는 보편적인 진술을 하고 있다. "유대인이나 헬라인이나 차별이 없음이라. 한분이신 주께서 모든 사람의 주가 되사 그를 부르는 모든 사람에게 부요하시도다. 누구든지 주의 이름을 부르는 자는 구원을 받으리라." 그런데 곧이어 선교사가 나가서 복음을 전파하는 일이 필요하다고 그는 주장하고 있다(롬 10:14-15). 요한복음 4:24—"하나님은 영이시니 예배하는 자가 영과 진리로 예배할지니라"—은 흔히 종교적인 "형식이나 상징이나 의례적 용어"의 필요성을 부인하는 텍스트로 인용되곤 하는데, 이 구절은 사마리아인의 예배는 무지하며 "구원이 유대인에게서 남이라"(요 4:22)고 주장하는 구절 직후에 나오고 있다. 보편성과 특수성은 서로 모순되는 것이 아니라 서로를 필요로 하는 관계다. 왜 그럴까?

I

이에 대한 답변은 성경 전체를 지배하고 있는 한 교리에서 찾을 수 있다. 그것은 바로 선택의 교리다. 성경은 처음부터 끝까지 특별한 선택이 지속적으로 이어짐에 따라 보편적인 목적이 실행되는 이야기를 담고 있다. 성경의 그림에 따르면, 하나님은 모든 민족의 창조자요 통치자요 지탱자요 심판자이지만, 모든 민족에게 동시에 또한 똑같이 어떤 계시자(그늘을 죽복하기로 한)를 제공하는 방식으로 그의 복적을 성취하는 분이 아니다. 오히려 많은 사람들을 위한 축복을 매개하는 한 사람을 선택하는 분이다. 아브라함은 믿음의 선구자가 되도록 선택을 받았고, 그 결과 축복을 받되 그것을 통해 장차 모든 민족이 축복을 받을 것이었다. 모세는 이스라엘의 구속을 가져오는 대리자로 선택을 받았다. 그리고 이스라엘은 온 땅을 위한 제사장 나라로 선택을 받았다. 예수님의 제자들은 "사람을 낚는 어부"가 되도록 선택을 받았다(막 1:17). 다른 비유를 들자면, 그들은 "가서 열매를 맺게" 하려고 선택을 받은 것이다(요 15:16). 교회는 하나님의 "아름다운 덕을 선포하게" 하려고 선택받은 공동체다(벧전 2:9).

이는 성경 전체에 걸쳐 반복되는 패턴이다. 보편성과 특수성의 관계를 이해하는 열쇠는 바로 하나님의 선택이다. 다수를 위해 하나

(혹은 소수)를 선택하는, 보편적인 것을 위해 특수한 것을 선택하는 논리다.

선택의 교리에 대해 말하면 자칫 면박을 당하기 쉽다. 기독교 사상사를 살펴보면 왜 이 교리를 달갑지 않게 생각했는지 충분히 이해할 수 있다. 그리고 오늘날에도, 소수의 특권층을 잠시 입에 담기만 해도 부르주아적 발상이란 식으로 비난을 받기 일쑤다. '엘리트주의'는 용서받을 수 없는 죄다. 아니, 그런데 왜 우리는 선교를 논하면서 이 부담스러운 선택의 교리를 건드려야 하는 것인가? 무엇이 문제인가?

1. 무엇이 문제인가 하면 바로 인간으로서 우리가 가진 본성이다. 이 말이 충격적으로 다가온다면 이번 장 맨 처음에 나온 항변을 다시 살펴보라. 왜 그 힌두교도가 그토록 감정적인 반응을 보였다고 생각하는가? "어째서 나는 내 영혼의 구원의 근원을 다른 곳에서 찾아야 하는가? 왜 하나님은 나를 있는 그대로, 현재의 문화와 종교 정체성을 가진 존재로 다룰 수 없는가?" 이런 항변의 중심에는, 나 자신의 정체성과 나 자신의 운명은 결국 나만의 것이라는 확신이 있다. 이런 항변이 인도에서 가장 명료하게 표명되었다는 것은 우연한 일이 아니다. 인도의 사상은 지난 2천5백 년에 걸쳐 많은 접촉점을 통해 서구 사상에 큰 영향을 미쳤다. 힌두교에서 가장 영향력 있는 두 철학 학파는 삼키야(Samkhya)와 베단타(Vedanta)다. 전자에 따르면, 모든 실재는 물질적인 것과 영적인 것의 두 가지 형태로 존재한다. 영적인 것은 (이를테면, 인간의 몸을 통하여) 물질세계에 얽히게 된 무한한 수의 인격적

단일체로 구성되어 있다. 이 학파가 말하는 해방은 영혼이 자연세계와의 인연을 끊고 독립된 단일체로서 온전한 자유를 성취하는 것을 뜻한다. 베단타에 따르면(이 학파에서 가장 논리적인 유형을 개발한 인물은 샨카라다), 궁극적인 실재는 참된 자아와 동일한 것이되 이는 생각의 대상이 될 수 있는 자아가 아니고 영원한 주체, 순수한 의식, 순수한 영으로서의 자아를 말한다. 두 학파는 상당히 중요한 차이점을 갖고 있음에도 불구하고, 인간의 중심적 존재를 영적인 단일체로 이해한다는 점과, 참된 운명을 성취하는 데 다른 사람이나 피조세계가 필요 없는 그런 단일체로 생각한다는 점은 동일하다. 구원이나 해방은 순수한 단일체로서의 영혼과 관련이 있다. 인간은 궁극적으로 영적인 존재이며, 사물의 세계와 다른 인간들의 세계는 각자의 영원한 운명에 부차적인 것일 뿐이다.

인간의 본성과 운명에 대한 성경적 관점은 매우 다르다. 성경에서 인간은 오직 다른 사람들과의 관계 속에서만, 그리고 피조세계의 일부로서만 존재할 따름이다. 창세기에 나오는 창조 이야기는 이 양자를 모두 강조하고 있다. 인간은 남자와 여자, 두 가지 형태로만 존재한다. 하나님의 형상은 이 "사랑의 관계" 안에 존재하고 있다(창 1:27). 그리고 곧이어 "하나님이 그들에게 복을 주시며 하나님이 그들에게 이르시되 생육하고 번성하여 땅에 충만하라, 땅을 정복하라"(창 1:28)고 말씀하신다. 인생은 처음부터 하나님이 주신 과업을 이루는 맥락 안에서 서로 관계를 맺으며 살게끔 되어 있는 것이다. 그 과업은 자연세계에서 행하시는 하나님의 창조사역의 연장선상에 있는 일이다. "진정한" 자아를 내면에서 찾으려는 종교와는 반대로, 성경은 진정한 인생을 살아 있는 피조세계 속에서 상호관계를 맺으며 영위하는 삶으로, 동물과 식물, 흙과 물과 공기 등 피조세계를 위한 책임을 서로 공유하는 삶으로 묘사하고 있다. 바로 이것이 하나님의 축복과 구원의 대상이 되는 진정한 인생이다. 따라서 성경의 마지막에 나오는 비전은 순전히 "영적인" 존재가 되는 비전이 아니라 "도시"의 비전이다. 도시는 하나님의 사명을 인간이 너무도 끔찍하게 왜곡시킨 결과인 동시에, "땅을 정복하라"는 명령을 수행한 최고의 업적을 상징하는 것이기도 하다. 그런데 요한계시록 마지막에 나오는 도시는 인간 지혜의 산물이 아니라 하나님의 선물이다. 그럼에도 그것은 도시이며, 도시는 인간의 상호관계성과 땅을 정복하라는 사명이 가장 집약된 장소임이 분명하다.

요컨대, 성경은 우리에게 참된 인간성을 보라고 권하지만, 그것은 인간의 중심에서 하나님의 구원의 대상으로 순전히 영적인 실체만을 보라는 말이 아니다. 이와 반대로 성경은, 참된 인간성을 피조세계를 위해 상호책임을 공유하는 삶으로 보라고 권하며, 그리하여 하나님의 구원의 목적을 실제 인간들의 실제적인 세상의 견지에서 조망하라고 말한다.

그 이유는 하나님은 외로운 단일체가 아니기 때문이다. 인간을 고립된 영적 단일체로 보는 비실재적 그림은 하나님을 고립된 영적 단일체로 보는 그림과 동일한 사상의 세계에 속해 있다. 사실은 그렇지 않다. 복음을 통해 우리에게 계시된 하나님은 단일체가 아니다. 인격 상호간의 관계성이 바로 하나님의 본질에 속한 것이다. 그러므로 인간에게 관계성을 떠난 구원은 있을 수 없다. 아무도 온전한 관계를 회복하지 않고는 온전한 존재가 될 수 없다. 바로 이러한 관계를 위해 하나님이 우리와 세상을 만드신 것이다. 하나님은 존재 자체로 관계성의 형상이기 때문이다. 예수께서 드린 성별 기도(요 17장)에서도 이런 면을 얼핏 볼 수 있다. 예수님은 믿는 자들이 하나님의 하나됨과 같이 하나가 되게 해달라고, 하나님의 영광인 아버지와 아들을 묶어 주는 그것으로 그들도 하나가 되게 해달라고 기도하신다(요 17:20-23).

하나님의 보편적인 구원의 목적이 특정한 민족의 선택을 통해 이루어진다는 성경의 주장은 인간 본성에 관한 이런 근본적인 통찰에서 나오는 것이다. 만일 각각의 인간을 궁극적으로 독립된 영적 단일체로 이해해야 한다면, 구원은 오로지 각 사람에게 공평하게 베풀어진 행위를 통해서만 얻을 수 있게 된다. 그러나 만일 참된 인간성이 성경에 묘사된 대로 상호책임성의 공유에 있다면, 구원은 우리를 다 함께 묶어 주고 우리를 참된 상호관계로 이끌어 주고 자연세계와의 참된 관계로 회복시켜 주는 행위임에 틀림없다. 이는 구원의 선물이 우리 상호간의 열린 태도와 밀접한 관계가 있다는 뜻이다. 그것은 지붕을 뚫고 들어오는 한 줄기의 빛과 같이 위로부터 우리 각자에게 직접 오지는 않을 것이다. 오히려 우리가 문을 열고 이웃을 초대하는 행위를 통해 이웃으로부터 올 것이다. 그렇게 되려면 이웃에게 보냄을 받아야 한다(롬 10:14). 축복의 전달자가 되도록 부름을 받고 선택을 받는 사람이 있어야만 가능한 일이다. 이 축복은 모두를 위해 주어진 것이다. 그러나 이 축복이 각 사람을 타인과 묶어 주는 식으로 주어지고 받아들여지지 않는다면 그것은 무효로 끝나고 말 것이다. 하나님의 보편적인 구원의 방식이 비실재적이고 추상적인 영혼이 아니라 실제 인간들에게 전달되려면 선택의 경로를 통과해야만 한다. 말하자면, 모든 사람을 위한 축복의 전달자로 누군가를 선택하고 부르고 보내는 일이 있어야 한다는 뜻이다. 성경의 선택 교리는 역사와 자연에 함께 몸담은 인간을 대상으로 하는 선교 교리에 가장 기본적인 것이다.

하나님의 목적의 보편성과 소명의 특수성을 단 하나의 비전 안에 함께 묶어 놓은 신약성경 구절 가운데 하나는 에베소서 1:3-14이다. 여기에서 바울은 하나님의 목적이 우주적 범위를 갖고 있다고 말하면서, 그것을 한 특정 민족을 선택하고 부르시는 하나님의 행위와 단단히 연결시키고 있다. 하나님이 염두에 두고 있는 목적은 다름 아니라 온 우주(하늘과 땅에 있는 모든 것)를 머리이신 그리스도와 연합시키는 일이다(엡 1:10). 바로 이 목적을 위해 그분은 "창세 전에 그리스도 안에서 우리를 택"하신 것이다(엡 1:4). 이 선택은 다른 어떤 것이 아니라 바로 "그리스도 안에서" 이루어진 것이다. 일부 신학은 그리스도를 떠나서도 선택이 있을 수 있다고 주장하는데, 사실은 그렇지 않다. 그리스도 자신이 선택받은 자, 세례 때 들은 음성처럼 사랑받는 자. 사실 그분은 창세 전부터 아버지의 사랑받는 아들이었다. 에베소와 다른 아시아 도시들에 있던 작은 공동체들이 택함을 받고, 사랑 안에서 "예정"되고(엡 1:5), "그의 영광의 찬송이" 되도록 지명되고(엡 1:12), 만물을 "그리스도 안에서 통일되게" 하려는 하나님의 목적의 "비밀"을 깨닫게 된 것(엡 1:9-10)은 모두 그리스도를 통하여 그리고 그분 안에서 일어난 일이다. 자신의 사랑하는 아들 안에서 그들을 자유로이 선택하시고 그들에게 성령을 줌으로써 자신이 시작한 일을 결국 완성시킬 것을 그들에게 확신시킨 분은 성부 하나님이다. 성령은 우리에게 상속된 것을 우리가 얻을 때까지 우리 상속의 "보증이 되는"(엡 1:14) 분이기 때문이다. 이 모든 행위는 창세 전부터 삼위일체 하나님의 영원한 존재 속에 그 기원을 두고 있다. 궁극적인 목표는 그리스도 안에서 온 피조세계가 통일되게 하는 것이다. 그동안 이 우주적 계획의 비밀, 그 완성의 맛보기는 소아시아 곳곳에 흩어져 있는 변두리 사람들로 구성된 이 작은 공동체들에게 위탁되었다.

만일 어느 교양 있는 이방인이 어쩌다가 그 편지를 읽게 되었다면, 거기에 나오는 광대한 우주적 목적에 대한 비전과, 사회에서 가장 보잘것없는 사람들로 이루어진 너무도 약하고 하찮은 공동체가 서로 너무나 어울리지 않아 그저 코웃음을 치고 말았을 것이다. 후대에 이르러 이 작은 공동체들이 강력한 조직으로 성장했을 때는 많은 사람들에게 코웃음의 대상일 뿐 아니라 하나의 스캔들로 비쳤던 것 같다. 아니, 천지의 창조주요 만물의 지탱자이자 존재 목적인 하나님이 그의 구원을 동부 지중해의 작은 세계에 몸담은 이 보잘것없는 공동체들을 중심으로 펼쳐 나갔고, 그동안 구원의 영역에서 벗어나 있는 중국과 인도와 아프리카 등지에서 살며 기도하며 고통하며 죽어 간 수많은 사람들은 많은 세월이 흐른 뒤에야 이 선택받은 사람들이 보낸 탐험가와 선교사에 의해 "발견될" 때까지 그냥 내버려 두었다니, 도대체

이것이 믿을 만한 이야기인가? 만일 이 택함받은 사람들이 모든 인류를 위한 구원의 전달자가 되도록 지명되었다는 선택의 교리가 오늘날의 많은 성실한 그리스도인들에게 용납할 수 없는 것으로 보인다면, 사실 처음부터 용납할 수 없었던 것이 아니었을까?

2. 우리가 이런 항변에 응답하려면 먼저 오랜 세월 동안 이런 항변을 정당화시켜 준, 선택에 관한 성경의 가르침을 왜곡하고 오해한 현상부터 설명해야 할 것이다. 이 현상을 명확히 밝혀낼 수 있다면, 선택의 교리를 다시 진술함으로써 하나님의 구원사역에서 보편성과 특수성의 진정한 관계를 보여주는 일이 가능할 것이다.

(1) 성경에 따르면, 하나님은 모든 사람을 구원하기 원하신다. "하나님은 모든 사람이 구원을 받으며 진리를 아는 데에 이르기를 원하시느니라"(딤전 2:4). 하나님이 맺은 최초의 언약은 아무 조건 없이 모든 사람을 축복하는 것이었고, 이는 인류를 위해 땅을 축복하는 것까지 포함한다(창 9:1-17). 그러나 인간이 오만한 제국주의로 이 축복을 저버리자(창 11:1-9) 하나님은 인류 가운데서 한 가족을 선택하여 모든 민족을 위한 축복의 통로로 삼으신다(창 12:1-3). 이 가족은 나머지 인류에 비해 우월한 면이 전혀 없다. 성경의 이야기를 보면, 오히려 "이방인"의 행실이 선택받은 자들의 행실보다 더 고상하고 의롭다는 점을 거듭해서 강조하고 있다. 이를테면, 아브라함과 바로(창 12:10-20), 이삭과 아비멜렉(창 26:1-11), 야곱과 에서(창세기 27장과 33장을

비교하라)의 대조적인 행실 그리고 이미 논의한 요나의 이야기를 들 수 있다. 그런데 구약성경은 또한 선택받은 사람들이 마치 자신들은 특권을 갖고 있기 때문에 재난에서 면제되었다는 식의 환상에 빠져 있는 모습을 반복해서 그리고 있다. 그런 상황에서 신실한 선지자들이 등장하여 거듭되는 패배와 파괴와 국외 추방 같은 엄청난 재난을 올바로 해석해줌으로써, 이스라엘은 선택이란 안위와 안보를 위한 것이 아니라 고난과 굴욕을 위한 것임을 배워야 했다. 이런 재난이 계속해서 반복되자 그들에게 하나님이 그분의 언약을 잊어버리고 그분의 백성을 버렸다고 생각하고픈 유혹이 찾아왔다. 그러나 선지자들은 거듭해서 하나님의 손길을 인정하라고 촉구하면서, 그분은 결코 자신의 언약을 취소하지 않는다는 것과 이스라엘을 향한 변함없는 목적은 그들이 증인이 되어 만국에 하나님의 영광을 밝히 드러내는 일임을 상기시켜 준다. 이스라엘이 선택받았다는 것은 만국의 지배자가 되는 것이 아니라 만국을 위해 주님의 종과 증인이 되도록 부름받은 것을 의미한다. 선택받는다는 것은 참으로 두려운 책임을 지는 일이다.

(2) 선택의 교리는 좀 더 미묘하게 오해될 수 있는 측면이 있고 또 실제로 오해를 받기도 했다. 이 이슈는 바울이 교인이 되는 데 필요한 조건으로 할례를 주장한 자들과 벌인 싸움의 중심에 있었다. 이는 또한 오늘날 복음의 유일무이성과 보편성을 둘러싼 많은 논쟁들의 중심에 있는 것이기도 하다.

성경 이야기의 중심에는 하나님과 이스라엘이 맺은 언약이 놓여 있다. 하나님은 모든 민족 가운데서 단지 이스라엘을 선택하고 부르기만 한 것이 아니다. 그분은 또한 이스라엘을 자신과 묶어 놓기 위해 할례를 가시적 표시로 삼는 언약을 맺기도 했다. 이 언약이 이집트에서 구출된 뒤에 갱신되었을 때, 거기에 보통 '율법'이라 부르는 일련의 가르침이 첨가되었다(바울은 갈 3:19에서 "더해졌다"고 말한다). 그러면 율법과 언약의 관계는 무엇인가? 율법이 언약에 첨부되었다는 것은 전자가 후자의 조건이 된다는 뜻인가? 말하자면, 언약에서 약속된 축복은 율법의 준수를 그 조건으로 삼는가? 이렇게 이해하는 것이 자연스러워 보인다. 아니, 자명한 것처럼 보인다. 언약에는 양방이 있기 마련이다. 양방 모두 그것을 지켜야 한다. 하나님께서 자기와 언약 관계를 맺도록 선택한 사람들은 실로 두려운 책임을 지도록 부름받은 자들이다. 여기에 책임을 수반하지 않는 특권의 문제는 존재하지 않는다. 그러나 만일 선택받은 자들이 율법을 지킴으로써 언약에서의 그들의 몫을 담당한다면, 그들은 언약 밖에 있는 이방인이 갖지 못한 특권을 갖고 있다고 우리는 확실히 주장할 수 있다.

이 점은 무척 자명한 것 같다. 바울의 논쟁 대상이었던 유대 그리스도인들에게도 자명하게 보였다. 만일 하나님이 이스라엘을 택하여 그분의 언약 백성이 되도록 하신 것이 사실이라면, 그리고 만일 그분이 언약 당사자에게 구속력이 있는 언약의 율법을 첨부하셨다면, 그리고 만일 내가 이 율법을 지키는 이스라엘 백성이라면, 나는 하나님 앞에서 (언약 밖에 있고 율법을 지키지 않는) 이방인들은 도무지 주장할 수 없는 그런 지위를 갖고 있음이 분명하다.

　이런 입장을 무너뜨리기 위해 바울은 가능한 모든 논리와 열정으로 무장했다. 아무도 하나님에게 자신의 권리를 주장할 수 없다. 아무도 남에게는 인정되지 않는 어떤 특권을 자기 것으로 주장할 수 없다. 하나님은 똑같은 잣대로 유대인과 이방인을 심판하실 것이다(롬 2장). "유대인이나 헬라인이나 차별이 없음이라. 한분이신 주께서 모든 사람의 주가 되사 그를 부르는 모든 사람에게 부요하시도다"(롬 10:12). 언약은 계약이 아니다. 그것은 순전하고 값없는 은혜의 행위다. 아브라함에게 주어진 애초의 형태를 보면, 그것은 모든 민족을 포함하게 될 보편적인 축복을 값없이 약속한 것이었다(갈 3:8). 그것은 율법을 지키는 조건으로 약속을 제공하는 계약이 아니다. 율법은 본래 언약의 일부가 아니다(갈 3:15-18). 그러면 그것은 무엇인가? 하나님과 이스라엘의 관계에서 어떤 위치를 차지하고 있는가? 이 질문에 대한 바울의 응답을 유심히 주목해야 한다.

　바울은 율법의 역할을 세 가지로 설명하고 있다(갈 3:19-29). "그런즉 율법은 무엇이냐. 범법하므로 더하여진 것이라. 천사들을 통하여 한 중보자의 손으로 베푸신 것인데 약속하신 자손이 오시기까지 있을 것이라."

　(ㄱ) 율법은 "범법하므로" 덧붙여진 것이었다. 이 낯선 어구는 여기서 개진된 전반적인 논리와 로마서 5:18-21에 나오는 이와 연관된 논리를 고찰하면 그 뜻이 분명해진다. 사실 이스라엘과 이방 세계 모두 하나님의 영광에 미치지 못한다. 삼위일체의 영광을 그대로 반영

하는 그런 인생은 어디에서도 찾을 수 없다. 율법은 이 사실을 분명히 밝혀 주는 역할을 수행한다. 그것은 하나님에 대해 어떠한 권리도 주장하지 못하게 한다. 그리고 언약을 계약으로 해석하지 못하게 한다. 율법은 하나님께서 사람들을 위해 열어 놓은 문 이외의 모든 문을 닫아 버린다. 그것은 바로 값없는 자비가 넘쳐흐르는 길이다. "하나님이 모든 사람을 순종하지 아니하는 가운데 가두어 두심은 모든 사람에게 긍휼을 베풀려 하심이로다"(롬 11:32).

(ㄴ) 율법은 "약속하신 자손이 오시기까지" 덧붙여진 것이었다. 율법은 장차 성자의 오심으로 가능하게 될 양자 관계를 내다보며 그것에 의해 대치될 잠정적인 것이었다. 그분만이 우리를 율법이 줄 수 없는 삶, 곧 삼위일체의 영광에 참여하는 삶으로 직접 인도할 수 있기 때문이다(갈 4:6, 참조. 요 1:14; 17:22-23).

(ㄷ) 율법은 "천사들을 통하여" 제정되었다. 유대교 신앙은 천사들이 시내산에서의 율법의 계시에 참여했다는 전통을 율법의 초월적인 위대성을 상징하는 것으로 받아들였다. 그것이 바울에게는 한 가지 사실을 보여주는 증거로 다가왔는데, 그 사실이란 율법에서 우리가 하나님의 존재를 직접 대하는 것이 아니고 그분에게 종속된 하나의 대리자(인간사에 대해 제한적이고 위탁된 권위를 행사하도록 하나님이 허용하는 "권세들", 참조. 고전 2:5-8, 롬 13:1-6, 골 2:15)를 대하는 것임을 말한다. 이미 그리스도에 의해 해방된 자들이 다시금 율법이 자신을 주관하도록 허용하는 것은 "하나님이 아닌 자들에게 종노릇"(갈 4:8) 하는 것과 마찬가지다.

바울의 논리를 요약하면, 언약은 계약으로 변질되어서는 안된다는 것이다. 말하자면, 한 사람이 계약 조건을 성취했다는 이유로 하나님에게 권리를 주장할 수 있는 자격을 갖게 되는 거래 관계가 아니라는 뜻이다. 언약은 값없이 은혜를 베푸시는 하나님의 행위다. 그것은 믿음으로 받아야 할 무조건적인 축복의 약속이다.

(3) 그렇다면 언약은 과연 무조건적인 것인가? 믿음을 조건으로 삼고 있지 않은가? 여기서 우리는 논증의 새로운 단계에 진입하게 된다. 잘 교육받은 그리스도인이라면 아무도 "율법의 행위"를 근거로 하나님에 대해 권리를 주장할 수 없다는 점에 수긍할 것이다. 그런데 믿음은 어떻게 되는가? 믿음은 꼭 필요한 조건이 아닌가? 바울은 "믿음으로 말미암은 자는 믿음이 있는 아브라함과 함께 복을 받느니라"고 말한다(갈 3:9). 그렇다면 언약의 축복은 믿음이 있는 자들을 위한 것이므로, 믿음이 없는 자들은 언약에서 제외된다고 말해야 하지 않는가? 그러므로 우리는 다시금 하나님으로부터 불신자는 주장할 수 없는 축복을 기대할 수 있는 특권층에 관한 생각으로 되돌아온 것이 아닌가? 선택의 교리는 결국 우리를 이처럼 도덕적으로 용납할 수 없는 막다른 골목으로 다시 되돌려 놓은 것이 아닌가? 그리고 불신자나 다른 종교인이, 기독교 세계에서 볼 수 있듯이, 하나님의 축복을 받은 증거가 뚜렷한 경우를 볼 때 선량한 그리스도인들은 어떻게 생각해야 하는가?

신약성경에 관한 한, 아주 중요한 불신의 사례는 이스라엘 민족의 대다수가 예수를 믿지 않았다는 사실이다. 바울은 자신의 민족이 그리스도를 믿지 않는 것이 너무도 안타깝고 고통스러운 일이라고 했다(롬 9:1-3). 그들은 분명히 하나님의 선택받은 민족, 하나님의 언약 백성, 하나님의 사랑받는 민족이다(롬 9:4). 하지만 하나님은 언약을 충실히 지키면서도 언제나 그분의 자유를 보유했다. 그분이 만드신 것을 다스리는 창조주로서 그 주권적인 자유를 보유하신 것이다(롬 9:6-29). 사실상 이스라엘은 언약을 계약으로 변질시키려는 죄, 스스로 율법을 지키는 것에 기초해 하나님에게 권리를 요구하려는 죄를 범했다(롬 9:30-10:17). 그리하여 하나님은 그들의 마음을 완악하게 했다. 하나님이 그들을 버렸다는 말은 아니고(이는 생각할 수도 없는 것이다!) 그들을 완악하게 만들었다는 말이다(롬 10:18-11:10). 그렇다면 그들이 불신자라는 이유로 결국은 멸망할 것이란 뜻인가? 그런 생각은 아예 버리라! 아니다. 그분의 목적은 그들이 복음을 배척하는 일을 통하여 복음이 이방인에게 이르게 하는 것이고, 그들이 나중에 이방인으로부터 복음을 되돌려 받게 하기 위함이다(롬 11:11-16). 이 말은 이방인들도 하나님에게 요구할 만한 권리가 없다는 점을 똑같이 인정해야 함을 뜻한다. 유대인의 불신은 이방인에게 ("본성을 거스르는") 순전한 은혜의 기적에 의해 이스라엘의 생명으로 접붙여질 수 있는 길을 열어 놓은 셈이다. 그런데 만일 그들이 지금 "그 가지들을 향하여 자랑" 한다면—곧 그들의 믿음으로 믿지 않는 유대인에게는 없는 권리를 하나님에게 요구할 수 있다고 생각한다면—그들 역시 참 이스라엘의 생명에서 끊어지게 될 것이다(롬 11:17-24). 하나님의 전술은 이상하게 보일지 몰라도 그분의 전략은 분명하다. "모든 사람을 순종하지 아니하는 가운데 가두어 두심은 모든 사람에게 긍휼을 베풀려 하심이로다." 그러므로 이스라엘의 불신은 결국 그들이 버림받았음을 뜻하지 않는다. 그것은 하나님의 훌륭한 전략의 일부다. 그 목적은 "이방인의 충만한 수가 들어오기까지" 하는 것과 더불어 "온 이스라엘이 구원을" 받게 하는 것이다(롬 11:25-32). 이 구원은 오직 상호의존의 관계 속에서만 얻을 수 있다. 내가 앞에서 말했듯이, 아무도 구원을 위로부터 오는 직접 계시를 통해 받을 수 없다. 오직 이웃을 통해, 곧 자기의 문을 열고 이웃을 초대하는 행위의 일환으로 받을 수밖에 없다는 것이 성경의 견해인 만큼, 하나님이 원하시는 구원의 공동체적 성격은 하나님이 품고 계신 구원의 목적의 일부일 수밖에 없다. 이렇게 말하면 어떤 녹자들은 논리상의 결함이 있다고 반론을 제기할지도 모르겠다. 이방 민족들은 오직 이스라엘을 통해서만 구원을 받을 수 있는데 비해, 선택된 민족인 이스라엘은 그 선물을 이웃으로부터 받는 것이 아니라 "위로부터" 직접 받게 될 것이라고 말이다. 그러나 바울은 이스라엘이 오직 그 문을 "이방인"에게 열어 줄 때에만 구원의 선물을 받을 수 있을 것이라고 말하고 있다.

로마서 9-11장에 나오는 논리를 추적하면 성경이 말하는 선택 교리의 내적 일관성을 가장 뚜렷이 볼 수 있다. 삼위일체 하나님의 본질인 영원한 사랑의 관계를 반영하는 상호관계성을 떠나서는 구원이 있을 수 없다. 그러므로 구원은 선택의 경로를 통해서만 얻을 수 있다. 그래서 누군가 선택을 받고 부름을 받고 보냄을 받아서 다른 누군가에게 구원의 말씀을 들고 가야 한다. 그런데 이 선택받은 사람 역시 선택받지 않은 사람을 통해서만 구원의 선물을 받을 수 있다. 그리스도 안에서 구원을 이루려는 하나님의 목적은 그리스도 안에서 창조의 목적을 성취하는 일에 다름 아니다. 그것은 다른 영혼들과 피조세계로부터 동떨어진 독립된 단일체로서의 "영혼"을 염두에 두는 것이 아니라, 하나님의 피조세계에 함께 참여하고 그 세계를 더불어 책임지는, 다른 사람들과 함께 엮여 있는 인간을 염두에 두고 있다.

이 장에서 이제까지 논의한 내용을 요약하자면, 우리는 우리가 선포하는 하나님 나라의 우주적 보편성과 우리와 관련이 있는 역사의 특수성―세계 역사의 모든 민족 가운데서 이스라엘, 모든 종교 지도자 가운데서 예수, 모든 종교 가운데서 기독교―의 관계에 대한 문제를 푸는 실마리를 성경의 선택 교리에서 찾았다는 것이다. 그런데 우리가 살펴본 것처럼 선택의 교리를 다음 세 가지 면에서 왜곡하지 않도록 주의하지 않으면 안된다. 이는 미묘한 정도가 제각기 다른 세 가지 차원이다.

(ㄱ) 가장 단순한 차원에서는, 선택을 특권적 지위를 부여하는 것으로 간주하지 않도록 주의할 필요가 있다. 이는 이스라엘의 선지자들이 줄곧 싸워야 했던 왜곡이고, 우리도 기독교회 안에서 이것에 대항해 싸워야 한다.

(ㄴ) 좀 더 미묘한 차원에서는, 언약을 계약으로 변질시킴으로써 율법을 지키는 자들이 언약에 약속된 축복을 받을 권리가 있는 것처럼 생각하는 잘못을 범해서는 안된다. 이것이 바로 바울과 유대주의

자들 사이에 갈등을 일으켰던 이슈다.

(ㄷ) 이보다 더 미묘한 차원에서는, 하나님의 약속을 믿음으로 받아야 한다는 참된 진술로 시작하되, 믿음이란 것을 마치 우리가 불신자와 달리 하나님의 축복을 요구할 수 있는 근거로 생각하는 잘못이다. 이것이 바로 바울이 로마서 9-11장에서 개진하고 있는 논증의 이슈다. 이 본문에서 바울은, 하나님의 목적은 이방인들과 "온 이스라엘"을 모두 구원하는 것이므로 믿는 이방인들이 믿지 않는 유대인을 향해 자랑해서는 안된다고 그들을 향해 경고해야 했다. 유대인의 불신마저 하나님은 은혜의 전략으로 활용하신다고 말한다. 유대인 가운데는 "지금도 은혜로 택하심을" 받은 소수의 신자들이 있고(롬 11:5), 대다수의 불신은 하나님이 그들의 멸망을 위해서가 아니라 믿는 이방인들의 증언을 통해 그들도 궁극적인 구원에 이르게 하도록 사용하는 수단이다(롬 11:11-12).

II

이 지점에서 두 가지 질문이 시급한 답변을 요구하고 있으므로 논증을 더 전개하기 전에 이것을 먼저 다룰 필요가 있겠다. 간단하게 말하면 다음과 같다.

1. 이제까지 설명한 선택의 교리는 결국 '보편구원론'(universalism)으로 귀결되는 듯이 보인다. 말하자면, 최종적으로 하나님의 구원에서 제외될 자가 전혀 없다는 교리로 직결되는 것 같다는 뜻이다.

2. 선택의 교리는 성경적인 세계 역사관을 당연시하고 있다. 즉, 세계 역사는 하나님이 그분의 보편적인 축복의 전달자로 한 민족을 선택하고 부르고 보내는 행위와 같은 일련의 "하나님의 행위들"을 중심으로 진행되는 것처럼 간주하고 있다. 그렇다면 이런 역사관은 현대 역사학이 말하는 세계 역사관과 직면하여 어떻게 유지될 수 있는가?

이 질문들에 대해 나는 다음과 같이 응답하는 바이다.

1. 물론 성경의 관점이 인류와 우주의 전 역사를 포괄하고 있는 만큼 거기에 우리가 보편구원론이라고 부를 만한 사상의 색채가 농후하게 깔려 있는 것은 틀림없는 사실이다. 맨 처음 노아와 맺은 언약은 온 인류를 향한 무조건적인 축복의 약속이다. 아브라함과 맺은 언약도 모든 민족이 축복을 받을 것을 내다보고 있다. 신약성경의 경우, 바울은 "온 이스라엘"과 "이방인의 충만한 수"가 그리스도의 구원으로 영입되는 것을 생각하고 있다. 그는 아담과 그리스도를 나란히 비교하고 있는 한 대목에서 이렇게 쓰고 있다. "그런즉 한 범죄로 많은 사람이 정죄에 이른 것 같이 한 의로운 행위로 말미암아 많은 사람이 의롭다 하심을 받아 생명에 이르렀느니라"(롬 5:18). 우리가 그리스도 안에서 공유하게 된 구원은 우리가 아담 안에서 공유하게 된 죄와 같이 보편적인 것처럼 보인다. 제4복음서에 따르면, 예수께서는 "모든 사람"을 자기에게 이끌 것이라고 말했고(요 12:32), 그분은 세상의 모든 죄를 지고 가는 어린양(요 1:29)이었다.

다른 한편, 이에 못지않게 명백한 어조로, 다가오는 심판과 버림받을 수 있는 가능성에 관해 말하는 단락이 특히 신약성경에 훨씬 더 많이 나온다. 예수님과 바울의 가르침에 나오는 경고의 목소리는 비할 데가 없을 만큼 엄중하다. 신약성경 속에 함께 엮어져 있는 모든 전통의 갈래들은 하나같이 이 점을 증언하고 있다. 이 점을 무시하는 것은 신약성경 전체와 의견을 달리하는 셈이다.

그러므로 성경의 보편주의적인 관점과 심판받고 버림받을 가능성에 관한 명백한 가르침 모두를 굳게 붙잡고 있는 것이 중요하다고 나는 생각한다. 이제 여기에 어떤 내용이 함축되어 있는지를 자세히 설명해 보려 한다.

(1) 먼저 하나님의 사랑은 무한하기 때문에 반드시 모든 영혼을 구원할 수밖에 없다는 식으로 주장하는 합리주의적 보편구원론은 배격해야 한다. 이는 너무도 그럴듯한 논법이기 때문에 더더욱 경계할 필요가 있다. 이 견해는 하나님께서 인간에게 주신 자유와 책임을 진지하게 고려하지 않는다. 그래서 성경의 사상과는 다른 방향으로 움직인다.

(2) 우리는 다른 사람의 구원에 대해 억측하는 일을 그만두어야 한다. 최후의 심판에 관한 예수님의 가르침을 보면 깜짝 놀랄 만한 일이 일어날 것임을 강조하는 대목이 두드러지게 많다. 그때가 되면 일반적인 예상이 완전히 빗나갈 것이다. 영접될 것으로 확신한 사람들이 버림받게 되는 일이 벌어질 것이다. 꼴찌가 첫째가 되고 첫째가 꼴찌가

되리라. 의인들은 주님이 죄인들에게 관대하게 베푸는 모습을 보고 (마 20:1-6), 또 그들 자신에게 가혹하게 대하는 태도를 보고 충격을 받을 것이다(마 7:21-23). 그러므로 하나님께만 속한 특권인 심판의 권리를 우리 스스로 떠맡아서는 안된다는 경고를 우리가 받는 것이다 (마 7:1-5). 바로 이런 맥락에서 제자들은 "주여, 구원을 받는 자가 적으니이까" 하고 묻는다. 재빨리 예수께서는 그 질문을 던지는 자들에게 이런 경고를 하며 응답하신다. "좁은 문으로 들어가기를 힘쓰라. 내가 너희에게 이르노니 들어가기를 구하여도 못하는 자가 많으리라"(눅 13:23-30). 영원한 구원과 심판의 문제는 다른 사람의 운명에 대해 억측하라고 주어진 것이 아니다. 그것은 바로 나에게 주어진 굉장히 심각하고 실제적인 문제다.

(3) 예수님의 가르침에는 최후의 심판에서 버림받을 수 있음을 언급하는 대목이 굉장히 많은 편인데, 한 연구는 이런 경고의 일차 대상이 바로 스스로 구원의 확신을 갖고 있는 사람들임을 보여준다. 그러니까, 외부인이 아니라 내부인을 겨냥하고 있다는 말이다. 쫓겨나게 될 자는 바로 "그 나라의 아들들"이다. 열매를 맺지 못하면 꺾어지고 불에 태워질 것은 바로 포도나무의 가지들이다. 성경에서 늘 그렇듯이 가혹한 심판을 받는 것은 택함받은 자들이다. 청지기로 임명된 자가 스스로 주인인 양 착각하다가는 심판 아래 놓이게 된다. 여기서 우리는 다시금 앞서 다룬 논점을 접하게 된다. 하나님의 구원의 목적이 선택의 경로를 통해 이루어지는데, 선택받고 부름받은 자들이 마치 남

들에게 없는 권리를 하나님에게 요구할 수 있는 것처럼 생각하는 잘못에 빠진다는 뜻이다. 하나님은 이런 권리주장을 묵살시켜야 한다. 그렇지 않으면 주권적인 은혜의 역사가 일어날 수 없기 때문이다. 그러므로 심판의 경고는 일차적으로 선택받은 자에게 주어지는 것이다.

(4) 다시 되풀이하는 것이 마음에 걸리지만, 나로서는 만일 구원받는 자의 수를 세기 힘들 만큼 많은 개별적인 영혼의 수로 생각한 나머지 이 문제를 수학적인 견지에서 주장한다면 성경을 크게 오해한 것이라고 말하지 않을 수 없다. 만일 우리가 허다한 영적 단일체의 견지에서 생각하면서 개체로서의 각 영혼의 운명에 관해 묻는다면, 결코 성경의 보편수의를 이해할 수 없을 것이다. 성경의 보편수의는 이런 것이다. 하나님의 구원의 목적은 그분의 피조물 전체와 인간을 대상으로 하는 것이고, 후자는 전자에 참여할 때에만 진정한 존재가 된다는 것이다. 구원은 온전케 하는 것인 만큼 전체와 연관이 있는 것이다. 이를 나 자신의 영적인 삶에 적용하면 이렇다. (ㄱ)나는 결단코 나 자신의 구원을 하나님의 온 가족과 하나님의 온 세계의 구원과 분리시켜 생각해서는 안된다. (ㄴ)어느 시점에든—심지어 죽는 순간에도—나는 내 이웃에 대하여, 내가 그동안 동참해 왔고 섬기려고 애썼고 나를 인간다운 존재가 되도록 해준 이 세상의 일부에 대하여 등을 돌려서는 안된다. (ㄷ)내가 바라보고 갈망하고 장차 기뻐할 목표는 내가 구원받은 사실이 아니라 나의 주님이 "자기 영혼의 수고한 것을 보고 만족하게 여기게 될" 그것이다.

(5) 그러나 성경적 보편주의는, 내가 장차 실패하고 못 미치고 버림받을 수 있는 가능성이 있다는 사실을 인정하는 것과 완전히 양립이 가능하며, 실은 후자를 요건으로 삼는다. 다음 두 가지 오류 사이에 우리가 걸어가야 할 좁은 길이 있다. 한편으로, 버림받을 수도 있다는 가능성은 자기중심적인 불안에 빠지게 하여 온갖 활동과 경건한 습관으로 자신의 운명을 확보하려는 방향으로 나아가게 할 수 있다. 다른 한편, 하나님의 은혜에 대한 확신은 잘못된 안심으로, 바울이 유대인의 잘못으로 비난한 "완악한" 마음으로 귀결될 수 있다. 그러면 어떻게 해야 하나님의 은혜에 대한 경건한 확신과 하나님의 심판에 대한 경건한 두려움 사이에서 진정한 균형을 찾을 수 있을까? 바로 여기에 그리스도인다운 삶의 비밀이 있다. 이와 관련하여 바울이 그리스도 안에서의 생활 훈련을 운동선수의 훈련에 비유하는 대목에서 믿을 만한 실마리를 찾을 수 있다. 그는 자신의 사역에 관하여 이렇게 말한다. "내가 내 몸을 쳐 복종하게 함은 내가 남에게 전파한 후에 자신이 도리어 버림을 당할까 두려워함이로다"(고전 9:27). 그리고 그는 자신의 과거와 현재와 미래의 전반적인 생애에 관해 생각하는 유명한 대목(빌 3장)에서 스스로를 경기 중인 운동선수로 바라본다. 그는 아직 상을 받지 않았다. 그것은 그의 앞에 놓여 있다. 그리스도께서 이미 그를 자신의 것으로 삼으셨으므로 그는 열심히 그리고 확신을 품고 달려갈 뿐이다.

우리는 "주여, 구원을 받는 자가 적으니이까"라는 질문에 대해, 비그리스도인이 구원받을 가능성에 대해, 선교 토론에서 흔히 제기되는 보편구원론에 대해 이 정도까지 나아갈 수 있을 뿐이다. 성경은 인생의 실상에 대해 매우 현실적이라는 의미에서 보편주의적이다. 인생은 허다한 독립된 영적 단일체들이 제각기 존재하는 것이 아니고, 하나님이 만드신(그리고 만들고 계신, 또 새롭게 하실) 세계 속에서 다른 인간들과 함께하는 것이라고 말한다. 그러나 이 보편주의는 하나님이 각 인간에게 주신 자유와 책임을 지극히 진지하게 고려하고, 따라서 심판의 필요성과 버림받을 가능성을 인정하기도 한다. 그리스도인의 삶은 평생 동안 경건한 두려움과 경건한 확신 사이의 긴장을 안고 사는 인생이다.

2. 우리는 이제 선택의 교리를 세계 역사에서 선교의 역할을 이해하는 실마리로 삼을 때 따르는 또 하나의 어려움을 고찰할 필요가 있다. 우리는 성경을 우리의 지침으로 삼았고, 성경은 본래 이야기 형식으로 되어 있다. 성경의 형식은 바로 우주 역사의 형식이다. 물론 거기에는 기도, 시, 법률, 윤리적 교훈 등과 같은 여러 장르가 들어 있다. 그러나 본질적으로는 하나의 이야기다. 이제까지의 논의에서는 우리가 무비판적으로 이 이야기에 의존했다. 우리는 하나님이 구원의 목적을 전달하는 자로 삼기 위해 그분의 대변인들을 선택하고 부르고 구원하고 보내는 등 하나님의 여러 행위에 대해 이야기했다. 그런데 우리는 무슨 권리로 이런 식으로 이야기하는가, 그리고 이런 담론은 세속적인 역사책에서 읽는 세계(그리고 동부 지중해 지역)의 역사와 어떤 관계가 있는가?

(1) 이 세계는 물론 온갖 이야기로 가득 차 있다. 이 가운데 많은 이야기들이 거듭해서 사람들의 입에 오르내린다. 또 문화에 따라 다른 형태를 지니고 있다. 이런 이야기들은 소중히 간직되고 다시 들려지며 때로는 거기에 세세한 내용이 덧붙여지기도 한다. 그것은 언제 어디서나 볼 수 있는 인생에 관한 진실을 "말하고" 있기 때문이다. 이스라엘은 물론이고 많은 문화의 경우, "사물의 실상"에 관한 한 민족의 이해는 이야기에 구현되어 있다. 세계의 창조에 관한 이야기, 최초의 인간에 관한 이야기, 죽음과 내세에 관한 이야기, 인생에서 선과 악의 싸움에 관한 이야기.

그러면 이런 이야기들은 사물의 실상에 대한 우리의 전반적인 이해에서 어떤 위치를 차지하고 있는가? 무엇보다 이 이야기들은 영원하고 보편적인 진리를 다양하게 묘사해 주는 예화라고 할 수 있다. 그 진리성은 실제로 발생한 일을 정확하게 기록하는 "사실성"에서 생기는 것이 아니다. 전자는 후자와 무관하다. 그것은 그 이야기들이 가리키고 묘사하는 그 무엇, 언제나 경험으로 검증될 수 있는 그 무엇에서 찾아야 한다. 중요한 점은 "이것이 사물의 실상이다"라는 것이지, "이것이 실제로 발생한 일이다"라는 것이 아니다.

현대 서구 문화에 너무도 큰 영향을 미친 그리스-로마 철학은 우리로 하여금 이야기를 이런 식으로 보게 만들었다. 사물의 실상에 관한 진리는 초시간적인 진술로 표현되게끔 되어 있다는 식이다. 우리가 "하나님은 존재와 완전성에서 무한하시고, 가장 순결한 영으로서, 볼 수 없고, 몸과 지체가 없으시며, 사람과 같은 성정도 없으시고, 변치 않으시고, 영원하시고, 헤아릴 수 없고, 전능하시고, 지극히 지혜로우시며, 가장 거룩하시고, 가장 자유로우시고(시 115:3), 가장 절대적이시다"라는 글을 읽을 때, 우리는 성경의 세계와는 다른 세계 속에 있다는 것을 인식하게 된다.[1] 성경은 이야기의 세계 속에 몸담고 있다. 파스칼의 유명한 말을 빌리자면, 성경의 하나님은 철학자의 하나님이 아니라 아브라함과 이삭과 야곱의 하나님이다. 성경은 실제 이야기와는 무관한 "어떤 진리"를 묘사해 주는, 그런 이야기를 들려주지 않는다. 성경은 **유일무이한** 이야기, 우리의 인생이 그 일부를 이루는 한 이야기를 들려준다. 이야기들이 인생의 일부라는 말이 아니고 인생이 한 이야기의 일부라는 말이다. "사물의 실상"을 묘사해 주는 이야기들이 있다는 말이 아니고, 우리가 사물의 과거의 모습과 미래의 모습을 이해하지 않는 한 사물의 현재 모습을 이해할 수 없다는 말이다. 우리가 말하는 "영원한 진리들"은 이야기 속 특정 시점에서 우리의 경험에 비추어 사물의 실상을 파악하고 진술하려고 시도한 결과물이다. 그것들은 모두 시대와 장소와 관계가 있는 잠정적인 성격을 갖고 있다. 이를테면, 20세기에 사는 우리가 17세기 언어로 된 웨스트민스터 신앙고백을 읽을 때 그런 점을 인식할 수 있다. 우리가 다뤄야 할 실재는 바로 그 유일무이한 이야기다. 즉, 세계의 창조 이전에 시작하고 세계의 종말 이후에 끝나며, 아브라함과 이삭과 야곱, 모세, 아모스, 바울 그리고 모든 이름 위에 뛰어난 이름인 예수의 이름으로 채색되어 있는 좁은 길로 인도하는 그 이야기다.

(2) 그런데 성경에는 여러 "이야기들"만 있는 것이 아니라 "유일무이한 이야기"가 있다고 주장하면, 현대의 과학적 역사학이 제기하는 문제들에 직면하지 않을 수 없게 된다. 세계의 이야기를 달리 들려주는 방식들이 존재하고 있는 상황에서, 근동의 한 작은 민족 공동체에서 나온 이런 이름들이 어떤 식으로든 세계 역사에 결정적인 역할을 했다는 것을 현대 역사학은 알지 못한다. 성경의 이야기는 도대체 오늘날의 일반 학교나 대학교에서 이해하는 '세계 역사'와 무슨 관계가 있는가? 이 문제는 복음과 현대 서구 문화 간의 대화에서 아마도 가장 중요한 이슈인 만큼, 이것을 다룬 문헌이 무척 많은 편이다. (만일 이 책이 다른 문화적 맥락에서 집필된다면, 나는 이 문제를 '복음과 인류의 문화'라는 항목에서 논의하는 것이 최선일 것이다. 우리가 말하는 "현대의 과학적 역사학"은 특정한 문화의 산물인 만큼, 결코 보편적인 것으로 간주할 수 없기 때문이다. 하지만 나는 서구의 맥락에서 쓰고 있으므로 이런 이슈를 제기할 수밖에 없다.)

현대의 과학적 역사학은 모든 이야기에 대해 다음과 같은 질문을 제기하고 있다. 그 이야기의 출처는 어디인가? 그것은 목격자로부터 나온 것인가, 아니면 간접적으로 알게 된 것인가? 그 내용을 보거나 전하거나 들려준 사람이 믿을 만하다는 증거는 무엇인가? 그들이 그 이야기를 들려준 목적은 무엇이었는가? 또 누구에게 그것을 들려주었는가? 그 이야기를 들려준 데는 어떤 이해관계와 요인이 작동한 것 같은가? 그 이야기와 관련된 다른 자료로부터 어떤 부수적인 정보를 얻을 수 있는가? 이와 같은 질문을 던지기 위해 역사학자들은 계속해서 그들의 도구를 갈고 닦으며, 그 이야기에 관한 정보를 더 많이 수집하고 정리하고 있다.

그러나 그 모든 도구를 다루고 정보를 정리하는 일은 인간의 작업이고, 이 작업은 본인의 이해관계는 물론 시대와 장소와 문화의 영향을 받기 마련이다. 그들이 정한 탐구의 방향, 제기하는 질문, 서로 다른 증언과 증거에 부여하는 비중, 사건과 인물들을 이해하는 데 사용하는 유추, 자료를 정리할 때 도구로 사용하는 모델 등 이 모든 것은 그들이 속한 문화와 그들이 몸담은 사회의 경험과 희망과 두려움에 의해 형성되는 법이다. 역사학은 물론이고 어느 학문 분야든 우리가 어떤 것을 이해하려면, 그것을 우리가 이미 갖고 있는 경험과 연관시킬 수 있어야 한다. 우리가 사용하는 언어, 많은 정보들의 의미를 이해하는 데 반드시 필요한 모델과 유추 등은 모두 우리의 시대와 장소에서 겪은 경험이 제공해 주는 것들이다. E. H. 카(Carr)의 말을 빌리자면, 역사가 계속해서 다시 쓰일 필요가 있는 것은 역사란 과거와 현재 사이의 영속적인 대화이기 때문이다.

(3) 하지만 미래는 우리에게 숨겨져 있는데 어떻게 보편적인 역사가 있을 수 있는가? 옥스퍼드, 바르샤바, 베이징, 뭄바이 등 모든 곳에서 똑같이 타당성 있는 인류의 이야기가 어떻게 있을 수 있는가? 한 장소에서 일어난 한 사건의 중요성이 어떻게 모든 사람에게 타당한 것이 될 수 있는가? 이런 일은 그 이야기가 마지막에 이르기 전에 그 취지가 계시되었을 때에만 가능하다.

내가 여기에서 "계시되었다"는 단어를 일부러 사용한 것은 이 시점에서 더 이상 계시의 개념을 피할 수 없게 되었기 때문이다. 이 대목에서는 '조사', '연구', '관찰'과 같은 개념은 적실성이 없다. 아무리 연구조사를 많이 한다 해도 어떤 이야기가 끝에 이르기 전에는 그 이야기의 취지를 알 수 없는 법이다. 모든 자료를 조사하는 일로 시작되는 귀납적인 방법이 여기서는 전혀 쓸모가 없다. 이 점을 잘 보여주는 간단한 비유를 들어 보자. 여러분이 한창 공사 중인 건물 부지를 우연히 마주치게 되어 무슨 건물을 어떤 목적으로 세우고 있는지 알고 싶어졌다고 하자. 이 경우 땅에 파 놓은 구덩이의 크기를 측량하고 조립 중에 있는 건물 자재를 검사한다고 해도 여러분의 호기심을 충족시킬 수는 없을 것이다. 여러분이 누군가로부터 그것이 개인의 사택인지 사무실인지 공장인지를 듣지 않는다면, 무슨 일이 진행 중인지는 알 수가 없고 현명한 제안은 더더욱 내놓을 수 없을 것이다. 건축가가 여러분에게 말해 주어야 한다. 최종 건축물은 여전히 그 사람의 머릿속과 설계도 위에 있기 때문이다. 여러분은 오직 건축가의 말을 들어야만 그의 계획을 알 수 있는 것이다. 이 점에서는 계시의 개념이 결코 책임 있는 인간의 인식 과정에 끼어드는 불청객이 아니다. 계시가 아니면 그것을 알 수 있는 길은 없기 때문이다.

기독교 전통에서는 하나님이 그 전반적인 이야기의 형태를 여러 사건들을 통해 나타냈고("계시했고") 그 사건들에 대한 증언이 곧 성경이라고 받아들이는데, 그것은 예수 안에서 그 이야기의 시작과 끝, 알파와 오메가가 계시되고 알려졌기 때문이다. 그러므로 이런 계시에 기초하여 역사를 보편적으로 보는 일이 가능하다. 말하자면, 우리 각자가 몸담고 있는 특정한 문화, 시대, 장소를 출발점으로 삼아서는 결코 판단할 수 없는 그 전체 이야기를 이해하는 길이 열린다는 뜻이다. (나는 물론 이 진술이 즉시 일련의 새로운 의문들을 불러일으킨다는 점을 의식하고 있다. 왜냐하면 성경 자체가 특정한 문화 상황을 그 맥락으로 삼고 있고, 그리스도를 역사의 의미로 고백하는 그리스도인도 자신의 문화적 조건 아래서 그런 고백을 하는 것이기 때문이다. 이런 문제들은 9장에서 다루어질 것이다.) 사실상 보편적 역사의 개념은 성경으로부터 우리 문화에 유입된 것이다. 아시아의 위대한 종교들은 보편적 역사의 정립에 관심이 없었다. 인도 아(亞)대륙에 기원을 둔 모든 종교는 인류의 역사를 반복되는 순환 과정으로 보았다. 시간의 흐름을 자연의 경험—출생, 성장, 쇠퇴, 죽음 그리고 새로운 출생의 반복—을 바탕으로 해석한 것이다. 힌두교 사상은 온 우주가 이러한 순환 운동에 참여하고 있다고 본다. 수백만 년에 걸친 한 시대(*kalpa*)가 끝나면 새로운 시대로 대치된다. 따라서 이 이야기는 영원히 어느 한 지점에 도달할 수가 없다. 원에는 도착 지점이 없기 때문에 들려줄 만한 결론이 없는 셈이다. 그저 많은 이야기들만이 무성할 뿐이다.

(4) 그래서 기독교의 신앙이 존재한 지역에서만 보편적 역사의 개념이 살아 있었던 것 같다. 유럽의 경우, 교회가 탄생한 이래 성경적인 역사관은 고전적인 순환적 역사관과 공존해 왔고 종종 후자에 의해 가려지기도 했다. 그리하여 성경의 언어가 순환적인 색채에 물드는

바람에 인류의 장래를 과거의 순수한 상태로 되돌아가는 것으로 보았다. 이렇게「복낙원」(Paradise Regained)이란 작품이 탄생했다. 그러나 유럽의 사상이 역사를 의미심장한 이야기로 생각하는 한, 그 의미는 성경으로부터 끌어내졌다. 하지만 18세기 계몽주의 시대에 이르러 이런 성경의 틀이 서서히 다른 틀로 대체되기 시작했는데, 후자는 목적지향적인 인간 이야기라는 성경적 개념을 계속 유지하면서도 역사의 의미의 담지자를 하나님 대신에 인간으로 바꾼 사상이었다. 그리하여 '진보의 사상'이 탄생한 것이다. 그 결과 역사를 인간의 지식과 기술의 점진적인 발전으로, 그리고 자연에 대한 인간의 점차적인 정복 및 옛 전통과 관습의 속박에서 벗어나는 해방으로 간주하게 되었다. 계몽주의 시대의 사람들, 곧 이성의 시대에 살던 근대 서구인들이 인간 진보의 주도자들이었다. 인류 역사의 의미는 결국 이성의 지도를 받는 인간의 과학과 기술이 점차적으로 과거나 현재 인류를 속박하고 있는 모든 옛 전통과 도그마를 이기고 승리를 거두는 데서 찾아야 한다고 생각했다.

만일 보편적인 역사를 이런 관점에서 이해한다면, 성경이 들려주는 이야기는 당연히 재해석되지 않으면 안되었다. 그리하여 이 이야기는 '종교'라고 불리는 인간사의 한 부문에 속하게 된다. '종교'가 여전히 중요한 인간 활동으로 인정되는 한(비록 공적 부문이 아니라 사적 부문에 속하지만), 아브라함과 모세와 예수에 관한 이야기는 교과과정 가운데 '종교학' 과목에서 중요한 위치를 차지할 것이다. 반면에 '세계사' 과목에서는 그리스 과학과 철학의 발전, 로마의 법률과 정치조직, 혹은 현대의 테크놀로지와 같은 주제보다 훨씬 덜 중요시될 것이다. 그리고 18세기 이래 계속 그래왔듯이 성경 이야기 자체도 재해석되는 것을 피할 수 없다. 근대의 과학적 세계관이 입증한 모델과 유추들이 성경이나 다른 고대 기록에 나오는 역사적 증거를 재해석하는 데 동원될 것이다. 신앙의 그리스도—성경 이야기를 "진정한" 인류의 이야기로 수용한 전통 내에서 해석하고 이해한 예수—는 옆으로 제쳐 놓을 터이고, 역사적 예수, 곧 계몽주의 이후의 세계사관이 제공한 공리와 모델 내에서 해석하고 이해한 예수를 탐구하려고 할 것이다.

(5) 이제 하나님께서 선택을 통하여 인류를 다루었다는 성경의 "이야기"와 현대적 역사관이 말하는 인류의 이야기의 관계에 대해 직접적인 답변을 제공할 때가 되었다.

성경 이야기는 별도의 이야기가 아니다. 그것은 전반적인 인류 역사와 동떨어진 특별한 역사("구원의 역사")가 아니다. 인류의 이야기는 상호 연관된 사건들로 구성된 한 덩어리고, 성경이 들려주는 이야기는 그 덩어리의 일부다. 구약학은 메소포타미아, 팔레스타인, 이집트 등지의 초기 문명을 연구하는 고고학자들과 역사학자들의 작업과 연결되어 있다. 신약학은 1세기 로마 제국의 종교와 정치와 문화를 연구하는 역사학자들의 연구와 사해사본의 발굴로 이루어진 중요한 발견을 떠나서는 도무지 연구할 수 없다. 그러니까 성경의 이야기 둘레에 따로 울타리를 칠 수가 없다는 말이다. 그 이야기는 인류 이야기의 일부이기 때문이다("말씀이 육신이 되었다"). 그러므로 성경 이야기는 역사학의 모든 비판적 탐구에 대해 열려 있고, 또 열려 있어야 마땅하다. 학자들은 이 분야를 샅샅이 검사해 보고 현대 역사학이 개발한 모든 기술을 이용할 자유가 있다. 만일 우리가 신앙을 보호한다는 핑계로 비평가들이 못 들어오게 막는다면, 우리는 사실상 성경 이야기의 역사성을 부인하고 복음을 하나의 신화로 변질시키는 셈이다. 그러므로 역사학자는 모든 도구를 들고 들어와야 한다.

진정한 논쟁은 이런 도구들을 의문시하는 것이 아니라 저변에 깔린 전제, 공리, 모델, 유추, 패러다임 등에 대해 문제를 제기할 때 비로소 시작된다. 당연히 역사학자는 이런 것들도 들고 올 것이다. 그러지 않을 수 없다. 내가 앞에서 말했듯이, 우리는 무엇이든 우리가 이미 알고 있는 것과 연관시키지 않고는 그것을 결코 이해할 수 없다. 말하자면, 이제까지 우리의 경험을 정리할 때 사용한 모델들에 기대지 않을 수 없다는 뜻이다. 경건한 힌두교도는 성경 이야기를 접할 때 별로 어렵지 않게 예수를 "궁극적 존재와 가까운 관계를 맺은 인물"의 개념에 비추어 해석한다. 힌두교도가 말하는 "예수의 생애"는 이 개념을 중심으로 자료를 정리함으로써 구성될 것이다. 마르크스주의자가 복음서를 연구할 때는 인생을 좌우하는 여러 세력에 대한 본인의 기본 지식에 기초하여 예수의 모습을 묘사할 것이다. 마찬가지로 과거 이백 년에 걸쳐 유럽 사상이 만든 기본 공리와 모델들을 갖고 있는 서구 학자는 예수를 그런 모델의 견지에서 해석할 것이다. 그리고 이렇게 해석된 예수야말로 전통 기독교의 도그마가 말하는 예수와 대비되는 "진정한" 역사적 예수라고 확신할 것이다.

그리스도인은 동일한 자료를 고찰하되 인류 역사의 취지가 그 안에 계시되었다는 전제를 갖고 그것들을 해석한다. 즉, 예수 안에 인류 역사의 전반적인 뜻이 나타났다는 전제를 갖고 접근한다. 그리고 다양한 문화가 개발한 온갖 공리와 전제와 모델들을 포함한 모든 것은 이 전제에 비추어 상대화하고 판단해야 한다고 생각한다. 아울러 이 전제는 첫 제자들로부터 오늘에 이르기까지 믿음의 공동체인 교회에 의해 형성되고 전수되어 온 것이다. 이는 오랜 세월에 걸쳐 교회가 사용해 온 위대한 신조들로 표현되었다. 바로 이런 전제에 입각하여 그리스도인은 성경의 이야기를 이해하려고 애쓴다. 성경 이야기는 결코 별개의 이야기가 아니다. 그것은 한 덩어리로 된 세계 역사의 일부다. 기독교 신앙은 그 덩어리가 아직 완성된 것은 아니지만 그 패턴이 나타난 곳이 바로 역사라고 믿는 것이다. 그러므로 기독교 신앙은 세계 역사를 이해하는 한 방식으로서, 역사의 의미를 해석하려고 만든 다른 모든 모델들을 상대화시키고 도전하는 것이다.

(6) 이렇게 말하면 사람들이 온갖 질문을 제기할 것이다. 각각의 그리스도인은 보편 교회의 일원인 동시에 특정 문화의 참여자이기도 하다. 기독교 내에서 예수에 대한 해석도 분분하다. 문화가 다양한 만큼 예수에 대한 이해도 다양하다. 교회 자체도 계속해서 변하는 실체이며, 신앙고백 역시 이제까지 변천을 거듭했고 앞으로도 계속 변할 것이 분명하다. 신약성경만 보아도 예수를 해석하는 단 하나의 모델만 있는 것이 아니다. 이 모두는 사실이며, 이런 사항들이 선교와 어떤 관

련이 있는지에 대해서는 9장에서 살펴볼 예정이다. 여기서는 내가 여태까지 말한 것, 곧 하나님의 선택의 역사를 중심으로 하는 성경 이야기와 세속 역사학자들이 말하는 인류 역사의 관계에 관한 논의를 요약해 보려 한다.

(ㄱ) 그리스도인의 고백은 인류 역사 전체의 의미와 목적에 관한 신앙의 고백이다. 따라서 이 고백을 하는 그리스도인은 예수 안에 계시된 것과 다른 목적을 바라보는 모든 역사관에 대해 이의를 제기하지 않을 수 없다.

(ㄴ) 그리스도인은 성경 이야기를 전반적인 인류 이야기의 일부라고 믿는 만큼, 이 이야기가 모든 역사 기록에 제기되는 비판적 질문에서 제외되는 것을 원치 않는다. 그들로서는 "실제로 발생한 사건"을 아는 일이 필수적이기 때문이다. 하지만 모든 역사적 탐구의 저변에 깔려 있는 숨은 전제를 탐구하고 거기에 의문을 제기할 준비도 갖추고 있어야 한다.

(ㄷ) 그리스도인들이 성경 이야기에 접근할 때 지참하는 전제들은 예수의 첫 제자들 이후 이제까지 신자 공동체를 빚어낸 것들이다. 그리스도인들은 이런 전제를 그 공동체의 삶과 예배와 순종에 동참하는 일을 통해 얻어 낸다. 이는 믿음의 공동체의 핵심에 속하는 만큼, 문화와 시대와 상황을 달리하는 많은 사람들이 그 모든 차이점에도 불구하고 예수를 알파요 오메가로 고백하는 것에서 하나가 된다.

(ㄹ) 기독교 신앙은 인류 역사 전체의 의미와 목적에 관한 신앙이므로, 이 신앙은 오늘의 실질적인 세속 역사의 맥락 내에서만 고백될

수 있는 법이다. 좀 더 구체적으로 말하면, 이는 오늘날의 세속 사건들의 의미를 잠정적으로 해석하는 것(시대의 징표를 분별하는 일)과, 인류와 세계를 창조할 때 하나님이 품었던 진정한 목표를 향해 움직이는 세속 생활의 여러 분야에서 구체적인 행동을 하는 것(공동생활에서 순종하는 일)을 의미한다. 달리 말하면, 성경 이야기와 인류 이야기의 관계에 대한 질문은 행동으로 대답해야 할 질문이라는 뜻이다. 역사의 의미와 목적에 대한 그리스도인의 고백은 오직 구체적인 행동(그리고 고난)으로 구현될 때에만 다른 모든 역사관에 비해 그것이 진리라는 유효성을 갖게 된다. 만일 이런 그리스도인의 고백이 참이라면, "하나님의 행전"은 결코 사도행전과 함께 끝나지 않을 것이다.

그러므로 우리는 이제 다음과 같은 질문을 던지지 않을 수 없다. 그러면 믿음의 공동체가 세상의 구원을 위해 선택받고 부름받고 보냄받은 공동체로서 하나님의 목적을 성취하기 위해서는 어떤 행동을 해야 하는가?

8장_ 선교, 하나님의 정의를 실현하는 행동

Mission as Action for God's Justice

나는 이제까지 하나님의 통치의 선포와 현존과 선행의 견지에서 선교를 묘사하려고 애썼다. 이 통치는 인류와 우주의 역사를 총망라하는 것이다. 예수께서 제자들에게 기도를 가르치실 때 그 중심부에는 "뜻이 하늘에서 이루어진 것 같이 땅에서도 이루어지이다"라는 간구가 들어 있었다. 하나님의 뜻은 땅에서도 이루어져야 한다. 예수께서는 임박한 그 나라의 좋은 소식을 믿으라고 촉구한 뒤 곧이어 "나를 따르라"고 재촉하셨다. 믿는 것과 따르는 것, 신앙과 순종은 따로 분리시킬 수 없다. 만일 "주님의 뜻이 이루어지이다"라고 기도한 뒤에 그 뜻을 이루려는 가시적인 활동을 전개하지 않는다면, 그 기도는 헛된 것이다. 따라서 선교사역은, 복음선포를 하나님의 정의를 실현하는 행동으로부터 결코 분리시킬 수 없다.

하지만 때로는 분리시키려고 한 적도 있었다. 예를 들어, 처음부터 복음을 전하는 일 이외에 다른 활동은 전혀 하지 않겠다고, '사회봉사'에는 전혀 참여하지 않고 순수한 복음전도자만 되겠다고 굳게 결심한 선교사들의 경우를 거론할 수 있다. 그러나 복음의 논리는 언제나 그들이 감당할 수 없을 만큼 강했다. 굶주린 사람이 양식을 달라고 하면 선교사가 복음의 이름으로 거부할 것인가? 병든 아이를 데리고 와서 도움을 요청하면 어떻게 하겠는가? 그들의 사방에는 교육받을 기회가 없는 아이들이 널려 있다. 그리하여 선교사들은 그들의 순수한 신학에도 불구하고 교육, 치료, 사회봉사, '농업선교' 등 온갖 종류의 활동에 발을 들여놓게 된 것이다. 이런 작은 출발을 기점으로 삼아 결국은 아시아와 아프리카와 라틴아메리카 전역에서 현대식 교육과 의료를 제공하는 광대한 네트워크가 발전되었고, 온 국민이 의존하는 새로운 농작물과 농업기술이 개발되기에 이른 것이다.

그런데 이 모든 활동에 대해 의문을 제기하는 목소리는 언제나 있었고, 심지어는 양심의 가책을 느끼는 경우도 없지 않았다. 선교사역의 일차적 과업은 복음전도인데, 이 모든 '사회봉사'는 초점을 빗나가게 만든다는 주장이 거듭해서 제기되었다. 그래서 이런 세속적인 일에서 완전히 벗어나 오로지 복음전파에만 몰두하겠다고 공언하는 새로운 단체들이 설립되었다. 그러나 계속해서 단순한 복음의 논리 그 자체가 그들로 하여금 어쩔 수 없이 교육, 환자의 치료, 굶주린 자와 무력한 자를 위한 구제사업에 참여하게 만들었다.

　그동안 이런 활동들도 선교사역의 일환임을 정당화하기 위해 다양한 논리가 동원되었다. 그중 하나는 직접적인 복음전도에 거부반응을 보이는 지역에서는 발언할 기회를 얻는 수단으로써 이러한 활동이 필요하다는 논리였다. 다른 하나는 장차 본국을 복음화시킬 강력한 토착 교회를 세우는 수단으로써 이런 활동이 필요하다는 논리였다. 그래서 인도의 기독교 고등교육 사업은 본래 복음전도의 한 방법으로 이해되었으며, 1931년 린드세이위원회 보고서에서는 그것이 인도 교회의 리더십을 훈련하기 위한 방편으로 변호되었던 것이다. 제1차 세계대전 이후에는 한동안 이런 활동을 "보다 넓은 복음전도"의 일환으로 묘사하는 것이 보통이었다. 그 기간에 풍미했던 가장 대중적인 선교 텍스트의 하나는 "내가 온 것은 양으로 생명을 얻게 하고 더 풍성히 얻게 하려는 것이라"(요 10:10)는 예수님의 말씀이었고, 이 "풍성한 삶"은 세계의 가난한 국민들을 위한 현대식 교육과 의료와 농업의 혜택이 풍성한 상태를 뜻하는 것으로 해석되었다.

　과거 백 년 동안 선교사상을 지배해 왔던 이런 논의는 식민지 시대의 상황을 전제로 삼고 있는 것이 자명하다. 선교사역은 제국주의 국가들로부터 경제적으로나 기술적으로 그들에 비해 덜 발달된 지역으로 건너온 것이었다. 다른 모든 논리를 떠나서 순수한 연민만 있어도 삶의 좋은 것을 나누기 마련이다. 식민지 시대의 선교사들은 1세기의 바울이나 17세기의 선교사들에게는 없었던 문제를 안게 되었다. 이 두 경우는 선교사가 적어도 본국만큼 혹은 본국보다 더 발달한 문화로 나아갔던 사례다. 바울은 에베소나 고린도에 거주하는 사람들에게 교육봉사나 의료봉사를 제공해야겠다는 의무감을 전혀 느끼지 않았다. 그가 선교사로서 행했던 "표적과 기사"의 사역은 전혀 제국주의적인 색채를 띠지 않았다.

식민지 시대에 수행되었던 이런 선교사역은 식민지 제국들이 해체되는 기간에도 '기술 원조'란 이름으로, 나중에는 '개발'이란 이름으로 계속 이어졌다. 서구의 정부들을 비롯하여 여러 세속기관들과 교회 단체들이 그동안 선교단체가 제공했던 다양한 사역들—학교와 병원과 기술기관의 운영, 농사법의 개량, 새로운 산업의 개발 등—을 크게 확대시켰다. 기본적인 틀은 여전히 식민지 시대의 그것과 다를 바가 없었다. 지배적인 가치관도 서구의 가치관이었다. 세계는 '선진국'과 '미개발국', '저개발국', '개발도상국'으로 나눠졌다. 어떤 용어를 사용했든지 간에 그 저변에 깔린 생각은, '개발'이란 서구와 북아메리카 사람들이 취했던 방향으로 움직이는 것을 의미했고, 과거에 아시아와 아프리카를 지배했던 사회문화적 가치관은 계몽주의 이래 2세기 동안 서구를 지배했던 가치관으로 대치되어야 한다는 것이었다.

'개발'이라는 단어에 초점을 둔 모든 생각과 행습은 단지 과도기적 단계에만 유효할 뿐이다. 설령 우리가 잠시나마 지난 이백 년에 걸쳐 서구 사회를 지배해 온 가치관이 모든 인류가 따르기에 적절한 것이라는 생각을 받아들인다 하더라도, 이런 의미의 '개발'이 부유한 나라들이 통제하고 주도하는 과정이 되어야 한다는 사고방식은 도덕적으로 용납할 수 없는 것이다. 첫째, 이 세계의 많은 민족들은 소수의 부자 나라들이 특정 지식과 의료와 기술이 나머지 세계에 전수될 수 있을지를 결정하는 상황이 이어지는 것을 수용하려 하지 않을 것이다. 둘째, 좀 더 근본적인 문제는, 나머지 세계가 과거 이백 년 동안 유럽과 북아메리카에서 개발된 그런 사회를 개발할 의지가 있는 것도 아니고 또 개발해야 하는 것도 아니라는 점이다. 선교단체의 '봉사' 활동과 서구 정부의 '개발' 활동이 지난 150년 동안 몸담고 있었던 그 모델은 더 이상 용납될 수 없는 것이다. 교회의 선교사상에 관한 한, 1960년대 말 이후로 상당한 변화가 일어났다. 그것은 강자가 약자에게 제공하는 서비스의 개념에서 탈피하여 가난하고 무력한 자들이 자신들을 주관하는 힘을 이해하고 스스로 해방되기 위해 조직을 만드는 등 자신의 형편을 자각하는 방향으로 움직이는 강력한 운동이었다. 이 운동의 중요한 면은 브라질의 교육자인 파울루 프레이리(Paulo Freire, 1921-1997년)가 개발한 "의식화"(conscientization)의 기술이 수행한 역할이다. 프레이리는 모든 교육은 지배 지향적이거나 해방 지향적이라고 보았다. 과거에 미션 스쿨과 대학이 제공한 교육은 학생들에게 그들을 지배하는 세력의 본성은 감춘 채 그들로 자신의 무력감을 순순히 수용하도록 길들였다. 그러나 정작 필요한 교육은 피압박자의 의식을 일깨워 억압의 현실을 눈뜨게 하고 그들로 스스로의 자유를 획득하는 주도자가 되도록 그들을 해방시켜 주는 교육이다.

이제 우리는 개발의 개념을 의문시한 세 번째 요인을 다룰 때가 되었다. 냉전시대를 지나는 동안 자본주의의 작동에 대한 마르크스의 분석은 상당히 널리 수용된 편이었고, 심지어는 총체적 이데올로기로서의 마르크스주의를 배척하고 마르크스주의 사회의 결함을 인식한 사람들 사이에서도 그런 현상이 일어났다. 시간이 갈수록 '개발'과 '저개발'은 동일한 과정의 양면임이 더욱 분명해졌다. 이른바 '개발의 시대'가 시작된 후 30년 동안 세계의 부자와 가난한 자 사이의 소득 격차가 무려 오백 퍼센트나 늘어난 것으로 추정되었다. 고삐 풀린 자유시장의 작동으로 말미암아 자유세계(곧 비공산주의 진영)는 개인 간의 그리고 국가 간의 빈부의 격차를 더욱 벌려 놓는 경제체제로 돌입하게 되었다. 그러므로 이 기간에 '개발' 모델을 모종의 전혀 다른 모델로 대치하려는 강력한 움직임이 있었던 것은 충분히 이해할 만한 현상이다. 이제는 선진국들이 다른 나라들을 자신들의 수준으로 끌어 올리는 일이 필요한 것이 아니라, 부유한 나라가 가난한 나라에서 손을 떼고 착취자들이 그들의 희생자들에 상관하지 않는 일이 요청되었다. 그리하여 모든 상황을 단 하나의 공식으로 분석하는 경향이 풍미했다. 그 공식이란, 억압자를 지목하고 피억압자를 저항운동에 동원하라는 것이었다.

 1980년대 말에 이르러 그동안 세계를 양분했던 마르크스주의가 붕괴함에 따라 이런 사고방식이 어느 정도 신빙성을 잃긴 했지만, 그렇다고 기존의 문제가 해결된 것은 아니었다. 오히려 어떤 면에서는 더욱 다루기 힘든 상황을 초래했다. 자유시장 이데올로기는 이제 고삐 풀린 망아지와 같이 되었다. 지금은 이를 필적할 만한 가시적인 세력이 없는 형편이다. 그 가차 없는 발걸음을 견제할 만한 어떤 조짐도 보이지 않는다. 그리고 이 이데올로기가 인간 사회의 응집성과 환경

보존에 미칠 파괴적인 영향력은 실로 엄청나다. 자유시장 이데올로기는 마르크스주의보다 더 강하다는 것을 스스로 입증했다. 이는 물론 경제적 제도의 차원에만 국한된 문제가 아니다. 이데올로기는 인간의 영혼에 뿌리를 두고 있다. 달리 말하면, 이것은 일종의 우상숭배이기 때문에 종교적 신앙의 차원에서만 그것을 다루고 정복할 수 있다. 그런데도 오늘날의 교회는 이 문제가 다가오는 시대에 그들이 담당해야 할 가장 시급한 선교 과제임을 아직도 제대로 깨닫지 못한 것 같다.

I

이렇게 해서 교회의 선교사역에서 '봉사'의 역할에 관한 논의는 이제 새로운 논의로 대치되었다. 우리는 더 이상 전통적인 의미의 '봉사', 곧 부자(기독교 국가)가 가난한 자(이방 국가)에게 학교와 병원과 농업 프로젝트의 형태로 제공했던 그런 '봉사'에 대해 생각하지 않는다. 이제는 가난한 세계의 그리스도인의 의식으로 형성된 선교학, 하나님의 정의의 이름으로 해방을 요구하는 목소리를 중심으로 삼는 선교학에 귀를 기울여야 한다. 오늘날에는 이런 견지에서 복음전파와 교회 선교의 일환으로서 하나님의 정의를 실현하는 행동의 관계를 다루지 않으면 안된다. 그렇다면 아브라함과 모세를 거쳐 예수에게로, 그리고 예수와 바울과 교회로부터 오늘의 우리에게 이른 그 이야기는 결국 혁명적인 운동으로 귀결되는가? 이것이 과연 "구원의 역사"라는 말의 의미인가?

이른바 '해방신학'은 성스러운 역사와 세속적인 역사의 두 역사가 존재하는 것이 아니라 단 하나의 역사밖에 없다는 것을 그 출발점으로 삼고 있다. 그래서 "구원의 역사는 인간 역사의 핵심이다"라고 주장한다.[1] 이어서 초시간적인 "영적" 진리와 시간의 제약을 받는 구체적인 역사 상황을 나누는 이분법은 있을 수 없다는 주장을 편다. 그러므로 참된 신학은 관념의 영역에서 시작하지 않는다. 그것은 실천(praxis)과 함께 시작한다. 미구에즈 보니노(Miguez Bonino)의 말을 들어 보자.

> 신학은, 옛 예수회에서 볼 수 있었듯이, 보는 것과 판단하는 것과 행하는 것 등의 행동의 시녀 노릇만 하는 것이 아니다. 오히려 행동 그 자체가 진리다. 진리는 관념의 영역에 속하는 것이 아니라 역사의 차원에 속한다. 실천, 곧 인간의 뜻깊은 행동에 대한 성찰은 그것이 인간 행동의 전략적이고 전술적인 차원에서 수행될 때에만 진정성을 지닐 수 있다.[2]

보니노는 다른 곳에서 이것을 다음과 같이 좀 더 분명하게 표현하고 있다. "인간들이 행위자로서 관여하는 구체적인 역사적 사건들의 바깥이나 위에는 진리가 존재하지 않는다."[3]

해방신학은 진리를 초시간적인 영적 실체로 보는 관념, 곧 계속해서 움직이는 역사의 흐름 위에 떠다니는 실체로 보는 관념을 배격한다. 구원은 역사 속에서 행하는 하나님의 행동인 만큼, 진리는 이 행동에 참여하는 일을 통해서만 알 수 있는 것이다. 이 면에서는 해방신학이 관념철학의 개념을 사용하는 신학보다 성경에 훨씬 더 가깝다고 할 수 있다. 구약성경의 경우 일차적인 구원의 모델을 출애굽에서 찾는다. 물론 이것은 하나의 모델을 훨씬 뛰어넘는 사건이다. 이것은 무엇보다 하나님이 취한 최고의 구원 행위다. 하나님이 자신을 모세에게 계시하는 장면은, 가서 포로 상태에 있는 이스라엘을 해방시키라는 소명의 형태를 띤다. 하나님은 스스로를 해방자 하나님으로 나타내는 것이다. 하나님의 송사와 착취당하는 이주민 노동자들의 송사는 동일하다. 이집트로부터의 탈출과 추적하는 바로의 군대로부터의 구출은 결코 하나님의 구원사역의 상징이나 예화로 묘사되어 있지 않다. 오히려 양자를 동일시하고 있다. 말하자면, 이 구출은 곧 하나님의 구원이다(출 14:13, 15:2). 이후로 이스라엘의 하나님은 영원히 "너희를 이집트 땅, 종이 되었던 집에서 인도하여 내신" 분으로 불린다. 여기에는 모세와 바로를 모두 뛰어넘는 중립적 정의의 이념이 들어설 여지가 전혀 없다. 각 당사자가 자신의 입장을 피력하는 신청서를 제출하고 이를 바탕으로 양편 사이에 모종의 타협점을 찾는 그런 정의의 개념은 없다. 하나님은 노예들의 편이고 그들을 억압하는 자는 하나님의 대적이다. 중립적인 조정자가 그들 사이에서 판결을 내릴 수 있는 우월한 입지는 아예 존재하지 않는다.

    라틴아메리카의 해방신학자들은 이러한 견지에서 그들의 상황을 본다. 하나님의 송사는 곧 착취당하는 농민들과 광부들의 송사다. 지주, 광산 소유주, 자신들의 이익을 위해 그들을 착취하는 다국적 기업 등은 모두 하나님의 대적이다. 만일 교회가 진정 하나님의 교회라면

한 편에만 설 수 있을 뿐이다. 교회가 서로 싸우는 양편 사이에서 중립적인 조정자가 될 수 있다거나, 능동적인 반란과 수동적인 복종 사이의 '제3의 길'을 옹호하는 자가 될 수 있다는 생각은 하나의 환상에 불과하고, 착취 계급이 피착취자에 대한 권력을 유지하려고 이용하는 거짓 이데올로기일 뿐이다. 착취당하는 자를 위한 해방운동과 상관없이 구원을 이야기하는 것은 모두 잘못된 담론이다. 이는 관념철학에 의해 좌우되는 거짓 신학의 일부이지, 성경에 나오는 하나님의 계시를 따르는 신학이 아니다. 구약성경의 어느 곳을 보든지 우리는 선지자들과 시편 기자들이 구원을 실제적이고 역사적인 사건의 견지에서 말하고 있는 것을 보게 된다. 즉, 구원이란 기근, 질병, 위험, 대적, 억압 등으로부터의 구출을 일컫는다. 그러므로 성경의 저자들의 경우 "주님을 아는" 것은 지적인 관조나 신비한 연합과 같은 것이 아니다. 그것은 구체적인 상황 속에서 정의와 자비를 행하는 것을 말한다. 예레미야는 여호야김 왕의 왕궁 건축 계획에 대해 풍자적으로 비판할 때 왕의 행위를 왕의 아버지의 그것과 대비시켜 이렇게 말한다. "그〔아버지〕는 가난한 자와 궁핍한 자를 변호하고 형통하였나니 이것이 나를 앎이 아니냐. 여호와의 말씀이니라"(렘 22:16). 여호와를 안다고 말하면서도 악을 행하는 자들은 스스로를 속이고 있다. 그들은 하나님을 전혀 모른다. 이와 똑같은 가르침이 신약성경에도 나온다. 하나님을 사랑하지 않고는 하나님을 알 수 없고, 이웃을 사랑하지 않고는 하나님을 사랑할 수 없는 법이다. "사랑하지 아니하는 자는 하나님을 알지 못" 한다(요일 4:8, 참조. 3:14-24).

사랑과 정의는 별개의 개념이지만, 정의가 부정되는 곳에서는 사랑도 당연히 부정되기 마련이다. 만일 경제질서가 왜곡되어 땅과 자본의 소유주들이 노동자를 착취하고 억압할 수 있는, 그리고 억압하는 상황이라면, 사랑의 계명은 개인적인 자선 행위 이상의 것을 의미하는 것임에 틀림없다. 그것은 착취를 끝내기 위해 행동을 취하는 것을 의미한다. 그것은 출애굽을 모델로 삼아 해방을 위한 행동을 취하는 것을 뜻하고, 착취당하는 편에 서서 착취자에 대항하여 싸우는 것을 의미한다. 해방신학의 기본은 진리와 행동을 분리시키는 일을 거부하는 데 있다. 서구 기독교 세계에서 관념주의 전통을 먹고 자란 그리스도인은 아마 다음과 같은 논리를 펼 것이다. "내가 배우고 알 수 있는 진리─복음의 진리─가 있다. 그 뒤에 두 번째 단계로서 나는 그 진리를 내가 처한 상황에 어떻게 적용할지 정해야 한다. 사람에 따라 그 복음의 진리를 제각기 다르게 적용할 것임을 나는 알고 있다. 우리의 판단은 오류가 있을 수 있다. 복음은 하나밖에 없으나 적용은 달리 할 수 있다." 이에 대해 해방신학자는 "아니다! 행동 그 자체가 진리다"라고 응수할 것이다.[4] "당신은 진리를 행하지 않고는 진리를 알 수 없는 법이다." 이는 곧 억압받는 자의 해방을 위해 행동을 취하는 것을 뜻한다. 하나님이 모세에게 알려진 것은, 바로에게 가서 노예들을 놓아 달라고 요구하라는 하나님의 부르심을 모세가 받아들였을 때에만 일어날 수 있었던 일이다.

출애굽은 우리가 고찰하고 있는 신학자들의 사상에서 대표적인 해방의 패러다임에 해당한다. 그러면 출애굽 이야기를 기독교 이야기의 중심에 있는 사건들—성육신, 십자가, 부활—과 어떻게 연관시켜야 할까? 그리스도인들은 언제나 출애굽 사건을 그리스도의 사역을 예표(豫表)하는 것으로 보았다. 이는 적어도 바울의 저술에까지 거슬러 올라가고 네 복음서 후반부에 있는 전통에도 구현되어 있다. 예수의 죽음을 유월절과 연관시키고 있기 때문이다. 그러면 이 두 이야기는 어떤 관계로 묘사되어 있는가? 그 관계를 흔히 출애굽 이야기를 영적으로 승화시키거나 알레고리화(총체적 은유법)한 견지에서 생각하곤 했다. 이 전통에서는 출애굽을, 그리스도가 십자가에서 실현한 내면적이고 영적인 해방을 상징하는 일종의 비유로 보았다. 그러나 이런 견해는 성경이 일관성 있게 부정하는, 사람의 외면과 내면을 분리시키는 이원론으로 후퇴하는 것이다. 이런 이원론은 해방신학이 절대적으로 배격하는 것임은 말할 필요도 없다.

일부 신학자들은 예수를 정치적 혁명가로 묘사함으로써 양자를 연관시키려 했다. 매우 정교한 노력을 기울여서 예수가 정말로 열심당운동(Zealot movement)—당시 "자유를 위해 싸운 투사들"—의 일원이었음을 증명하려고 했다. 물론 기록으로 보면 예수의 죽음이 중대한 정치적 사건이었음은 분명한 사실이다. 이 점은 특별히 제4복음서에 명료하게 나와 있다. 예수의 죄목이 십자가에 붙은 '나사렛 예수, 유대인의 왕'이란 명패에 기록된 것처럼, 그분의 재판과 처형은 중대한 정치적 함의를 담고 있었던 것이 확실하다. 하지만 학계는 예수가 스스로를 열심당운동과 동일시했다는 주장을 확증하지 못하고 있다. 설령 이 점을 증명할 수 있다고 해도, 여기에서 무슨 결론을 끌어

낼 수 있을지 모르겠다. 현실정치의 견지에서 보면 열심당은 이스라엘의 대의를 실현하지 못한 실패작이었던 만큼, 만일 예수가 열심당원이었다면 우리로서는 차라리 그를 깨끗이 잊어버리는 편이 최선일 것이다.

이보다 훨씬 지혜롭게 더 성경적인 방식으로 두 이야기를 서로 연관시킨 인물이 있다. 대표적인 해방신학자로 꼽히는 구스타보 구티에레즈(Gustavo Gutierrez)는 해방을 세 가지 의미로 이야기할 수 있다고 했다. 첫째는 억압하는 자와 억압받는 자 사이의 갈등에 강조점을 두는 **정치적** 해방이다. 둘째는 역사 내내 인간이 자신의 운명에 대해 의식적 책임을 떠맡는 지속적인 과정으로서의 해방이란 개념이다. 이를 가리켜 해방의 **문화적** 측면이라고 불러도 좋겠다. 셋째로 우리는 그리스도를 통한 **영적인** 해방을 거론하지 않을 수 없다. 이는 죄로부터 해방되어 하나님과의 교제를 회복하는 것을 말한다.

이 세 차원은 서로 영향을 주고받지만 모두 똑같은 것은 아니다. 어느 것도 다른 둘이 없으면 존재할 수 없지만, 각각은 별개의 차원이다. 이 셋은 모든 것을 포함하는 단일한 구원 과정의 일부지만 각각 다른 차원에서 발견되는 것들이다. 하나님 나라의 성장은 현세적 진보로 환원될 수 없다. 우리는 믿음으로 영접한 "그 말씀" 때문에, 그 나라를 막는 근본적인 걸림돌인 죄가 모든 불행과 불의의 뿌리라는 것도 알고 있다. 그리고 그 나라의 성장은 곧 정의로운 사회와 새로운 인간을 위한 궁극적 선제조건이기도 하다는 것도 알고 있다. 누구든지 이 뿌리와 궁극적 선제조건에 도달하려면 오로지 모든 기대를 뛰어넘는, 그리스도가 주시는 해방의 선물을 받아들여야만 한다. 그러나 거꾸로, 단 하나밖에 없는 역사 속에서 착취와 소외에 대항하는 모든 싸움은 사랑의 부정(否定)인 이기주의를 없애려는 노력이다. 바로 이런 이유로 정의로운 사회를 건설하려는 모든 노력은 해방의 성격을 지니는 것이다. 그리고 이는 근본적인 소외의 문제에도 간접적이지만 실질적인 영향을 미친다. 이는 구원의 전부는 아니라도 일종의 구원사역이다. 이것은 인간의 일인 만큼, 우리가 엄밀한 의미의 "종교적" 사역으로 간주하는 일들과 마찬가지로, 모호성에서 완전히 벗어날 수 없다. 그렇다고 해서 기본적인 성향이나 객관적인 결과가 약화되는 것은 아니다.

현세적 진보—이 용어를 피하자면, 인간의 해방이라고 할 수 있다—와 그 나라의 성장은 모두 사람들과 하나님 사이의, 그리고 사람들 사이의 완전한 교통을 지향하고 있다. 양자는 동일한 목표를 갖고 있으나 나란한 길을 걷지 않으며 심지어는 서로 수렴되지도 않는다. 그 나라의 성장은, 해방이 인간의 더 큰 성취를 의미하는 한, 역사적으로 해방의 형태로 나타나는 하나의 과정이다. 해방은 새로운 사회의 선제조건이지만, 전자가 후자의 전부는 아니다. 해방은 해방을 가져오는 역사적 사건들 안에서 이행되면서도 그 사건들의 한계와 모호성을 비난하고, 그것들의 성취를 선포하고, 그것들이 완전한 교통을 지향하도록 밀어붙인다. 이는 양자가 동일하다는 뜻은 아니다. 해방을 가져오는 역사적 사건들이 없으면 그 나라의 성장도 없을 것이다. 그러나 해방의 과정은 그 나라의 도래(이는 무엇보다 하나의 선물이다)가 없이는, 사람에 의한 사람의 억압과 착취의 뿌리를 정복할 수 없을 것이다. 더 나아가, 우리는 역사적이고 정치적인 해방의 사건이 곧 그 나라의 성장이고 또한 하나의 구원사건이라고 말할 수는 있으나, 그 사건이 곧 그 나라의 도래나 구원의 전부는 아니다. 그것은 그 나라가 역사적으로 실현되는 것이므로 그 나라의 충만함을 선포하기도 한다. 바로 여기에 양자의 차이점이 있는 것이다. 이것은 역동적인 관점에서 양자를 구별한 것이며, 이는 서로 긴밀한 관계에 있으나 깊은 차원에서는 서로 다른 두 "질서들"의 공존을 지탱해 주는 관점과는 전혀 상관이 없는 것이다.[5]

그러므로 출애굽 이야기를 단지 그리스도 안에서 성취된 순전히 개인적이고 영적인 해방의 알레고리로 간주해서는 안된다는 말이다. 또한 그리스도의 사역 역시 단순히 출애굽기에 묘사된 정치적 해방과 같은 부류로(이번에는 성공하지 못한 예라는 식으로) 간주해서도 안된다. 오히려 역사상 정치적(그리고 문화적) 해방을 추구하는 행동은, 그것이 해방의 성격을 갖고 있는 한, 완전한 해방을 가리키는 표지라고 할 수 있다. 이런 행동은 구원의 성격을 갖고 있지만 구원의 전부는 아니다.

이것이 양자 중 어느 하나가 부정되는 것보다 훨씬 더 만족스러운 입장이다. 하지만 우리는 이 입장이 모든 사실을 공정하게 취급하는지의 여부를 물어볼 필요가 있다. 나는 구티에레즈가 자신의 논지를 요약한 다음의 대목을 읽으면서 상당한 문제점을 느꼈다.

우주와 인간 역사의 모든 역동적인 움직임, 보다 정의롭고 우호적인 세계의 창조를 지향하는 운동, 사람들 사이에 존재하는 사회적 불평등의 극복, 우리를 비인간화시키는 모든 것—신체적 고통, 도덕적 불행, 무지, 굶주림—에서 우리를 해방시키려는 노력, 인간의 존엄성에 대한 인식(Gaudim et spes, no. 22) 등, 이 모든 것은 그리스도의 구원사역으로부터 나오고, 그 안에서 변혁되고 완전한 상태에 도달한다. 그분 안에서 그리고 그분을 통하여 구원은 인간 역사의 중심에 현존하고 있고, 결국에는 이 구원의 견지에서 설명될 수 없는 인간 행위는 하나도 없다.[6]

데이아르 드 샤르뎅(Teihard de Chardin)을 연상시키는 이 감동적인 대목은 신약성경에 그려진 그림보다 더 낙관적이고 훨씬 덜 모호한 역사관을 묘사하고 있다. 그런데 정확하게 어떤 의미에서 "우주와 인간 역사의 모든 역동적인 움직임"이 그리스도의 구원사역 안에서 완전한 상태에 도달하게 되는가? 우리는 예수님 당시 정치적 해방을 원했던 유대인들의 열망과 관련하여 십자가를 어떻게 해석할 것인가? 신약성경은 장차 펼쳐질 역사에 대해 묵시적 용어로 이야기하고 있는데, 이런 용어를 어떻게 해석할 것인가? 우리는 여기에 나온 그림으로 말미암아 과연 올바른 길을 찾아, 각 사람은 예수님을 자신의 개인적 구원자로 알아야 한다는 바람과 각 사람은 인간의 존엄성에 걸맞는 정치적 자유와 문화적 자유를 누려야 한다는 바람 사이를 걸어갈 수 있을까? 나는 앞에서 다음 두 가지 사실을 언급한 바 있다. 선교사역은 언제나 불가항력적인 논리에 이끌려 교육, 치료, 사회봉사, 농업 및 산업의 개발과 같은 세속적인 봉사에 참여할 수밖에 없었다는 사실과, 동시에 그런 봉사에 대해 항상 양심의 가책을 느끼기도 했다는 사실이다. 이런 양심의 가책을 잘못된 신학이 낳은 결과로 간주해도 괜찮을까? 우리가 개인적 해방과 정치적, 문화적 해방을 모두 지향하는 "통전적인 복음전도"(holistic evangelism)에 대해 말하기는 쉽지만, 실질적으로 어떻게 이 둘을 모두 붙잡을 것인가? 이로 보건대 좀 더 깊은 차원에서 이 문제를 다룰 필요가 있는 것 같다.

내가 제기할 질문은 두 부분으로 되어 있다. 하나는 해방신학이 갖고 있는 종말론과 관계된 것이고, 다른 하나는 해방신학의 인식론에 관한 것이다. 간단하게 말하면, 다음 두 가지 질문을 던지고 있는 셈이다. 우리가 바라보는 종말은 무엇인가? 우리는 그 방향을 어떻게 알 수 있는가?

II

먼저 인간을 본질적으로 영적 존재로 보는 관념론적 견해를 배격하는 해방신학자들의 견해에 내가 완전히 동의한다는 점을 밝힐 필요가 있겠다. 이 점에서 우리는 인류를 지배해 온 여러 종교 전통들을 배격하는 공통점을 갖고 있는 셈이다. 서구 문화는 이제까지 성경적인 인간관을 견지한 적이 한 번도 없었고 다만 그리스와 로마 문화에서 물려받은 이방적인 견해와 불편한 긴장관계를 맺고 있었을 뿐이다. 오늘날에는 인도의 종교와 문화가 서구와 새로운 접촉을 시도함에 따라 더 오래되고, 더 보편적이고, 더 "자연스러운" 인간관이 더욱 힘을 얻고 있는 실정이다. 17세기의 종교전쟁이 교착상태에 빠진 뒤에 종교를 인간사의 사적인 부문으로 분류했기 때문에 이런 인간관을 정상적인 것으로 받아들이기가 훨씬 더 쉬워졌다. 이 견해에 따르면, '종교'라는 것은 인생의 특정한 측면, 곧 사적이고 개인적이고 내면적인 측면과 관계를 맺고 있다. 이른바 '영혼'과 관계된 것이다. 종교는 역사의 바깥에 있는 '구원'을 바라본다. 이런 관점에서 보면, 정치적 해방과 문화적 해방의 사건들은 영적인 단일체로 간주되는 영혼의 발달을 증진하거나 방해하는 한에서만 중요한 의미를 지닐 뿐이다. 이 견해를 극단적으로 발전시킨 손 힉(John Hick)은 상상력을 동원하여 수많은 별개의 우주들을 머릿속에 그린 뒤에, 그 각각은 이런 영적인 단일체들에게 발전의 기회를 제공하지 않는 한 아무런 의미도 없다고 주장하기까지 했다.[7]

오랜 역사를 가진 이런 지배적인 견해와 달리, 구약성경은 인간을 몸과 영혼이란 두 측면을 지닌 단일한 존재로 볼 것을 요구하고 있다.

이 견해에 따르면 인류와 세계의 이야기는 한 덩어리로서 중요한 의미를 갖고 있으며, 각 사람의 생애는 그 전반적인 이야기의 일부로 이해할 필요가 있다. 이는 우리가 인간으로서 경험하는 것과 일치한다. 우리는 유기물과 무기물로 구성된 세계의 일부로서 다른 인간들과 관계를 맺음으로 비로소 인간다운 존재가 되는 것이다. 이것이 바로 우리가 알고 있는 실제 세계다. 우리에게는 이밖의 다른 어떤 세계에 대한 지식도 없고, 몸을 가진 사람으로 우리에게 알려진 존재 이외의 영혼이란 것을 경험한 적도 없다. 구약성경은 이처럼 철저히 현실주의적으로 인간의 본성과 운명을 다루고 있다. 그런데도 왜 이런 견해를 받아들이는 것을 어려워하는 것일까? 어쩌면 너무도 상식적인 견해로 보이는 이것이, 어째서 "영적인" 인간관에 비해 언제나 소수파의 견해로 남게 되었을까?

문제는 인간의 경험에 비추어 보면 현실주의적 의미의 인생관이 뜻깊은 미래를 갖고 있다는 주장이 항상 설득력을 잃는다는 점에 있다. 하나님의 구원을 바라보는 구약성경의 희망은 거듭해서 악이 선을 이기고 승리하는 현실 때문에 무너지고 꺾이고 만다. 이집트에서의 탈출뿐 아니라 바벨론에서의 탈출 역시 최종적인 해방을 가져오지 못한다. 그러면 우리는 언제 그리고 어떻게 그 해방을 찾아야 하는가? 아울러 해방을 바라보다가 그것을 맛보지 못한 채 죽은 사람들에게는 해방이 무슨 의미가 있는가?

1. 죽음이야말로 인류 역사에서 인간의 총체적 해방을 바라는 모든 희망을 조롱하는 어두운 신비다. 나는 구약성경이 현실주의적 인생관을 갖고 있다고 강조했다. 내가 알고 있는 유일한 인생은 나의 부모님을 통해 받은 생명으로, 가족과 친구와 선생님과 동료들의 영향을 받으며 성장해 왔고, 현재 내가 이 세상의 공적인 삶의 일부로서 영위하는 것이며, 가족과 친구와 이웃들과 공유하는 삶이다. 이것이 바로 인생이란 것이다. 하지만 이런 식으로 묘사한다고 인생을 완전히 묘사한

것은 아니다. 나는 내가 보고 듣고 이해하고 행동하는 방식에 대한 책임을 수용해야 할 주체로서 이 삶에 참여하고 있다. 이것은 남과 공유할 수 없는 책임이다. 결정의 순간에 나는 홀로 있다. 그리고 내가 알지 못하는 어느 순간에, 내가 갈망하는 목표에 미처 도달하기도 전에, 결국 이런 인생으로부터 옮겨질 것임을 아는 가운데 그 결정을 내리지 않으면 안된다. 심지어는 내가 몰입했던 작은 활동들마저 그냥 두고 떠나야 할 것이다. 내가 걸었던 작은 발자취가 수년 동안은 남을지 모르지만, 결국은 세월이 흐르면서 역사의 뒤안길로 완전히 사라지고 말 것이다.

이 지점이 바로 인류의 공동생활의 일부로 간주되는 내 인생과 나 홀로 경험하고 아무도 함께 경험할 수 없는 개인적 역사로 간주되는 내 인생이 따로 갈라지는 갈림길이다. 죽음은 구약성경에 나오는 현실주의적이고 통전적인 인간관을 끝까지 견지할 수 있는 가능성을 없애 버린다. 죽음은 내 인생을 이해하는 두 가지 방식 사이에 쐐기를 박는다. 그래서 나는 내 인생의 의미를 찾는 이 두 가지 방식 사이에서 선택을 내리고 싶은 유혹을 받는다. 아니, 거의 선택을 내려야만 할 것 같다. 그 의미를 나라는 주체의 장래의 운명에서만 찾을 것인가, 아니면 내가 동참한 인류의 공동생활의 장래에서만 찾을 것인가?

이 둘 중 전자는 세계의 주요 종교 전통들이 내리는 선택이다. 인생의 중요성과 존엄성과 궁극적인 의미는, 각 인간의 영혼이 역사적 사건이 일어나는 이 세상과 동떨어진 저 세상에서 영원한 안녕과 기쁨을 누릴 수 있을 것이라는 믿음에 의해 확보된다. 그런데 이런 위안은 내 인생이—그 일부를 이루는—공적인 역사에 기여한다는 궁극적 의미가 부정되는 대가를 치르고서 얻게 되는 것이다. 이는 사람들에게 인생의 고통을 인내하도록 돕는 진통제, 곧 "민중의 아편"(이 말은 본래 긍정적인 의미를 갖고 있었다)을 제공해 준다. 그러나 모든 약물이 남용될 수 있는 것처럼, 이것 역시 권력자들에 의해 그 고통이 견딜 수 없을 만큼 심해졌을 때 혁명으로 폭발하는 일을 막는 방편으로 남용되어 왔다. 아편은 본래 수술이 필요한 곳에 복용되는 것이었다.

두 번째 선택을 가장 단호하게 탐구한 것은 바로 마르크스주의였다. 역사 해석으로서의 마르크스주의는 궁극적으로 인류의 공적인 삶의 뜻깊은 미래를 내다보는 구약의 비전에 기대고 있다. 따라서 성경적 희망의 세속판인 셈이다. 이 이념은 인간 경험의 다른 차원에서 완전히 등을 돌림으로써 나름의 일관성을 이루고 있다. 이는 중요한 의미를 오로지 만인을 위한 자유와 정의가 실현될 미래에 대한 비전에서만 찾는다. 새 시대가 도래하기 전에 죽는 사람, 그래서 그 시대에 결코 참여할 수 없을 사람의 인생은 그 자체로는 아무런 의미가 없다. 사람은 단지 새로운 세계를 창조하는 과정에서 이용당하거나 버려질 운명을 지닌 원재료의 일부일 뿐이다. 스탈린주의는 결코 마르크스주의의 우발적인 결과가 아니었다. 후자가 논리적으로 발전한 결과였다. 물론 마르크스주의만 그런 것은 결코 아니다. 인류 역사를 보면, 정치 지도자가 개인을 장래의 유토피아를 이룩하기 위한 소모품 정도로 취급하는 예가 즐비하다.

그렇다면 어쩔 수 없이 우리는 탈출구 없는 일종의 딜레마에 빠져 있는 것인가? 역사적 차원의 의미를 부정하는 대가를 치르면서 개인의 의미를 찾든지, 개인적 차원의 의미를 부정하는 대가를 치르면서 역사의 의미를 찾든지 해야 하는가?

2. 복음은 이 딜레마의 뿌리를 다루고 있기 때문에 거기에서 우리를 해방시켜 준다. 우리가 살펴보았듯이, 인생을 이해하는 두 가지 방식, 곧 사적인 것과 공적인 것, 개인의 내면 생활과 개인이 참여하는 공적 생활 사이에 쐐기를 박는 것은 바로 죽음이다. 그런데 죽음은, 성경의 관점에 따르면, 그보다 더 깊은 어떤 것의 증상이다. 어느 관점에서 보면, 죽음은 자연이 계속 새롭게 되는 순환 과정의 필요한 부분, 곧 단순한 생물학적 사실이다. 그러나 이런 순전히 자연주의적인 모델은 우리로 하여금 우리의 개인적 삶과 공적인 삶의 의미를 있는 그대로 이해할 수 있게 해주지 못한다. 의미를 추구하는 인간이란 관점에서 보면, 죽음은 모든 의미를 부정하는 사건이다. 죽음은 천을 짜는 일이 채 끝나기도 전에 불쑥 그 거대한 모습을 드러낸다. 천의 무늬가 완성되는 것을 막는 세력이다. 이는 우리가 짜는 모든 무늬에 결함이 있고, 우리가 이룩하는 모든 업적은 모호하며, 그 가운데 어느 것도 곧바로 우리가 추구하는 완전으로 인도할 수 없다는 사실을 보여주는 외적인 상징이다. 죽음이란, 성경의 생생한 표현을 빌리자면, 죄의 삯(wages of sin)이다. 그것은 나 자신이든 나의 업적이든 그 자체로는 하나님의 나라에 적합하지 않다는 사실을 보여주는 외적인 징표다. 죽음의 사실—나의 개인적인 죽음, 내 삶과 얽혀 있는 사람들의 죽음, 내가 만든

계획의 죽음, 내가 섬긴 단체의 죽음, 내가 속한 문명의 죽음 등—은 이 세계의 기원에서부터 최후의 역사적 완성을 향해 올라가는 매력적인 그림을 가로지르고 있다. 내가 서 있는 장소와 저 지평선 위에 있는 거룩한 도시의 영광스러운 모습 사이에는 깊은 계곡이 가로지르고 있다. 그 계곡 아래로 내려가는 길이 있지만 나는 그 바닥을 볼 수 없다.

복음이 좋은 소식인 이유는, 예수 그리스도 안에서 하나님이 죄와 죽음의 문제를 다루었고, 그 계곡 아래로 내려갔다가 저 너머에 있는 고지로 향하는 길을 열었으며, 그럼으로써 내가 갇혀 있던 딜레마에서 나를 해방시켰기 때문이다. 예수님의 삶과 죽음과 부활은 나에게 거룩한 도시를 향하여 여행할 수 있는 길을 열어 주었으며, 나는 이 여정의 끝이 나의 개인적 역사와 내가 참여한 공적인 역사가 모두 완성되는 진정한 종착점이 될 것임을 알고 있다. 예수께서는 그 자신과 그의 대의를 완전히 아버지의 손에 의탁하고 계곡으로 인도하는 길을 따라 내려갔다. 그 자신은 배척당하고 십자가를 짊어진 것이며, 그의 대의는 패배하고 말살된 것이었다. 부활을 통해 하나님은 예수와 그의 대의가 정당함을 입증했고, 그를 기꺼이 신뢰하고 따르고자 하는 사람들에게 그 도시의 비전이 신기루가 아니라는 확신을 주었다. 그리고 그들에게 성령의 선물을 주심으로—여전히 그 길을 걷는 중이지만—그 도시의 삶을 미리 맛보게 해주었다. 그러므로 나는 예수를 신뢰하는 가운데 그 길을 따르며 하나님의 대의를 섬기는 일에 헌신할 수 있고, 내가 비록 그 도시를 건설할 수는 없지만 하나님께서 나와 내 업적을 들어 올려 심판의 불에 연단한 뒤에 그 도시의 삶에 참여할 수 있게 해주실 것임을 알고 있다. 나는 더 이상 개인적인 삶의 의미와 공적인 삶의 의미 사이의 딜레마에 빠질 필요가 없다. 나는 사회와 역사와 자연으로 구성된 실제 세계의 일부로서 참된 인생을 풍성하게 영위할 수 있고, 그리스도가 부활하여 살아계시므로 주 안에서 하는 내 수고가 헛되지 않은 줄 알고 있다(고전 15:58).

그런데 서구 문화는 그토록 오랫동안 성경을 보유하고 있었음에도 불구하고 이방의 종교성에 사로잡힌 결과, 예수님의 부활이 마치 개개인과만 관계가 있는 것처럼 거론하고 있는 실정이다. 부활은 흔히 개인의 장래를 보장해 주는 근거로 간주되어 왔다. 이것도 물론 사실이지만 이보다 훨씬 더 많은 것을 의미한다. 부활은 새로운 세계를 보장해 주는 근거이기도 하다. 바울은 부활의 의미를 신중하게 설명하고 있다. 그리스도는 "잠자는 자들의 첫 열매"가 되었다. 하지만 그 수확물은 "그리스도에게 속한 자"들만이 아니다. 하나님의 통치에 반대하는 모든 것이 멸망하고 온 우주가 하나님께 복종하게 되는 것도 포함한다(고전 15:20-28).

인간의 사적인 삶과 공적인 삶을 모두 포괄하는 기독교적 소망의 통일성을 가장 완전하게 설명한 대목은 로마서 8장이다. 이 설명은 이미 성취된 해방과 함께 시작한다. 하나님은 자기 아들을 죄 많은 인간으로 죽도록 내어 주심으로써 우리를 죄와 죽음의 손아귀에서 구출하여 새로운 사법권, 곧 성령의 관할 아래 두셨다. (늘 그렇듯이 바울은 삼위일체의 견지에서 이 근본적인 주장을 펼쳐 나간다.) 이것은 이미 성취된 해방이다. 모든 해방이 그렇듯이 이는 정권의 교체다. 성령의 새로운 정권이 들어선 결과 하나님의 뜻이 이루어지고 하나님의 선물인 생명과 평안을 누리게 되었다(롬 8:1-8).

성령의 정권은 순전히 내적이고 비가시적인 것으로 머무르지 않는다. 그것은 전 인격을 새롭게 하는 능력을 발휘한다. 예수님의 부활이 단지 "영적인"(오늘날 "정신적"이라는 단어와 동의어로 사용되는 의미에서) 사건이 아니었던 것과 같이, 성령의 정권은 몸과 영의 이분법을 뛰어넘어 전 인격을 새롭게 하는 것에까지 확장된다(롬 8:9-11).

이렇게 새롭게 된 인격의 특징은 첫째, 종의 영에서 구출되어 자녀의 영, 곧 양자의 영으로 들어가는 것이고, 둘째, 아들은 또한 상속자인 만큼 소망이 있는 것이며, 셋째, 예수께서 고난을 통하여 영광에 이르는 길을 열었듯이 우리도 그 고난에 동참하라는 소명을 받아들이는 것이다(롬 8:12-17).

이 영광("하나님의 자녀들의 영광의 자유")과 고난은 온 피조세계에 주어진 소명의 일부다. 이 세계가 권세의 지배("허무함") 아래 있지만 그것은 단지 해방되어 자녀의 자유에 이르게 하기 위함일 뿐이다(참조. 갈 3:23-4:7). 이 세계의 진통은 새 세계를 낳는 출산의 진통이고, 우리 안에 성령이 임재하고 있다는 증거는 우리가 인내하는 소망에 충만하여 이런 고통에 동참하는 일로 나타날 것이다(롬 8:18-25).

이런 고통 중에 우리가 어떻게 기도할지를 모르고 있을 때, 성령은 우리의 신음소리를 취하여 그분의 간구에 포함시키신다. 이 세계의 고뇌는 교회의 고난과 신음, 그리고 성령의 사역을 통하여 삼위일체 하나님 안에서 영위하는 삶의 일부가 된다(롬 8:26-27).

신자들의 마음속에서 일하시는 성령의 내적 사역에 부응하여, 아버지는 우주의 만물로 하여금 그분이 그들을 부르신 목적을 성취하도록 외적인 사역을 수행하신다(롬 8:28). 이 소명은 미리 예정된 하나님의 은혜에 기초해 있는데, 하나님은 그들이 존재하기도 전에 그들을 미리 아셨고 끝까지 그들에게 신실함을 보이셔서 그 모든 환난 중에서도 그들을 "넉넉히 이기게" 하실 분이다(롬 8:29-39).

여기에 교회가 세계 역사에 참여하는 모습을 그린 놀랍도록 일관되고 설득력 있는 그림이 있다. 역사는 해방을 위한 몸부림으로 해석되고 있다. 그리스도인들은 해방을 위해 싸우는 투사로서뿐만 아니라 이미 해방된 사람으로서 역사 내에 자리 잡고 있다. 성령의 현존을 통하여 그들은 이미 자유인이 되었고 그들의 삶으로 종말에 속한 자유를 증언하고 있다. 예수를 따르는 자들의 공동체는 간절하고 인내하는 소망으로 충만한 자들로서 해방을 위한 싸움에 동참하라는 소명을 받았다. 그들은 이미 하나님의 만물을 향한 뜻인 자유를 맛보았기 때문에 간절한 마음을 품는 것이고, 하나님은 시작하신 일을 완수하실 분임을 신뢰하기 때문에 인내하고 있는 것이다.

3. 인내는 곧 고난을 의미한다. 교회는 메시아적 환난에 참여하는 상황, 곧 하나님의 통치가 다른 세력의 도전을 받을 때면 언제나 발생하는 갈등에 동참하는 상황에서 소망을 전하는 자가 되는 것이다.

이 고난은 그저 수동적으로 악을 수용하는 것이 아니다. 오히려 악에 대항하는 일종의 증언이다. 그것은 우리가 십자가의 길을 따라 예수를 따르는 길이다. 예수께서는 마지막까지 변함없이 악의 세력에 도전했다. 바로 그 마지막 순간 한계점에 도달했을 때, 그분은 스스로를 악의 세력이 아니라 아버지에 손에 내어 주었다. 이 최후의 양도는 패배가 아닌 승리다. 그것은 아편이 아니라 죽음당한 어린양이 우주를 지배하게 해준 승리다. 교회는 계속해서 스스로를 아들 안에서 또한 아들을 통하여 아버지께 올려드림으로써 성령의 임재로 말미암아 그 승리에 동참하게 된다. 이생에서 교회는 삼위일체 하나님이 겪은 승리의 수난에 동참할 수 있게 되는 것이다.

믿음에는 반역하는 믿음도 있고 수용하는 믿음도 있는데, 이 둘은 동전의 양면과 같다. 예수께서는 시종일관 악의 세력을 공격했다. 기록에 따르면, 그분은 장애자와 병자에게 자신들의 운명을 그냥 수용하라고 충고한 적이 한 번도 없었다. 이들을 만나면 언제나 자신의 능력을 발휘하여 고쳐 주셨다. 제자들을 보낼 때에도 그와 똑같이 하라는 사명을 주었다. 하지만 그분은 그들에게 자신이 장차 고난을 받게 될 것처럼 그들도 반드시 그렇게 되어야 한다고 말씀하셨다. 이러한 역설이 바로 복음의 중심부에 있다. "그가 남은 구원하였으되 자기는 구원할 수 없도다." 이것은 끝 날까지 교회의 선교에 속하는 요소이기도 하다. 악의 세력에 대처하도록 교회에 주어진 능력은 고난을 통과하여, 아버지에 대한 완전한 순종을 통과하여 새 생명과 새 세계에 이르는 길을 걸으며 예수님을 따라가는 능력일 따름이다.

우리가 그리스도와 함께 고난을 받으면 그분과 함께 새로운 세계를 상속받게 될 것이라고 바울은 말한다(롬 8:17). "함께 고난을 받는다"는 것은 곧 연민(compassion)을 뜻한다. 우리가 알고 있는 인간 본성으로 볼 때 모든 인간 사회에는 부당한 고난이 있기 마련이다. 비록 우리가 다음 세대에 이르면 모든 불의가 사라진 완전한 세계를 기대할 수 있다고 해도, 금세기에 부당하게 고난을 받고서 그 원한을 풀지 못한 채 죽는 사람들이 존재할 것이다. 우리는 그들에게 무슨 말을 하겠는가? 그들은 창조의 찌꺼기 같은 존재, 건축이 끝난 뒤에 바닥에 남은 대팻밥과 같은 존재가 아니다. 그들 역시 거룩한 도시에 나름의 위치를 갖고 있다. 그들의 고난은 어린양의 승리에 참여하는 것일 수 있다. 그들은 그리스도가 승리를 획득하게 해준 증인(marturia)의 일부일 수 있다. 이것이 바로 성경의 마지막 책인 요한계시록의 큰 주제다. 그러므로 연민의 행위, 곧 교회가 고난받는 자들의 고통에 동참하는 통로인 그 행위는 해방을 위해 싸우는 본연의 임무에서 도피하는 것도 아니고 그에 대한 대안도 아니다. 이런 행위는 진정한 의미에서 어린양의 승리의 일부이기 때문이다.

그런데 연민의 행위가 "진정한 이슈를 주목하지 못하게 하고 썩은 제도를 지지해 주는 역할만 한다"는 이유로 그것을 비난하는 그리스도인들이 적지 않은 것은 참으로 유감스러운 현상이다. 이는 정치적 순진함과 도덕적 냉소주의가 합쳐진 한탄스러운 태도다. 그들이 실제로 옹호하는 입장은, 기존의 구조를 파괴하면 저절로 정의로운 구조가 들어설 것이라는 순진한 믿음에 기초하여 인간의 불행을 정치적 목적을 위해 이용해야 한다는 것이다. 과거 이백 년의 역사를 보면 이런 믿음은 거의 근거가 없는 것임을 알 수 있다.

이는 사회구조의 근본적인 변화의 필요성을 부정하는 자들, 정치 투쟁을 교회 선교의 바깥에 있는 것으로 간주하는 자들을 비난하는 소리다. 이런 비난이 정당한 것은 그들의 견해가 비성경적이고 비현실적인 인간관을 내포하고 있기 때문이다. 실제 인간들은 그들 시대의 공적인 역사에서 그들이 차지하는 위치를 떠나서는 이해될 수 없는 법이다. 그러므로 인간의 삶에서 사적 영역과 공적 영역을 분리하는 것은 완전히 잘못된 입장인 만큼, 정치는 결코 기독교가 맡은 책임의 범위에서 벗어나는 것이 아니다. 구조의 개혁을 위해 일하는 것, 불의한 구조를 노출시키고 공격하는 것, 다른 모든 수단이 실패했을 때 악한 정치질서와 경제질서를 전복시키기 위해 일하는 것 등은 병자를 돌보고 굶주린 자를 먹이는 것만큼이나 교회 선교의 일부다. 하지만 선교의 일부이지 전부는 아니다. 그러므로 만일 정치행동을 요구하는 정당한 소리가 연민의 사역을 요구하는 소리를 대치하도록 내버려 두면, 교회는 복음을 배신하는 셈이다.

우리가 바라보는 목표는 우리의 개인적인 삶과 공적인 삶 모두를 향한 하나님의 뜻이 완전히 이루어지는 도시다. 그러나 여기에서 거기까지 가는 길은 단순한 오르막길이 아니다. 우주가 마침내 이 목표에 도달하는 진화의 과정은 아예 존재하지 않는다. 우리가 그릴 역사—장차 다가올 역사—의 그림은 진화의 개념보다 신약성경의 묵시의 영향을 더 많이 받아야 한다. 이 견해에 따르면, 우리는 역사를 십자가 아래서 조망해야 한다. 역사 속의 하나님의 공동체는 하나님의 질서가 역사 내에서 수립되는 데 사용될 수단이란 의미의 하나님의 공동체가 아니고, 또 그렇게 될 것을 결코 기대할 수도 없다. 이것은 콘스탄티누스 황제와 같은 인물의 꿈일 뿐이다. 오히려 이 공동체는 우리가 정의를 실현하려고 만든 구조를 도전하고 판단하고 구속하는 하나님의 은혜와 정의를 증거하는 증인이 되도록 부름을 받은 것이다.

4. 이 문제의 핵심은 우리가 성찬식에 대한 질문을 던질 때 노출된다고 나는 생각한다. 억압하는 자와 억압받는 자가 다 함께 성찬식에 동참할 수 있을까? 내가 제대로 이해하고 있다면, 해방신학자들은 그럴 수 없다고 말할 것이다. 억압하는 자들은 먼저 억압하는 행위를 그만두어야 한다. 삭개오와 같이 부정하게 축적한 재산을 토해 내야 한다. 그렇게 할 때에만 주님의 식탁에 참여할 자격이 있다. 이 견해도 물론 강점이 있다. 여기에 내가 의문을 제기하더라도 약간 주저하면서 할 수 있을 뿐이다. 그래도 나는 그렇게 하지 않을 수 없다. 물론 억압이 너무도 명백하고 노골적인 상황에서는 마땅히 이런 판단을 내려야 한다(아마 해방신학은 그런 상황에서 생겨났을 것이다). 그러나 이런 판단을 내리는 사람은 상당히 위험한 책임을 지게 된다. 각 사회와 나라는 물론이고 심지어는 각 가정에도 억압적인 요소가 있기 마련이다. 우리 인간은 본성상 남의 억압은 잘 의식하면서도 우리가 억압하는 것은 의식하지 못하는 경우가 많다. 만일 이런 원리를 수용하게 된다면, 그에 따른 상호간의 출교에 어떤 한계를 긋는 것이 가능할까? 성찬식이라는 자리는 우리 모두가 죄 가운데 있고 오로지 은혜로만 용납될 수 있는 존재라는 사실을 시인하는 곳이 아닌가? 이 점은 계급 간의 정의

와 지주와 농민 간의 정의 같은 큰 문제에도 적용되어야 하지 않는가? 만일 우리가 억압받는 자의 송사와 하나님의 송사를 완전히 동일시한 나머지 최후의 심판을 오늘로 앞당긴다면, 우리 자신을 은혜로부터 단절시킨 채 자신의 판단보다 높은 것을 일체 인정하지 않는 새로운 폭군이 들어설 길을 닦아 주지 않을까?

교회는 역사의 한복판에서 하나님의 통치를 가리키는 표지요 도구요 맛보기로 살아간다. 그러나 이는 교회의 삶에서 하나님의 정의와 특정한 정치운동의 정의를 동일시할 수 있는 역사적인 시점이 있을 수 있다는 뜻은 아니다. 교회는 이제까지 이런 함정에 너무도 자주 빠졌다. 이런 동일성을 인정하지 않는다고 해서 모종의 관념론적 환상이나 영적인 환상에 빠지게 되는 것은 아니다. 그것은 개인 영혼의 내면 생활을 사회에서 정의와 자비를 행하는 일로부터 떼어 놓는 것은 아니다. 다만 모든 인간의 운동은 모호하고 모든 인간의 행동은 우리의 이기주의가 낳은 환상과 관련이 있음을 인정하는 것일 뿐이다. 이는 최후의 심판은 하나님께 속한 일이고, 사람들이 그 특권을 찬탈할 때에는 자기 파괴적인 무지함에 빠지게 된다는 것을 고백하는 것이다.

이 이슈는 다르게 표현할 수도 있다. 만일 우리가 성경의 하나님을 인정한다면, 우리는 사회적 정의를 실현하기 위한 싸움에 헌신한 셈이다. 정의란 각 사람에게 합당한 몫을 주는 것을 의미한다. (복음에 비추어 볼 때) 우리의 문제점은, 제각기 우리 이웃의 합당한 몫에 비해 우리의 몫을 과대평가하는 데 있다. 따라서 누구든지 자기에게 유리한 쪽으로 판단할 것이기 때문에 정의가 이루어질 수 없는 것이다. 그러므로 우리 모두가 우리보다 높은 권위를 가진 재판관, 그의 판단에 비추어 우리의 판단을 상대화시켜야 할 재판관을 인정할 때에만 정의가 실현될 수 있다. 지상의 재판관의 본분은 바로 보다 높은 그 판단을 대변하는 일이다. 그런데 지상의 재판관 역시 죄 있는 인간이기 때문에 그의 판단 역시 자기이익에 오염될 터이므로 그는 하나님의 정의의 이름으로 쫓겨나야 할지도 모른다. 정의로운 사회는 오로지 그 구성원들이 하나님의 정의를 인정할 때에만 번창할 수 있고, 이 정의는 다름 아니라 십자가에서 밝히 나타나고 실행된 정의다. 만일 내가 실현하려고 싸우는 그 정의를 판단하는 궁극적 정의를 내가 인정하지 않는다면, 나는 정의의 대변인이 아닌 무법한 폭정의 대변인인 셈이다.

이 지점에서 그리스도인은 마르크스주의가 파 놓은 함정에 주의해야 한다. 여기에서 나는 자본주의의 본질에 대한 마르크스의 분석에 의문을 던지는 것은 아니다. 그 분석은 매우 설득력이 있기 때문이다. 오히려 마르크스의 인간 본성에 대한 이해에 문제를 제기하고 싶다. 헌신적인 마르크스주의자의 가장 뚜렷한 특징은 극단적인 도덕주의다. 마르크스주의자는 악이 언제나 자기 바깥에 존재한다고 생각한다. 자신이 싸워야 할 악이 거주하고 있는 곳은 "계급의 적"이다. 따라서 용서와 화해에 관한 사상은 있을 수 없다. 세상에는 오직 두 개의 실체, 곧 억압하는 자와 억압받는 자, 착취하는 자와 착취당하는 자밖에 없다. 오로지 억압받는 자와 착취당하는 자만이 진리와 의를 가지고 있다. 따라서 그들을 심판하고 용서해 줄 수 있는, 그들 위에 있는 진리나 의는 존재하지 않는다. 이로부터 다음 두 가지가 나온다. 첫째, "억압받는 자들"이 권력을 획득하면 그들의 권력 행사를 견제할 만한 장치가 전혀 없다. 그들을 심판할 수 있는, 그들 위의 정의가 존재하지 않기 때문이다. 그 결과 스탈린과 그를 본받은 인물들이 저지른 무자비한 폭정이 초래된 것이다. 스스로 "억압받는 자들"의 대변인으로 자처하는 자들은 자기편에 대해서는 무제한적인 독선(獨善)을, 반대편에 대해서는 무제한적인 도덕적 분노를 표명하는 입장을 견지한다. 이런 태도가 헌신적인 마르크스주의자의 가장 뚜렷한 특징이다. 억압하는 자와 억압받는 자를 모두 심판하고 용서할 수 있는 초월적인 정의가 존재하지 않기 때문에 무제한적인 독선으로 치닫는 길이 열려 있는 것이다.

교회는 역사 속에서 예수님이 하나님의 정의를 대변한 방식으로만 그것을 대변할 수 있을 따름이다. 이러한 사역은 세례와 성찬을 통하여, 그리고 예수님의 구원사역을 설명하고 그 의미를 실제 상황에 적용하는 말씀의 선포와 청취를 통하여 예수님의 구원사역 속으로 계속해서 다시 합병될 때에만 가능하다. 성찬을 집행할 때 이 문제의 핵심에 도달하게 된다. 여기에서 은혜와 심판의 궁극적 지평이 현 순간과 맞닿는다. 여기에서 교회는 죄를 용서하되 간과하지 않는 은혜에 의거하여 사는 법, 죄를 노출시키되 회개의 길을 열어 놓는 심판 아래서 사는 법을 배워야 한다.

세계교회협의회 제5차 총회(1975년, 나이로비)는 하나님의 정의를 부정하는 세력들에 직면하여, 교회는 어떻게 증언해야 할지를 놓고 씨름한 끝에 다음과 같은 성명을 발표했다.

교회의 하나됨은 정치 투쟁의 긴장 속에 존속하는 것이다. 교회는 역사 속에서 그리고 피조세계에서 하나님의 정의를 분별하고 증언하도록 부름을 받았으나, "하나됨"을 보존하기 위해서 혹은 특정한 대의에 대한 찬반을 나누기 위해서 침묵을 지키고 싶어질 때가 자주 있다. 이런 어려움에 관하여 우리는 다음 세 가지를 말하고자 한다.

(ㄱ) 그리스도인들은 심판받고 용서받은 죄인들이며, 서로를 그리스도 안에서 그러한 존재로 받아 주는 자들이다. 성찬석상에서 우리는 모두 하나님의 의가 없는 동등한 입장에 있는 동아리다. 그러므로 교회는 정반대의 신념을 가진 사람들이 자신들을 지탱해 주는 하나님의 자비 안에서 십자가 밑에 모일 수 있는 곳이다.

(ㄴ) 또한 교회는 그리스도의 규율 아래 있는 동아리다. 우리는 죄를 무시하거나 죄와 타협해서는 안된다. 우리는 서로 활발한 비판을 주고받고, 논쟁의 고통을 감수하고, 그리스도의 진리 아래서 윤리적 결정(정치적 결정을 포함한)을 공개적으로 시험하고, 구체적인 상황을 접할 때마다 언제나 순종의 길을 추구하도록 부름받았다. 개개인의 그리스도인들은 보편 교회보다 더 급진적인 입장을 취할 수 있고 또 종종 취해야 한다. 하지만 교회 자체가 하나님의 피조물의 존엄성을 위해 발언하고 행동해야 할 정치적인 이슈들도 있다. 이렇게 하는 것은 교회를 "정치화"하는 것이 아니다. 오히려 교회가 어떤 정당이나 정부, 어떤 계급이나 이데올로기와 결탁되어 있어서 자유롭게 발언하거나 행동하지 못할 때 정치화되는 것이다.

(ㄷ) 정치적 이슈들에 대해 솔직한 논쟁을 시작하다 보면 의견일치

에 도달할 수도 있고 양극화로 치달을 수도 있다. 거기에서 모든 것이 밝히 드러나게 되면 일부는 어둠 속에서 피난처를 찾게 될 것이다. 교회는 하나님의 말씀에 비춰지고 노출되어 용서받을 수 있는 죄와, 하나님의 용서를 거부하기에 배격해야 할 배교를 구별하는 법을 배울 필요가 있다. 그렇다면 우리 교회가 인종차별, 사회적이거나 정치적이거나 종교적인 억압, 경제적 착취에 개입하고 있는 상황에서는 어떻게 이런 훈련을 하고 분별력을 발휘할 수 있을까?[8]

미처 응답되지 않은 위의 질문으로 논의를 마치는 것이 좋을 듯하다. 이는 역사 속 교회의 역할과 관련하여 모든 시대와 장소에 타당한 단순한 진술을 찾는 것은 불가능하다고 일러 주는 하나의 경고이기 때문이다. 우리는 각 상황에 처할 때마다 어떻게 행동할지를 배우고, 예수 그리스도 안에서 그리고 그분을 통하여 우리의 아버지 하나님께 믿음으로 그 행위를 의탁하는 법을 배워야 한다. 예수 그리스도야말로 우리에게 그 길을 분별하는 지혜를 줄 수 있는 성령의 인도를 따라 십자가에서 세상의 죄를 짊어진 분이기 때문이다. 이러한 삶과 행위와 의탁은 결국 성찬에 초점을 맞추게 될 것이다. 예수님의 죽음과 부활에 참여함으로써 설립된 공동체는 바로 역사의 한복판에서 하나님의 통치를 가리키는 표지요 도구요 맛보기임을 우리가 믿음으로 고백하기 때문이다. 처음부터 이 공동체는 그 자체의 본질과 상충되는 것들로 가득 찬 몸이었다. 이 몸은 악의 세력을 때려 부수고 승전가를 부르는 공동체가 결코 아니다. 이 몸은 복음의 특성에 참여하는 공동체다. 이를 통해 하나님의 통치가 나타나는 동시에 감춰지기 때문이다. 이 공동체의 유일한 상징은 십자가인 만큼, 이 십자가는 제단과 건물뿐 아니라 공동생활 위에도 새겨져야 한다.

이 논의가 우리의 중심 주제인 교회 선교의 본질에 대해 갖는 함의는 다음과 같다. 모든 상황에서 교회는 모든 사람—억압하는 자와 억압받는 자를 통틀어—에게 예수 그리스도에 대한 헌신을 다짐하도록 촉구해야 하며, 그 헌신이 세례를 통해 표현되고 성찬을 통해 계속 새롭게 되도록 해야 한다는 것이다. 여기에 함축된 의미에 대해서는 다음 장에서 다시 다룰 것이다.

III

이어서 해방신학의 또 다른 측면을 검토할 필요가 있겠다. 나는 해방신학의 종말론을 다음 두 가지 면에서 비판한 바 있다. 첫째, 그 종말론은 죄와 죽음의 사실을 적절하게 직면하지 못하고 있다는 것이고, 둘째, 인류의 미래에 대한 진화론적 그림은 신약성경의 묵시적 견해에 비해 덜 현실적이라는 것이다. 이와 더불어 우리는 해방신학의 다른 면, 곧 인식론을 비판적으로 고찰할 필요가 있다. 이 신학의 강점 가운데 하나는 신학이 행동과—그들이 좋아하는 단어를 사용하자면 "실천"과—별도로 수행될 수 없다고 주장한 것이라고 나는 말했다. 구티에레즈는 해방신학을 "말씀에 비추어 기독교적 실천을 조망한 비판적 성찰"이라고 정의하고 있다.[9] 이 신학의 과제는 "장래를 향해 역사를 몰고 가는 현재의 실재, 곧 역사의 움직임에 침투하는 일"이고 이는 "신학을 하는 새로운 방식"이다.[10] "신학은 행동의 시녀 노릇만 하는 것이 아니다.…… 오히려 행동 그 자체가 진리다. 진리는 관념의 영역에 속하는 것이 아니라 역사의 차원에 속한다"고 미구에즈 보니노는 말한다.[11] 만일 우리가 그 행동은 무엇에 기초하고 있는지, 혹은 무엇을 지침으로 삼고 있는지에 대해 물으면, 보니노는 그것이 사회정치적 상황에 대한 "과학적" 분석에 기초하고 있으며, 이 면에서는 마르크스주의의 분석을 수용하고 있다고 응답할 것이다. 그렇다고 마르크스주의를 무비판적으로 수용한다는 뜻은 아니고, "우리 가운데 다수에게 그것은 역사적인 삶에서 인간의 가능성을 효과적이고 합리적으로 실현하는 최상의 도구로 판명되었고 여전히 판명되고 있는 것 같다"고 말한다.[12] 이 접근은 "이데올로기적으로 타인을 노예로 만드는 것을 가리는 거짓 신학(부유한 세계의 신학, 개발의 신학, '제3의 입장' 등)의 가면을 벗기고 비판하는 일을 가능케 해준다"고 주장한다.[13] 특히 이른바 '제3의 입장'(third position)을 부정하는 데 강조점을 두고 있다. 참된 신학의 필수조건은 마르크스주의의 계급투쟁 분석에 기초하여 억압받는 자를 위한, 그리고 그들과 함께하는 행동에 완전히 헌신하는 것으로 본다. 오로지 이러한 헌신이 있을 때에만 그리스도인은 마르크스주의와 관련하여 비판적인 기능을 발휘할 수 있다. 사실 그리스도인이 좌파나 우파로 치우치지 않은 '제3의 입장'에서 신학을 할 수 있다는 생각은 억압하는 자들의 이익을 몰래 감추는 덮개에 불과하다는 것을 밝혀야 한다.

1. 강력한 논리를 가진 이 입장은 나보다 훨씬 유능한 사람이 검토해야 마땅하지만, 그래도 나로서는 그냥 넘어갈 수가 없다. 먼저, 해방신학의 인식론은 이미 상당한 역사를 가진 마르크스주의 인식론의 변형인 것을 염두에 둘 필요가 있다. 물론 후자가 신학에 적용된 것은 최근에 일어난 현상이지만 말이다. 마르크스와 엥겔스는 자연과학을 객관적 진리에 대한 지식에 이르는 길로 받아들인 것이 분명하지만, 모든 진리 주장이 계급적 특성을 갖고 있다는 마르크스주의 관념은 과학에 대한 마르크스주의의 태도에도 영향을 미칠 수밖에 없다. 스탈린 치하에서는 자연과학이 객관적 진리에 이르는 독자적인 길이라는 관념이 부르주아적 환상으로 비난을 받았다. 그리하여 과학의 역사를 계급투쟁의 견지에서 다시 쓰는 일이 일어났다. 이 이야기는 마이클 폴라니의 「개인적 지식」에 나온다.

> 처음에는 상대성 이론, 양자역학, 천문학, 심리학 등 비교적 최근에 발달한 "부르주아 과학"에 대해 간헐적으로 공격을 퍼붓다가 멘델의 유전법칙을 비난하는 운동에서 절정에 도달했다. 1948년 8월 리셍코(Lysenko, 1898-1976년)가 과학 아카데미에 자신의 생물학적 견해가 공산당 중앙위원회의 승인을 받았고 모든 위원들이 일어나서 만장일치로 그 결정을 내렸다고 알렸을 때 마침내 새로운 입장이 정립되었다.
> 과학의 보편성은 이제 확실히 논박되었다. 보편적 타당성을 주장하는 부르주아 과학의 입장은 기만적 이데올로기라는 그 가면이 벗겨진 한편, 소비에트 과학은 그 당파적 성격 혹은 계급적 성격에 의존하

는 방향으로 나아갔다. 마르크스주의의 이중적 메커니즘 덕분에 모든 과학은 계급적 과학인 셈이고 이는 사회주의 과학에 신빙성을 부여하게 된다. 더 나아가, 공산당을 섬기는 면에서 과학은―새로운 의미에서―또 다른 보편성을 주장하게 된다. 말하자면, 진리의 보편성이 본질적으로 의롭고 역사적으로 불가피한, 장래의 공산주의 세계정부의 승리에 의해 대치되는 것이다.

　소비에트 과학에 신빙성을 부여하는 이 방법에 따르면 '객관성'과 '당파성'의 이중적 의미는 자기모순이 없는 셈이다. 하지만 객관성과 보편적 타당성을 주장하는 부르주아 과학의 입장은 그 어떤 과학이나 역사나 철학의 주장도 객관적일 수 없으며, 사실은 모두가 당파적 무기라는 이유로 거짓 주장인 것으로 드러난다. 동시에, 마르크스주의는 정치를 과학으로 만들었으며, 이 과학은 모든 정치행동을 사회적 조건에 대한 아주 객관적인 평가에 기초를 두게 했다고 주장하며, 부르주아적 객관성을 당파적인 것으로 노출시킨 것이 마르크스주의적 객관성의 실례라고 한다. 그러나 이러한 객관성은 보편성을 주장하지 않는다. 만일, 이를테면 부르주아 계급에게 그것을 객관적인 것으로 수용하도록 설득할 수 있다고 주장하면, 그것은 자기모순에 빠지기 때문이다. 그러므로 마르크스주의는 스스로 프롤레타리아 당파의 무기라는 의미에서만 객관성을 주장할 뿐이다. '객관성'이나 '당파성'을 놓고 옳거나 그르다고 말할 수는 없고, 오직 옳은 것(곧 떠오르는 것)은 사회주의이고 그른 것(곧 스러지는 것)은 자본주의일 따름이다. 따라서 스탈린 정권이 소비에트 학자들에게 (보편적 타당성이란 의미의) 객관성을 피하고 그 대신 사회주의 당파성의 지도를 받으라고 요구한 것은 마르크스주의가 스스로 객관성을 주장한 것과 일관성이 있는 것이다.[14]

이런 입장이 소비에트 과학에 치명적인 결과를 가져왔다는 사실은 '탈스탈린주의화' 과정이 시작되고 자연과학이 그 이데올로기의 통제권에서 해방되었을 때 비로소 드러났다. 하지만 사회과학의 영역에서는 그와 같은 해방이 일어나지 않았다. 그리고 구소련 바깥의 사회에서 수행되는 인문과학과 사회과학 연구 역시 마르크스주의 이데올로기의 영향에서 벗어났다고 말할 수 없다. 예를 들면, 성경에 대한 "유물론적 해석"을 거론할 수 있는데, 이는 성경의 자료를 이스라엘 역사에서 여러 집단들의 권력에의 의지를 표현한 것으로 이해해야 한다는 견해다.

2. 나는 해방신학자들이 신학은 마르크스주의 분석을 수용해야만 그것을 기초로 작동할 수 있다고 주장하기에 앞서 이 이야기가 주는 교훈을 깊이 성찰하기를 바란다. 우리는 굳이 그들이 배격하는 형이상학적 관념론을 채택하지 않고도 "아무도 실천 바깥에 있는 어떤 규범에 호소하거나 그것을 활용할 수 없다"는 진술을 부인하는 일이 가능하다.[15] 우리는 (보니노가 동의하듯이) 성경 텍스트에 나오는 증언에 따라 하나님의 존재와 약속에 관한 그분의 계시에 호소할 수 있다. 물론 보니노의 말처럼 "우리는 언제나, 우리 자신의 행위든 다른 누군가의 행위든, 이미 실천행위로 구체화된 텍스트를 읽는 것"이 사실이지만,

그렇다고 해서 성경 텍스트가 자기 손에 성경을 들고 있는 사람들의 실천행위에 대한 심판의 자료로 작동하고 있고 또 항상 작동해 왔다는 사실이 바뀌지는 않는다.

내가 주장했듯이, 하나님의 뜻을 행하지 않고는 하나님을 알 수 없다고 성경이 가르치는 것은 사실이다. 그러나 만일 우리가 복음과 '과학적 분석'을 나란히 놓고 후자를 실제 상황과 실행 과제를 파악하게 해주는 일차적이고 독자적인 출처로 삼는다면, 우리는 성경으로부터 완전히 떠난 셈이다. (흔히 해방신학을 대중화시켜 하나님이 "우리 인간의 필요와 열망을 통하여" 말씀하시는 것을 우리가 들을 수 있다고 하는데,[16] 이는 더 심각한 문제다.) 복음이 나에게 요구하는 것, 내가 하나님을 알 수 있는 필수조건은 바로 그리스도의 공동체 안에서, 그리고 이 공동체를 통하여 예수 그리스도의 부르심에 순종하는 일이다. 내가 실제 상황과 실행 과제를 파악할 때 참조점으로 삼을 궁극적인 모델은 성경 이야기가 제공해 준다. 그렇다고 내가 속해 있는 정치와 문화, 경제 현실에 대한 과학적 분석의 필요성이 없어지는 것은 아니다. 그러나 이런 분석이 성경 이야기가 제공하는 기본 모델을 대신할 수는 없으며, 따라서 그 분석을 수용하지 않는 사람들을 그리스도의 공동체에서 쫓아내는 근거가 될 수 없다.

3. 나는 물론 내가 방금 쓴 문장이 서유럽 부르주아 사회에 속한 나의 정치적이고 경제적인 이해관계의 산물로 "그 정체가 폭로될 수" 있음을 알고 있다. 나는 나의 이해관계를 부인하지 않는 것은 물론이고,

(라틴아메리카의 상황과 다른) 오늘날 서유럽의 상황에서 마르크스주의나 고삐 풀린 자본주의를 수용하지 않는 그런 민주주의 사회를 개발하는 일에 내가 부름을 받았다는 신념도 부인하지 않는다. 어떤 상황에서는 그리스도인이 구제불능의 불의한 정권을 타도하는 것밖에 다른 대안이 없다고 판단을 내리는 것이 당연하다는 것을 나도 인정한다. 그리스도 안에 있는 기독교 공동체는 이런 상반된 정치적 결정을 서로 허용할 필요가 있기 때문에, 나는 기독교적인 순종은 그들의 대적을 구원해야 할 죄인으로 취급하지 않고 축출해야 할 이단으로 취급하도록 요구한다고 보는 해방신학의 견해를 배격하는 것이다.[17] 더 나아가, 해방신학자들이 채택한 '정체 폭로'라는 마르크스주의 용어도 다시 검토할 필요가 있다. 마이클 폴라니는 마르크스주의가 얼마나 놀라운 방식으로 자신의 작전은 "과학적 객관성"이라는 미명하에 숨기는 한편으로 추종자의 도덕적 열정을 불러일으킬 수 있는지를 잘 분석했다. 말하자면, 부르주아 계급에서 나오는 도덕적 정서는 그 계급의 자기이익이 작용한 결과인 것으로 "그 정체가 폭로되는" 반면에, 프롤레타리아의 자기이익은 최고의 도덕적 가치로 충만해 있으며 프롤레타리아의 실천행위 외에는 진리의 처소가 없기 때문에 거기에 의문을 제기할 수 없다고 한다. 현재 우리가 진행 중인 논의로 볼 때 이 점이 무척 중요하므로 좀 길긴 하지만 다음과 같은 마이클 폴라니의 글은 충분히 인용할 만한 가치가 있겠다.

그 과정을 이해하려면, 당신은 처음부터—마르크스와 같이—사회주의를 향한 열정과 자본주의에 대한 공포심으로 충만한 상태라고 상상해야 한다. 이러한 견지에서 자유, 정의, 형제애와 같은 이념들을 고찰하면, 당신은 이 원칙들에 기초한 나폴레옹 법전이 봉건주의 질서를 파괴하고 유럽 전역에서 사기업 시스템과 함께 부르주아 계급을 위한 길을 열어 주는 데 굉장히 효과적으로 작용했음을 알 수 있을 것이다. 그리고 그것이 이후로 자본주의의 수호신으로 남았다는 것도 알아차릴 것이다. 그러므로 부르주아적 이념들은 자본주의가 전복시킨 봉건주의와 자본주의가 영원히 노예상태로 묶어 놓으려는 프롤레타리아를 모두 반대하는 면에서 바로 자본주의의 상부구조임이 드러날 것이다. 그리고 부르주아 계급의 이익은 부르주아의 도덕적 이념 속에 내재되어 있는 것이 보일 것이다. 이것이 첫 번째 종류의 내재성, 곧 마르크스주의의 부정적인 가지다.

이제 다른 편에 있는 사회주의 혁명을 생각해 보라. 당신은 노동자들이 자본주의를 타도하고 자유와 정의와 형제애가 충만한 사회를 세우는 모습을 보고 싶은 열정으로 가득 차 있다. 그런데 당신은 자유와 정의와 형제애 같은 정서적 어구를 멸시하기 때문에 이런 것들의 이름으로 혁명을 요구할 수는 없다. 그래서 당신은 사회주의를 하나의 유토피아로부터 하나의 과학으로 전환시켜야 한다. 당신은 "프롤레타리아 계급"이 생산수단을 전용함으로써 현재 자본주의에 의해 막혀 있는 부(富)의 흐름이 풀려날 것이라고 주장하게 된다. 이 주장은 사회주의의 도덕적 열망을 충족시켜 주고, 따라서 이런 열망으로 충만한 자들에 의해 과학적 진리로 받아들여진다. 이것이 두 번째 종류의 내재성,

곧 마르크스주의의 긍정적인 가지다. 이처럼 마르크스주의는 도덕적 정서를 과학의 가면으로 가림으로써 그것이 단순한 감정주의로 비난받는 것을 방지하고, 동시에 그 정서에 과학적 확실성의 의식을 부여한다. 그리고 다른 한편으로, 유물론적 목적에 도덕적 열정을 불어넣는다.

이제 우리가 볼 수 있듯이, 마르크스주의의 이 두 가지는 도덕이 그 자체의 내재적 힘을 갖고 있음을 부정함으로써 작동하고 있고, 그러면서도 바로 그 행위를 통해 도덕적 열정에 호소하고 있는 것이다. 첫 번째 경우는 부르주아 이념들을 내재적인 부르주아 이해관계의 견지에서 분석하고 있는데, 이 분석의 숨은 동기는 자본주의를 비난하는 데 있기 때문에 부르주아의 위선을 폭로하는 쪽으로 향한다. 그런데 도덕적 요구를 물질적 이해관계의 견지에서 분석하는 이런 입장은 상당히 널리 적용되는 것인 만큼, 그것은 정체 폭로 작업을 하는 자들의 도덕적 동기 역시 신뢰할 수 없는 것으로 만들 수 있다. 그러나 동기가 공개적으로 선언되지 않기 때문에 그 정체가 폭로될 위험이 없어서 안전하다. 이러한 도덕적 동기는 부르주아 이데올로기의 정체를 폭로함으로써 도덕적 심판을 전혀 내리지 않고도 사람들 속에 강력한 도덕적 열정을 불러일으키게 된다. 그리고 정체 폭로 작업을 순전히 과학적인 용어로 선언함으로써 도덕적 목적을 지향한다는 의심을 받지 않은 채 상당한 선전효과를 누리게 된다.

이와 같은 "과학적 주장들"이 받아들여지는 것은 물론 그것들이 도덕적 열정을 만족시켜 주기 때문이다. 우리는 여기에서 부르주아 이데올로기 이론과 그 저변에 깔린 숨은 동기 사이에 '자기 확증적 메아리 현상'(self-confirmatory reverberation)이 일어나는 것을 본다. 이를 가리켜 나는 역동-객관 결합(dynamo-objective coupling)의 특징적인 구조라고 부른다. 도덕적 열정을 충족시켜 주기 때문에 받아들여지는 "과학적 주장들"은 이런 열정을 더욱 부추길 것이고, 그래서 문제가 되는 과학적 주장에 더 큰 설득력을 부여해 주는 식으로 계속 이어진다. 더구나 이런 역동-객관 결합은 자기를 변호하는 능력도 뛰어나다. 이 결합의 과학적 부분을 비판하면 그 배후의 도덕적 열정에 의해 반박을 당하고, 도덕적 반론을 제기하면 그것이 이룩한 과학적 발견의 가차 없는 판결에 의해 퇴짜를 맞는다. 이처럼 역동적인 부분과 객관적인 부분은 각각 다른 하나가 공격을 받으면 그로부터 주의를 돌리는 작업을 수행한다.[18]

해방신학자들은 사회정치적 상황에 대한 마르크스주의 분석을 그들 신학의 출발점으로 삼음으로써 부르주아 신학자들에게 무력감을 안겨 주는 무기로 무장한 셈이다. 부르주아 신학자는 물론 마르크스주의 사상이 정치권력의 옷을 입으면 무슨 일이 벌어지는지를 지적할 수 있다. 그러나 이런 지적은 생각처럼 그리 쉽지 않다. 다른 마르크스주의 국가들은 구소련의 경험으로부터 '탈스탈린주의화' 같은 현상이 얼마나 위험한 결과를 초래하는지를 보고 배웠기 때문이다. 중국의 새로운 통치계급은 마오쩌둥의 정책을 위해 '사인방'을 희생양으로 이용함으로써 이 문제를 해결했다. 마르크스주의는 '인권'과 '자유' 같은 부르주아적 개념들을 불신하게 만드는 나름의 방법을 갖고 있다. 이제 나는 자연과학과 관련하여 완전히 신빙성을 잃은 마르크스주의 인식론이 이제는 "신학을 하는" 새로운 방식으로 결코 성별될 수 없다고 주장하지 않을 수 없다. 참된 신학이 실천행위의 맥락에서만 정립될 수 있다는 것은 논란의 여지가 없다. 우리가 말하는 "학문적 신학"이 헌신과 믿음과 순종과 분리된 신학을 의미한다면 그런 신학은 있을 수 없으며, 이 점에서는 해방신학자들의 주장이 옳다. 내가 생각하기에 그들의 잘못은 이러한 헌신(믿음과 순종)과 마르크스주의적 사회분석을 동일시한 점에 있다. 실은 어떤 대의나 프로그램에 헌신하는 것이 아니라 한 인물에 헌신해야 한다. 선교의 중심에는 언제나 예수 그리스도의 공동체 안에서 그분에게 헌신하도록 족구하는 목소리가 있어야 한다. 이제 이것을 고찰할 차례가 되었다.

9장_ 교회성장, 회심, 문화

Church Growth, Conversion, and Culture

선교는 아버지의 나라를 선포하는 일이고 우주 만물을 다스리는 하나님의 통치와 관련된 것이다. 그러므로 교회는 복음의 논리에 이끌려 그 나라의 선포를 넘어 세상의 삶 속에서 하나님의 정의를 실현하기 위한 온갖 행동에까지 손을 뻗치게 된다는 것을 살펴보았다.

그러나 선교는 또한 아들의 삶을 나누는 일이기도 하다. 하나님의 나라가 이 세상의 삶 속에 현존하는 것은 예수 안에서 이루어지는 일이고, 이 현존은 예수를 주님으로 고백하는 공동체이자 그분에게 속한 공동체 안에서—십자가의 표지 아래서—계속 이어지기 때문이다. 그러므로 이 공동체가 어떻게 성장하고 또 선교를 통해 어떻게 유지

되는지에 관해 논의할 필요가 있다. 어느 곳에 있는 교회든 교회가 어떻게 탄생하여 성장하는지에 관심을 기울이지 않는다면, 해방의 도구로서 교회가 맡은 과업―우리가 그 과업을 어떻게 이해하는지 상관없이―에 관해 이야기하는 것은 아무 소용이 없을 것이다. 만일 여러분이 어떤 과업을 수행하기로 되어 있는 기관에 관심이 없다면, 그 과업에 관해 이야기하는 것은 쓸데없는 짓이다. 우리는 "어떤 일이 수행되어야 하는가?" 하고 물을 뿐 아니라 "누가 그 일을 할 것인가?"라는 질문도 던져야 한다. 복음서에 따르면, "하나님의 나라가 가까이 왔다"는 복음의 선포에 이어 베드로와 안드레, 야고보와 요한이 예수님을 쫓아 그 나라의 일에 동참하라는 개인적인 부르심을 받았다. 그러므로 사람들에게 회심하고, 예수님을 따르며, 그분 공동체의 일원이 되라고 초대하는 일이 언제나 선교의 핵심이어야 한다.

오늘날 영향력이 지대한 어느 선교 학교는 이러한 사역을 그 중심으로 삼고 있다. 미국의 풀러 신학교 내 세계선교 학교의 교회성장 연구소는 도널드 맥가브란(Donald McGavran) 박사의 지도 아래 세계 곳곳에 있는 선교단체들에게 왜 교회가 성장하지 않는지 스스로 물어보라고, 의도적으로 교회성장을 위한 계획을 세우라고, 교회성장을 선교사역의 정상적인 경험으로 기대하라고 촉구했다. 맥가브란 박사의 확신은 본인이 인도에서 겪은 경험에서 나온 것이었다. 거기에서 일하는 동안 그는, 일부 교회들이 빠르게 성장하는 데 비해 비슷한 상황에 처한 다른 교회들은 정체 상태를 면치 못하고 있는 현상을 목격했다. 이처럼 대조적인 결과는 대조적인 선교방법에서 나온 결과라고 그는 생각했다. 한편에서는 '선교 기지'(mission station)를 중심으로 하는 선교방법을 택하고 있었다. ('선교'는 간다는 뜻이고 '기지'는 움직이지 않는다는 뜻이므로 '선교 기지'는 어불성설이라고 생각해도 무방할 것이다. 그런데도 그것은 근현대 대부분의 기간 동안 선교 프로그램의 중심 요소였다.) '선교 기지' 중심적 접근은 회심자들이 자신들이 속한 전통적인 공동체에서 분리되어 외국 선교기관에 밀착하게 되고, 외국 선교사의 윤리적, 문화적 기준을 따르도록 되어 있다. 이런 정책은 두 가지 결과를 낳았다. 한편으로, 회심자는 이질적인 문화 속에 이식된 만큼 더 이상 비그리스도인 가족과 친척과 이웃에게 영향을 미칠 수 있는 입장이 아니다. 다른 한편, 선교의 에너지는 선교사들이 복음의 요건이라고 생각하는 기준에 회심자들이나 그들의 자녀를 맞추려는 노력으로 완전히 소모되고 만다. 이 두 가지 요인으로 말미암아 교회는 더 이상 성장하지 못한 채 제자리걸음만 하게 된다. 사회적 활동을 수행하는 학교와 대학과 병원과 프로그램은 증가하지만 교회는 성장이 멈추고 만다. 맥가브란은 이 같은 실패의 원인을 대위임령에 대한 잘못된 해석에서 찾는다. 마태복음 28:18-20에 따르면, 예수님은 사도들에게 모든 민족을 제자로 삼고, 세례를 베풀고, 가르치라고 지시하셨다. 이 세 단어의 순서는 그들이 지켜야 할 우선순위와 같은 것이다. 선교사역의 일차적인 과업은 제자를 삼고 세례를 베푸는 일이다. 가르침은 다른 과업들에 앞서는 것이 아니라 뒤따라와야 한다. 물론 사람들에게 예수께서 분부한 모든 것을 가르쳐 지키게 하는 것도 교회의 과업이지만, 이는 그들이 교회의 일원이 된 뒤에야 할 수 있는 일이다.

'선교 기지' 중심적 전략이 교회성장을 멈추게 만든 것은 회심자를 온전하게 세우는 사역이 제자를 삼는 데 투자했어야 할 에너지를 모두 고갈시켜 버렸기 때문이다. 이와 반대로, '민중운동' 중심적 전략은 모든 사회집단이 집단적으로 복음을 영접하도록 열심히 격려한다. 이 경우에는 전통과의 관계가 단절되지 않는다. "사람들은 사회적 위치가 바뀌지 않은 채 그리스도인이 되기 때문에 그에 따라 교회도 기존 사회의 지도력과 충성심을 그대로 보유하게 된다. 그러므로 교회는 좀 더 안정적이고 자급자족할 뿐 아니라 핍박을 받아도 더 잘 견디게 된다."[1] 민중운동이 낳은 교회들은 성장하기 쉽고, 사실상 타종교 출신 그리스도인의 절대다수는 이런 방식을 통해 믿음을 갖게 되었다.

'세계복음화를 위한 국제대회'(1974년, 로잔)를 위해 준비한 맥가브란의 발표문은 그의 관심사를 다음과 같은 논지로 설명하고 있다.

1. 수많은 민족들이 아직도 복음을 모르고 있는데, 그들은 그리스도를 믿는 이웃 민족에 의해 복음화될 가능성이 거의 없다.
2. "하나님은 세계의 다양한 문화들을 용납하시기 때문에" 그들은 그들 문화에 속한 언어로 복음을 들어야 한다.
3. 그러므로 의도적으로 문화의 장벽을 뛰어넘는 일이 반드시 필요하다. 동일한 문화권과의 접촉을 통한 자연스러운 교회성장은 이 일을 해낼 수 없을 것이다.
4. 우리의 목표는 인류를 구성하는 문화적 모자이크의 각 조각마다 "그 조각에 어울리고 그 문화에 잘 적응한 기독교회를 세우는 일"이다.

5. 미래는 민중에게 속해 있다. 그들 안에는 "좋은 소식에 대한 감수성이 내장되어 있다." 그러므로 올바른 방법을 따른다면 굉장한 성장이 가능하다.

이처럼 짧게 요약하기는 했지만 맥가브란의 사상은 사실 다양한 상황을 다루는 여러 권의 책으로 집대성되어 있다. 여기에 한 가지 덧붙일 점은, 선교에 가용한 자원들을 급속한 교회성장이 가능한 장소와 이를 성취할 만한 방법에 사용해야 한다고 일관되게 주장했다는 사실이다. 선교사역의 구체적인 과업은 "모든 민족을 제자로 삼는 일"이다. 따라서 선교사역의 성공 여부는 바로 이 일에 의해 평가되어야 한다.

만일 내가 교회성장 선교학파의 가르침을 공정하게 요약했다면, 여기에 여러 가지 중요한 진리가 내포되어 있는 것이 드러났으리라고 믿는다. '선교 기지' 중심적 전략에 대한 비판은 상당한 설득력을 갖고 있다. 아울러 맥가브란의 말대로, 선교사역이 제자를 삼는 일보다 온전케 하는 일을 우선시함으로써 예전의 율법주의의 함정에 빠진 것도 사실이다. 그리하여 해방을 주는 복음이 새로운 율법을 옹호하는 입장이 되어 버린 것이다. 그 결과 교회는 공동체가 함께 모여 자유를 경축하는 장소가 아니라, 율법의 시험을 통과해야 할 학교와 같이 변해 버렸다.

더 나아가, 그리스도인들은 계속해서 왜 그들의 교회가 성장하지 않는지, 그리고 왜 복음을 들은 적이 없는 수많은 사람들 혹은 복음을 들었으나 그것을 거부한 사람들에 대해 그토록 관심이 없는지를 스스로 물어보지 않으면 안된다는 것도 지당한 말이다.

교회성장 선교학파는 적어도 다음 세 가지 영역에서 기본적인 질문을 제기했다.

1. 수적인 교회성장과 하나님 나라의 메시지와의 관계
2. 회심의 뜻과, 제자 삼는 일과 온전케 하는 일 사이의 관계
3. 복음과 교회와 문화의 관계

이제 이 세 가지 이슈를 차례대로 살펴보자.

I

1. 어떤 대의에 헌신한 사람은 그와 함께 헌신한 사람이 많아지면 기뻐할 것임이 분명하다. 예수님을 주님이요 구원자로 알고 있는 자는 당연히 많은 사람들이 그분을 알게 되면 기뻐하고 그분이 무시되거나 거부당하면 슬퍼할 것이다. 이는 도무지 부정할 수 없는 사실이다. 우리가 사도행전에 기록되어 있는 교회의 초창기 시절로 눈을 돌리면 수적인 성장에 상당한 관심이 있었던 것을 볼 수 있다. 오순절 하루만 해도 신자가 삼천 명이나 늘어났다(행 2:41). 조금 지난 뒤에는 믿는 남자가 오천 명에 이르렀고(행 4:4), "제자가 더 많아"졌으며(행 6:1), "제자의 수가 더 심히 많아"졌다(행 6:7)는 기록을 접하게 된다. 베드로가 체포되었다가 풀려난 뒤에도 "하나님의 말씀은 흥왕하여 더하더라"(행 12:24)는 증언을 듣고, 바울이 2차 선교여행을 시작할 때에

이르면 시리아와 길리기아에 있던 교회들의 "수가 날마다 늘어 가니라"(행 16:5)고 했다.

그런데 교회의 초창기에는 이와 같은 수적인 성장을 무척 기뻐했던 것이 분명하지만, 신약성경의 나머지 부분은 수적인 성장에 거의 관심을 두지 않는다는 것도 주목할 필요가 있다. 공관복음서를 보면 예수님은 대규모 숫자에 관심이 없었다는 인상을 받게 된다. 물론 씨 뿌리는 비유에는 씨가 좋은 땅에 떨어져서 놀라운 결실을 맺는 것을 기뻐하시는 모습이 암시되어 있지만(막 4:8), 아울러 잃어버린 양 한 마리를 찾았을 때 너무도 기뻐하시는 모습도 나온다(눅 15:3-7). 오순절 이후 신자들이 크게 배가된 현상을 기쁘게 기록했던 누가가, 그와 동시에, 다가오는 하나님의 나라는 그것을 기대하고 그것을 위해 기도하는 사람들의 숫자에 달려 있지 않다고 시사하는 예수님의 말씀을 여러 차례 기록하고 있는 것도 참으로 흥미로운 사실이다. "적은 무리여 무서워 말라. 너희 아버지께서 그 나라를 너희에게 주시기를 기뻐하시느니라"(눅 12:32). "인자가 올 때에 세상에서 믿음을 보겠느냐"(눅 18:8). 제자들의 숫자보다 그들의 신실함이 더 강조되고 있는 것이다.

서신서를 연구해 보아도 수적인 성장에 관심을 두는 대목은 없는 것 같다. 예컨대, 바울의 경우 교회의 크기나 성장의 문제에 관심을 표명하는 모습을 찾을 수 없다. 그의 일차적인 관심은 그들의 신실함, 그들 증언의 성실성에 있다. 그 자신에 대해서는 "그리스도의 복음을 편만하게 전하여" 그가 "이방인을 제물로 드리는 것이 성령 안에서 거룩하게 되어 받으실 만하게" 되는 것에 관심이 있었다(롬 15:15-19). 그가 기꺼이 "여러 사람에게 여러 모습이 된 것은 아무쪼록 몇 사람이라도 구원하고자" 함이었고(고전 9:22), 복음을 위하여 모든 것을 행함은 "내가…… 복음에 참여하고자" 함이었다(고전 9:23). 베드로는 신자들에게 "너희 속에 있는 소망에 관한 이유를 묻는 자에게는 대답할 것을 항상 준비하되 온유와 두려움으로" 하라고 권면하고 있다(벧전 3:15). 이런 구절들을 보면 그리스도인의 증언의 성실성에 대해서는 깊은 관심이 있으나 교회의 급속한 성장에 대한 염려나 열정은 조금도 찾을 수 없다. 그러므로 하나님의 통치가 승리하는 것은 결코 교회의 성장에 달려 있다고 할 수 없다.

요한이 쓴 복음서와 편지들은 세상에 대해 지속적인 관심을 보이고 있다. 바로 이 세상을 위해 아버지께서 아들을 보내셨고, 바로 이 세상 속으로 아들이 교회를 보냈기 때문이다. 그러나 어디를 보아도 세상의 구원이 교회성장에 달려 있다고 암시하는 대목은 없다.

그러므로 신약성경의 가르침을 정리하자면, 한편으로는 교회의 가장 초기에 교회의 급속한 성장을 크게 기뻐하는 모습을 볼 수 있으나, 다른 한편으로 교회의 수적인 성장을 주관심사로 삼고 있다는 증거는 찾을 수 없다고 말하지 않을 수 없다. 바울의 편지들을 아무리 살펴보아도, 그가 교회의 성공을 급속한 수적 성장으로 평가했다거나, 오늘날 일부 전도자들이 주장하듯이 세상의 구원이 신자의 수적 증가에 달려 있다는 식으로 주장한 것을 도무지 찾을 수 없다. 사도 바울이 그 자신과 모든 사람이 반드시 "그리스도의 심판대 앞에 나타나게 되어 있다"는 사실을 묵상하고, 예수님의 사랑이 그를 강권하는 것과 그가 받은 화목하게 하는 직분을 인식하는 순간에는 실로 굉장히 심각하고 시급한 감정을 품고 있음을 알 수 있다(고후 5:10-12). 그러나 이 같은 감정이 교회의 수적인 성장에 대한 염려나 열정으로 나타나는 곳은 전혀 찾을 수 없다.

2. 이제 우리가 신약성경에서 후대의 교회 역사로 눈을 돌리면, 시기에 따라서 급속한 수적인 성장, 정체, 감소 등 다양한 현상이 일어난 것을 볼 수 있다. 콘스탄티누스 황제의 회심 이후에는 교회가 크게 성장했다. 그리고 북서부 유럽의 부족들이 회심한 기간과 스페인이 중앙아메리카와 남아메리카를 정복한 기간에도 수적인 증가가 있었다. 하지만 그 기간들을 돌이켜보면 우리는 그리 만족스럽지 않은 느낌을 갖게 된다. 16세기 스페인의 이른바 '정복의 시대'에는 중남미의 부족들이 대규모로 강제 세례를 받았기 때문에 진정한 회심이 아니었다. 그러므로 이 점은 제자 삼는 일이 "온전케 하는 일"보다 앞서야 한다는 맥가브란의 논리를 입증해 주지 못한다. 맥가브란의 논리에 따르면 스페인과 포르투갈 선교사들이 행한 방식은 아무런 잘못이 없는 것처럼 보인다. 그리고 처음에 이런 식으로 기독교로 전향한 많은 집단이 결국은 건강하고 활발한 기독교 공동체가 되었고 이후로도 그런 상태를 유지할 수 있었다. 이를테면, 인도의 코로만델 해안에 살던 파라바족은 1534년에 포르투갈이 무슬림 침략자로부터 그들을 보호한다는 명목으로 대규모 세례를 준 부족이다. 그들에게 신앙의 내용을 가르치는 사역은 프란치스코 하비에르에 의해 8년 뒤에

야 수행되었지만, 그동안 그들은 인도에서 가장 강하고 안정된 기독교 공동체로 남아 있었다. 맥가브란의 논리는 상당한 장점을 갖고 있는 것이 사실이지만, 군사력과 정치력과 경제력에 힘입어 급성장한 교회는 그리스도의 몸으로서의 진정한 면모를 갖추기가 어렵다는 것 또한 사실이다.

그리고 세속적인 영향에 힘입어 급성장한 예를 굳이 들지 않더라도, 교회가 자기 확장에 주된 관심을 갖고 있을 때 과연 십자가에서 죽고 부활한 예수님을 가장 신실하게 증언하고 있는지, "그 몸에 예수의 죽음을 짊어지고 가는" 공동체의 면모를 갖고 있는지 여부를 물어보아야 한다. 수적인 성장이 교회에 대한 평가 기준이 될 때 우리는 마치 군사작선을 펼치거나 상업적인 판매활동을 선전하는 것처럼 생각하기가 쉽다. 다음과 같은 문장은 자원이 풍부한 큰 선교단체의 이사회에서 수용할 만한 것일지는 몰라도 이런 "작전"이 벌어지는 선교지 주민들에게는 전혀 다르게 들릴 것이다. "반응이 없는 지역은 **가볍게 점령해야** 한다. 기독교에 저항하는 지역에서 선교사들이 **전격전**을 벌이면 지역 종교 지도자들을 깜짝 놀라게 만들고 주민들의 불신을 더욱 강화시키게 된다. 거기에서는 **가볍게** 증언하는 편이 낫고, 그 문화가 반응을 보이기 시작할 때 화력을 크게 보강할 준비를 갖추라."[2]

3. 나는 이제 이 논의를 시작할 때 개진한 논점으로 되돌아왔다. 예수 그리스도를 주님이요 구원자로 알고 있는 사람은 누구나 다른 이들도 이 지식을 공유하게 되기를 간절히 바라고, 또 그런 사람들이 많아질

수록 기뻐해야 마땅하다. 만일 이러한 바람과 기쁨이 없다면 교회 자체에 무슨 문제가 있지 않은지 당연히 물어봐야 한다. 그러므로 맥가브란이 우리에게 "어째서 신자의 증가에 대한 관심과 신자가 증가하고 있다는 증거가 이 정도밖에 되지 않는가?" 하고 의문을 제기하도록 촉구하는 것은 옳은 태도다. 아울러 선교사역이 그 중심에 해방을 가져오는 복음을 두지 않고, 선교사가 설정한 윤리적, 문화적 기준을 따르라는 요구를 하는 관행을 비판하는 것도 올바른 지적이다. 또한 선교사는 복음전도, 양육, 선지자적 증언, 정의와 연민의 사역을 포괄하는 전반적인 과업이 아니라 "제자 삼기"라는 보다 제한된 과업을 갖고 있다고 주장하는 점도 타당하다. 여기서는 몇 가지만 열거했지만 사실 교회의 소명을 전부 거론하자면 이보다 훨씬 많은 과업이 포함되어야 한다. 다만 선교사는 아주 폭넓은 스펙트럼 내에서 무척 제한된 소명, 곧 "모든 민족을 제자로 삼는 일"에 부름받았다는 것을 강조하고 싶을 뿐이다. 그렇다고 물론 다른 과업들을 그냥 내버려 두라는 말이 아니다. 선교사가 본래 받은 구체적인 소명—"모든 민족"을 예수 그리스도에게 복종케 하는 일—에서 빗나가지 않도록 해야 한다는 말이다.

맥가브란의 논점과 바울이 자신의 선교사역을 개관하는 내용 사이에는—전체적이 아닌—부분적인 상응관계가 있다. 바울은 로마 교회에 보낸 편지에서 자신의 여행 계획에 관해 쓰면서 "예루살렘으로부터 두루 행하여 일루리곤까지 그리스도의 복음을 편만하게" 전하였기 때문에 "이제는 이 지방에 일할 곳이 없고"라고 말한다(롬 15:17-23). 말하자면, 그는 한 특정 지방에서 선교사로서 맡은 일을 완수했다고 말할 수 있는 입장이다. 그의 말은 결코 다음 세 가지를 의미하는 것은 아닐 것이다. 그 지방의 모든 주민이 다 회심하고 세례를 받아 교회에 영입되었다는 것, 세례를 받은 사람들이 모두 완전히 성숙한 그리스도인이 되어 더 이상 "온전케 하는 일"이 필요 없다는 것, 그 지방에 사는 사람은 하나도 빠짐없이 복음을 들었다는 것 말이다. 그렇다면 그는 어떤 의미에서 자기의 일을 완수했다고 말한 것일까? 우리가 알고 있는 바울의 복음전파 전략에 비추어 보면, 그의 복음전파와 성령의 사역을 통하여 그 지방 전역에 하나님께 향기로운 제물로 드려진 이방인의 첫 열매인 성도들의 공동체가 형성되었다는 뜻으로 이해할 수 있을 것이다. 이러한 성도들의 공동체, 곧 하나님께서 부르시고 자신의 것으로 주장하신 공동체의 탄생이 바로 바울의 수고가 낳은 열매다. 아볼로가 고린도에서 그랬듯이 다른 이들이 바울 뒤에 와서 그가 놓은 기초 위에 교회를 세울 수도 있을 것이다(고전 3:5-15). 그가 맡은 선교사역은 명확하고 제한되고—문자 그대로—기본적인 과업이다. 그는 교회의 초석을 놓도록 보냄을 받았으며 그 초석은 바로 그리스도다. 달리 말하면, 그의 사역이 낳은 결과는 예수 그리스도를 주님으로 고백하는 공동체다. 일단 이러한 공동체가 존재하게 되면 선교사는 자신의 본분을 다한 셈이다.

4. 바울이 이해한 사도적 소명에 관해 논의하다 보니 또 다른 선교학자를 언급하지 않을 수 없다. 그는 맥가브란처럼 19세기와 20세기 초의 선교방법에 대해 끈질긴 비판을 했던 롤런드 앨런(Roland Allen,

1868-1947년)으로서 1903년까지 중국에서 선교사로 일했던 인물이다. 이후에 그는 (맥가브란처럼) 연구소를 설립하지는 않았지만, 당시의 선교방법이 바울의 그것과 같지 않다는 것을 끈질기게 주장하는 일련의 책과 글을 썼다. 그는 바울이 10년 간 이루었던 업적을 현대 선교사역이 한 세기 동안에도 이루지 못했다고 보았다. 바울은 네 개의 큰 지역에서 자신의 사역을 완수했다고 말할 수 있었다. 이와 대조적으로, 앨런 당시 아시아에서의 선교사역은 여전히 시작에 불과할 뿐 끝이 보이지 않았다. 그렇다면 무슨 이유로 이런 차이점이 생겼을까?

앨런은 바울의 선교방법을 고찰한 결과 현대적 방법과는 다른 네 가지 결정적인 차이점을 발견할 수 있었다.

(ㄱ) 복음을 전파한 결과로 기독교 공동체가 탄생했을 때, 바울은 모든 책임을 그 지역의 리더십에게 위탁하고 다른 곳으로 나아갔다. 그는 현대 선교사들처럼 선교센터를 짓지 않았던 것이다! 이 선교사는 새로운 회심자들을 "그들이 믿는 주께 그들을 위탁하고"(행 14:23) 다른 곳으로 나아간다. 그의 임무는 완수되었다.

(ㄴ) 바울은 새로운 교회와 재정적인 관계를 수립하지 않는다. 기관에서 주는 보조금 같은 것은 없다. 새로운 회심자들은 그리스도인이 된다고 해서 그들의 독립성을 잃지 않는다.

(ㄷ) 그들은 성인으로서의 지위도 잃지 않는다. 어린아이 취급을 받지 않는다는 말이다. 바울은 어디에서도 십계명과 같은 식으로 교회법을 제정하지 않는다. 자문을 구하면 충고를 하지만, 그의 충고는 대체로 주변 사회에서 일반적으로 인정하는 윤리적 가르침에 바탕을 둔

것이었다. 심지어는 우상숭배에 관한 문제에 대해서도 권위적인 규율을 정하지 않고 오히려 그들의 최선의 판단에 맡겼다(고전 10:14-22). 사도행전 15:29의 법령에도 불구하고, 바울은 우상에게 바쳐진 음식의 문제에 관하여 구속력 있는 규율의 제정을 삼가고 있다(고전 8장). 심지어는 배교에 상당하는 죄를 범한 갈라디아 교인들을 다룰 때조차 부하를 대하듯 그들에게 명령하지 않고 성인을 대하듯 그들과 변론하고 있다. 물론 그가 괴로워하면서 그들을 어린아이 대하듯 말하는 장면은 그 자신의 영적인 고뇌를 보여주는 생생한 증거지만, 곧이어 따라오는 논증은 미묘하면서도 열정적인 논리를 충분히 소화할 수 있는 성숙한 남녀들에게 제공된 것이었다(갈 3-4장). 이 모든 방식은 선교사들이 흔히 "그들의" 회심자들의 영적 성숙을 지도하는 방식과는 천양지차다.

(ㄹ) 끝으로, 어쩌면 가장 중요한 점이기도 한데, 바울은 자신이 선택하고 훈련한 사역 팀을 그들 위에 임명하지 않는다. 그에게는 디모데, 디도, 두기고 같은 동료들이 있었으나, 이들은 특별한 사명을 띠고 이 교회에서 저 교회로 파송을 받곤 했을 뿐이다. 각 지역교회의 사역 팀은 교회 자체의 교인들로 구성되어 있었다. 이와 대조적으로, 현대 선교사역은 외국인 선교사가 자신의 윤리적, 지적 우선순위에 의거하여 현지인들을 신학교에서 새로운 리더십으로 훈련시킬 필요가 있다고 줄곧 고집해 왔다. 그 결과, 현대 선교사역이 설립한 교회들이 원주민으로만 구성된 목회 리더십을 개발하는 데 수십 년 혹은 몇 세기나 걸린 데 비해, 바울이 개척한 빌립보 교회에서는 첫 회심자가

나온 지 불과 몇 년 내에 "감독들과 집사들"이 이미 사역하고 있었다.

롤런드 앨런이 쓴 모든 저술의 핵심 요점은 그의 사후 출판된 한 책의 제목에 잘 표현되어 있다. 바로 「성령의 사역」(*The Ministry of the Spirit*)이란 책이다. 앨런이 현대 선교사역에 대해 비판한 점은, 그들이 제국주의 세력과 손을 잡은 나머지 마치 교회의 선교를 문화운동이나 교육운동을 하듯이 수행할 수 있는 것처럼 생각하고, 그 목적이 파송 교회와 똑같은 복제품을 많이 만들어 내는 것처럼 행동했다는 것이다. 이와 대조적으로 신약성경은 선교의 중심에 바로 살아 계신 성령의 사역이 있음을 보여주고 있다는 것을 앨런은 정확하게 포착했다. 회심을 일으키는 분도, 사람들에게 다양한 사역에 필요한 여러 은사를 주는 분도, 교회를 모든 진리 가운데로 인도하는 분도 성령이다. 성령은 파송하는 교회나 파송받는 선교사의 소유물이 아니다. 새로운 교회를 성숙한 교회의 모양으로 빚어내는 일은 선교사의 본분이 아니다. 성령은 자유로운 주권자인 만큼, 선교사는 성령이 그 고유한 사역을 하도록 신뢰할 필요가 있다. 그리스도가 고백되는 곳, 복음의 메시지가 선포되는 곳, 성례가 집행되는 곳, 새로운 공동체와 보편 교회를 서로 연결시키는 사역이 있는 곳에서는 성령이 필요한 모든 것을 공급해 주실 것으로 신뢰하고, 선교사는 자기 임무를 다한 만큼 새로운 지역으로 나아갈 수 있다고 앨런은 믿었던 것이다.

선교가 제국주의 국가의 월등한 권력과 부에 의지할 수 있던 시대만 해도 앨런은 별로 주목을 받지 못했다. 하지만 탈식민지 시대가 진행되는 동안 선교사로 일했던 이들은 그의 말을 더욱 경청할 상황이 되었다. 내가 남인도에서 복음을 전하면서 경험한 바를 나누자면, 선교사가 선교지에서 서구식 사역과 훈련방법을 강요하지 않고, 그 지역에서 성령의 감동을 받은 사람들이 원주민 문화에 어울리는 리더십을 개발하도록 허용할 때 복음이 널리 퍼져 가고 교회가 성장할 수 있음을 직접 목격했다. 그래서 나는 롤런드 앨런의 중심 논지가 옳다는 것을 확신할 수 있었다.

5. 물론 앨런과 맥가브란 사이에는 중요한 차이점이 있다. 앨런의 주 관심사는 수적인 성장이 아니고 어떤 조건 아래서 자발적으로 성장하는 교회가 탄생하여 발전하게 되는지를 탐구하는 일이다. 그러나 이들의 공통점은 선교단체늘이 파송 교회의 윤리석 기순을 어린 교회에 부과하는 것을 필수적인 사역으로 잘못 생각했다는 확신이다. 맥가브란의 말을 빌리자면, 그들은 "제자 삼는 일"과 "온전케 하는 일"을 서로 혼동한 셈이다. 그들은 공동체의 삶에서 말씀과 성례를 통하여 일하시는 성령의 능력을 신뢰했어야 하는데, 어린 교회들로 하여금 그리스도를 본받게 하려고 율법의 힘에 의존했다고 할 수 있다. 그러므로 이 두 사람은 해방신학자들과 첨예하게 대립하는 반대 입장에 서 있는 것이다.

해방신학자들은 이 세상에서 하나님의 정의를 실현하는 행동에 헌신하는 일이 필수적이라고 본다. 참된 교회는 이렇게 헌신한 사람들로 이루어진다. 바로 이것만이 "주님을 아는" 길이다. 세례를 받고 교인이 되어 그리스도인으로 자처하는 사람이라도 이런 헌신을 하지 않으면 참된 교회의 일원이 아니다. 그들은 "주여, 주여"하고 부르짖지만 아버지의 뜻을 행하지 않는 자들이다. 그들이 아무리 경건해도, 그들이 안다고 주장하는 주님은 그들을 부인할 것이다(마 7:21-23).

다른 한편, 앨런과 맥가브란이 필수적이라고 생각하는 것은 신앙 공동체 안에서 예수 그리스도에게 헌신하는 일이다. 이 세상에서 하나님의 뜻을 실현하는 바른 행위는 이것으로부터 따라올 것이다. 맥가브란은 그리스도인들이 정의로운 사회를 세우기 위한 싸움에 참여해야 한다는 데 동의하면서도 "그 싸움에서 가장 역동적인 요소는 허다한 기독교 세포들, 곧 하나님의 뜻을 찾고 그분의 의와 능력을 덧입기 위해 성경을 중심으로 모이는 작은 모임들"이라는 것을 부정해서는 안된다고 주장할 것이다.[3] 양측은 상대편의 견해에 일리가 있다는 것을 서로 인정하지만, 맥가브란과 앨런은 첨예하게 다른 행동노선을 주도함으로써 결국은 해방신학자들과 깊은 상호불신과 적대감을 낳게 되었다. 여기서 문제의 핵심은 회심의 윤리적 상황과 회심의 내용이다. 이제 이 점을 살펴보도록 하자.

II

1. 마거릿 케인(Margaret Kane)은 「산업사회에서의 신학」(*Theology in an Industrial Society*)에서 교회의 선교를 이해하는 두 가지 대조적인 입장을 개관하고 있다. 그것은 다음과 같이 요약된 형태로 나란히 대비되어 있다.[4]

A	B
계시	
하나님은 추상적인 개념의 형태—죄, 심판, 회개, 구속 등—로 과거부터 내려온 불변하는 명제들을 통해 알려진다.	하나님은 현재의 인물과 사건들을 통한 인격적인 만남에 의해 알려진다.
신학	
신학은 성경과 그동안의 성경 해석에 관한 연구다.	신학은 그리스도 안에 나타난 하나님의 계시에 비추어 당대의 경험을 해석하는 지속적인 과정이다.
신학은 전문적인 학자의 일이다.	신학은 모든 사람이 수행하는 일이다.
교회	
교회는 악한 세상에서 부름받아 나온 사람들로 이루어진다.	교회에 속하는 사람과 그렇지 않은 사람을 뚜렷이 구별하는 것은 바람직하지 못하다.
교회의 과업은 복음을 전파하라는 명령에 순종하는 것이다.	교회의 직무는 세상에 침투하여 그 속에서 전개되는 하나님의 활동의 징표를 가리키는 것이다.
세상으로부터 '영혼'들을 구해 내는 것이다.	온 창조세계가 구속받게 되어 있다.
이 일을 위해 잘 훈련된 자체 조직을 세워야 한다.	
성직자가 지도하고 평신도는 그들을 도와야 한다.	평신도가 세상에서 수행할 중요한 사역을 갖고 있고 성직자는 그들을 도와야 한다.
인간	
영혼이 인간의 중요한 일부이며, 인간은 육체와 물질주의를 경계해야 한다.	인간은 몸과 영을 가진 전인적 존재다.
한 인간은 별개의 고립된 개인이다.	인생은 자신이 처한 사회적, 역사적 맥락과의 관계에서만 의미를 지닌다.
예수 그리스도	
예수의 신성을 강조한다.	예수의 인성을 강조한다.

케인은 B 입장에 무조건 찬성하는 것은 아니지만, A 입장이 전형적인 교인들의 태도임에도 불구하고 B 입장이 개진하는 논점들이 오늘날의 사회에 적실한 선교를 위해 반드시 필요하다고 주장한다. 근래에 '상황화 신학'(contextual theology)을 요구하고 있는 많은 사람들도 이와 비슷한 견해를 표명한다. 상황화 신학이란, 사람들이 현재 여기서 직면하고 있는 이슈들에 일차적인 관심을 두고 복음을 이런 이슈들의 견지에서 전달해야 한다고 주장하는 신학을 말한다. 1963년에 열린 멕시코대회 직후 주고받은 M. M. 토머스(Thomas)와 헨드리쿠스 벌코프(Hendrikus Berkhof) 간의 서신에서 토머스는 다음과 같은 주장을 반복해서 폈다. 우리는 "그리스도가 세속 세계에서 사람들에게 제공하는 구원의 형태와 내용은 무엇인가?"라는 질문에서 시작해야 한다는 것과, 우리가 현대인의 실질적인 필요와 열망을 고찰해야만 이 질문에 응답할 수 있다는 것이다. 사실 이러한 열망은 이런저런 의미에서 복음이 낳은 산물이며, "구원의 메시지는 인간다운 존재가 되려는 현대인의 추구와 복음이 만나는 최첨단에서 생생하게 살아난다"라고 했다. 실은 "아무도 역사적 진공 상태에서는 그 메시지를 알 수 없다."[5] 바로 이런 확신에 기초하여 상황화 신학의 주창자들은 전통적인 복음전도 방식에 의심의 눈초리를 보낸다. 후자는 "과거로부터 내려오는 불변하는 명제들"을 반복하는 가운데 "세상에 침투하여 그 속에서 전개되는 하나님의 활동의 징표를 가리키는" 책무를 회피하기 때문이다. 과거의 복음전도는 사람들이 세상에서 하나님의 활동과 맥을 같이하여 행하기 위해 반드시 내려야 할 실질적인 결단과 상관이 없고, 또 "구원"이라는 것이 현대인을 위한 구원이 되기 위해 취해야 할 실질적인 형태와도 상관이 없다고 그들은 주장한다. 이런 관점에서 보면, "제자 삼는 일"과 "온전케 하는 일"을 분리시키는 맥가브란의 견해와, 선교사의 본분은 살아 있는 교회가 탄생되는 순간에 완수된다는 앨런의 주장은 당연히 비난받아 마땅하다. 상황화 신학에 따르면, 선교란 것은 하나님께서 현재 세속 세계에서 행하고 계시는 일에 대해 사람들이 결단과 행동으로 보여주는 반응과 관계가 있기 때문에, 맥가브란과 앨런의 주장은 진정한 선교와 아무런 상관이 없는 셈이다.

나는 이 논리가 대단한 설득력을 갖고 있다고 생각한다. 전통적인 복음전도를 비판하는 사람은, 당대에 직면한 윤리적 이슈와 전혀 상관이 없을뿐더러 오히려 역효과를 내는 회심의 실례를 얼마든지 거론할 수 있다. 이제까지 성공적인 전도 캠페인과 대규모 회심 사건으로 알려진 많은 경우가 당시의 인종차별, 군사적 분파주의, 억압적인 정치경제 시스템의 맹목적 지원 등과 같은 노골적인 악으로 얼룩져 있다는 것은 악명 높은 사실이다. 그러면 이러한 유형의 복음전도, 곧 교회성장에는 헌신적이되 인간의 존엄성과 사회정의에 관한 성경의 명백한 가르침에는 순종하지 않는 그리스도인들, 세례를 받아 성찬에 참여하고 성경을 읽는 열정적인 그리스도인들을 배출한 복음전도는 어떻게 평가해야 하는가? 그리고 공공의 정의와 같은 큰 이슈에 대해서는 할 말이 없고 오로지 개인적 행실과 가정의 문제만 이야기하는 복음전도를 어떻게 변호할 수 있는가? 커다란 윤리적 이슈들은 회심

이후에나 주목할 부차적인 문제라고 말한다면 우리는 이 말에 동의할 수 있는가? 만일 "제자 삼는 일"이 과연 맥가브란이 "온전케 하는 일"의 범주에 넣은 윤리적 헌신을 필수 요소로 포함하지 않는다면 진정한 의미의 제자 삼기가 될 수 있는가? 하나님의 뜻을 행하는 일을 동시에 수반하지 않는 "하나님을 아는 지식"이라는 것이 있을 수 있는가?(여기서는 물론 라틴아메리카 해방신학자들의 말에 귀를 기울여야 한다) "제자 삼는 일"과 "온전케 하는 일"을 잠시라도 떼어 놓을 수 있는가? 현대 세계의 "상황"(context)과 명시적인 관계를 맺지 않고도 복음의 "텍스트"(text)를 설교하는 일이 과연 가능한가?

이 질문들 속에는 이미 답이 내포되어 있다. 회심과 순종 사이의 분립은 있을 수 없다. 성경에 충실한 의미의 회심은 전인(全人)과 관련된 사건이다. 이는 삶의 모든 영역에서 마음과 생각의 내적인 방향 조정과 행실의 외적인 방향 조정을 모두 포함하는 총체적인 방향 전환을 의미한다. 애초의 복음선포("하나님의 통치가 가까이 왔다")는 곧바로 회심하라("회개하라")는 촉구, 하나님의 통치가 임한 것을 믿으라는 요청, 예수를 따르라는 요청으로 이어졌다. 이 모든 것은 단일한 행위의 일부로 함께 묶여 있다. 회심하라는 촉구는 진공상태에서 주어진 것이 아니다. 그것은 예수를 따르라는 요청의 맥락에서 주어졌고, 예수를 따른다는 것의 의미는 그분의 가르침과 본보기 속에 명확히 설명되어 있다.

2. 그러면 여기에 함축되어 있는 의미는 무엇인가? 회심이란 본래 윤

리적인 선택의 문제, 곧 다른 방식으로 행동하겠다는 결단이라는 뜻인가? 그것은 분명 예수를 좇는 것을 의미하지만, 이것이 **현재** 아프리카나 남아메리카 판자촌에 사는 남녀들에게는 구체적으로 무엇을 뜻하는가? 이제까지 이에 대한 답변을 알고 있다고 확신하는 선교사들과 복음전도자들이 언제나 존재했다. 그 답변 속에는, 술, 도박, 춤에서부터 일부다처제와 할례를 거쳐 공산주의나 인종차별이나 파시즘에 대항하겠다는 결단에 이르기까지 온갖 종류의 윤리적 이슈들이 포함되어 있었다. 그 답변들은 무척 다양했지만 강조점은 언제나 똑같았다. "당신이 A, B, C를 그만두고 X, Y, Z를 받아들이지 않으면 참으로 회심한 그리스도인이 아니다"라는 식이었다. 이를 다른 각도에서 조망하면, 다름 아니라 바울이 교회의 초창기에 열심히 싸워야 했던 "복음을 율법으로 대치하는 현상"임을 쉽게 알아차릴 수 있다. 약간의 거리를 두면, 우리는 윤리적 선택이 상대적인 성격을 갖고 있음을 쉽게 볼 수 있고, 따라서 그것을 절대시하는 잘못을 범하는 복음전도자들을 비난할 수 있다. 아울러 율법이 복음의 자리를 차지하게 되면 거듭해서 생명이 아닌 죽음을 가져오는 것도 볼 수 있다. 그리하여 교회가 율법의 속박에서 해방되었기에 모든 사람을 차별 없이 해방시키는 도구로서의 공동체가 되는 것이 아니라, 오히려 인류를 동맹과 적으로 나누는 도덕적 십자군 운동의 도구가 된다. 조금만 거리를 두면 이 점을 쉽게 볼 수 있다. 하지만 교회가 지금 여기서 윤리적으로 무책임해지지 않으면서 어떻게 이런 율법주의에서 벗어날 수 있는가 하는 것은 무척 어려운 문제다. **지금 여기서**, 새로운 행동 방식을 포함하지 않는 진정한 회심, 이 시대 이곳의 윤리적, 정치적 이슈에 대한 새로운 결정을 내포하지 않는 회심이 과연 있을 수 있을까?

아니, 있을 수 없다. 회심은 두 단계로 일어나지 않는다. 먼저 종교적 회심이 있고 이어서 윤리적 회심이 따라오는 것이 아니라는 뜻이다. 위 질문에는 단 한 가지 답변만 있을 뿐이다. 그러나 이제 새로운 질문을 던질 필요가 있다. 어느 시대 어느 장소에서든 회심의 윤리적 내용을 결정하는 권리는 누가 갖고 있는가? 복음전도자인가, 아니면 회심자인가? 율법주의 바이러스가 복음전도 사역에 개입하는 장소는 바로 복음전도자가 회심의 윤리적 내용이 무엇인지 미리 알고 잠재적 회심자에게 그것을 알려 줄 수 있다고 생각하는 곳이다. 이런 일은 수없이 거듭해서 발생했다. 선교사가 그런 권한을 갖고 있었고, 본인이 세례에 필요한 윤리적 선제조건을 부과할 권리를 갖고 있다고 믿었다. 말하자면, 복음의 종이 되기보다 복음 위에 군림하는 지배자가 되었던 것이다. 선교사는 성경을 통해 말씀하시는 살아 계신 그리스도가 새로운 회심자에게 직접 말씀하시되 선교사와 다른 방식으로 그렇게 할 수 있다는 것을 미처 깨닫지 못했다. 이 시점에서 우리는 복음전도자의 증언만큼이나 회심자의 증언을 경청할 필요가 있다. 만일 우리가 그렇게 한다면, 많은 경우 예수님의 삶과 가르침에 영향을 받아 회심자가 깨닫게 된 회심의 윤리적 내용이 선교사가 제시한 방식과 확연히 다르다는 것을 알게 되리라.

존 테일러(John V. Taylor)는 우간다에서 기독교가 시작된 이야기를 들려주면서 최초의 회심자들이(대다수가 궁전에 있던 젊은이들이었다) 선교사들의 윤리적 가르침과는 거의 상관없는 방식으로, 복음이 그들의 양심에 요구하는 바를 어떻게 느꼈는지 매우 생생하게 보여주었다. 선교사들은 세례의 조건으로 일부다처제를 당장 버릴 필요가 있다고 강조했다. 그러나 회심자들의 마음과 양심에는 복음에 의해 그리고 특히 예수님의 가르침과 본보기에 의해 다른 질문들이 제기되고 있었다. 그들은 그분 안에서 겸손해지라는 요청과 가난한 자의 수고와 역경을 공유하라는 요구 등 새로운 행동 방식을 보았다. 그들은 노예제가 그리스도에 대한 헌신과 양립할 수 없다는 것을 보았고, 그들 자신이 "옛 사람"과 "새로운 그리스도의 사람" 사이에서 깊이 몸부림치고 있다는 것을 발견했다. 그럼에도 선교사들은 이러한 몸부림을 아주 희미하게 인식하고 있을 따름이었다.[6]

그렇다면 누가 회심의 윤리적 내용을 결정할 권한을 갖고 있는가? 대다수의 현대 선교단체는 복음을 위탁받은 교회가 이 권한을 갖고 있다고 생각했다. 하지만 맥가브란과 앨런은 이 점을 부인하고 있는데, 나는 신약성경이 그들의 편이라고 생각한다. 여기에서 내가 6장에서 이미 말한 내용, 곧 선교에서의 성령의 사역, 특히 베드로와 고넬료의 이야기와 관련된 성령의 사역을 다시 언급해야겠다. 만일 복음의 전달자인 교회가 새로운 회심자에게 회심의 윤리적 함의를 규정해 주는 권한도 갖고 있다면, 선교사역은 그저 기존 교회의 연장이 되었을 것이다. 그렇게 생각하는 것은 성령의 주권적 자유를 인정하지 않는 것이라고 나는 주장해 왔다. 성령은 그분 나름의 방식으로 교회 바깥에 있는 사람들의 마음과 생각에 복음의 진리와 능력을 깊이 깨닫게 하고 그들에게 하나님의 뜻에 대한 통찰력을 제공하며, 이로 말미암아 교회가 그 잘못을 바로잡고 복음에 대한 이해가 더욱 확대되기 때문이다. 만일 이 점을 부인하면 우리는 너무도 인간적인 오류의 희생자가 되는 셈이며, 바울이 이방인 회심자들로 복음 안에서 자유를 누리게 하기 위해 대항하여 열심히 싸웠던 그 치명적인 잘못을 다시 범하는 셈이다. 바울은 이 싸움에서 자신이 그리스도의 절대적 우월성과 궁극성을 견지하고 있다고 주장했다. 그리스도의 복음을 전하는 일이 율법 성취의 보조 활동으로 전락할 수는 없는 법이다. 그리스도가 율법의 마침이 된다는 것을 알 때에야 비로소 그분이 율법의 성취자임을 알 수 있다. 선교학 관련 저술은 대부분 회심자가 아닌 선교사에 의해 쓰였다. 우리가 회심자들의 증언을 좀 더 부지런히 경청했더라면, 그들이 그리스도께 회심한 경험에는 반드시 윤리적 내용이 포함되어 있음을 알게 되었을 것이다. 이는 새로운 행동 방식을 의미하지 않는다. 그들이 겪은 윤리적 위기는 흔히 선교사들이 생각하는 것과 전혀 다르다. 특히 선교사의 사역이 성경을 보급하는 일을 포함하는 경우에 더욱 그러하다. 이 경우 선교사는 회심자의 양심이 일깨워진 계기가 선교사가 중요시했던 것과는 거리가 멀다는 사실을 발견하게 될 것이다.

3. 나는 지금 성령이 나름의 방식으로 예수 그리스도 안에서 하나님의 말씀을 사람들의 양심에 가져오는 주권과 자유를 갖고 있음을 인정하라고 호소하는 중이다. 복음전도 사역이 사람들에게 복음전도자의 윤

리적 입장을 채택하도록 설득하는 십자군 운동처럼 되어서는 안된다고 주장하는 중이다. 나는 교회가 당대의 정치적 열정을 품으려고 집착했던 그런 시대와 장소를 주목하라고 말하고 있는 중이다. 그리고 교회가 복음을 특정한 윤리 프로그램이나 정치 프로그램과 동일시한 나머지, 복음이 죄인들을 향한 풍성한 은혜의 확신으로 충만하기보다는 오히려 딱딱한 독단주의로 가득 차 있던 그런 시대와 장소를 상기시키고 있는 중이다.

그렇지만 내가 복음의 자유와 주권에 관해 이야기할 때 나 자신을 속일 위험이 있다는 것도 알고 있다. 복음은 특정한 윤리적 우선순위를 반영하는 공동체에 속한 남녀들에 의해 전파된다. 그들은 단지 그리스도를 전하고 있는 숭이라고 확신하고 있을지 모르지만, 그들이 전하는 그리스도는 그들이 소중히 여기는 가치관을 반영하는 존재로 보이게 될 것이다. 그리스도를 전하면서도, 알게 모르게, 그들이 무엇을 선하고 참되고 바람직하게 여기는지, 곧 그들이 품고 있는 신념을 옹호하게 될 것이다. 만일 그들의 신념이 그 사회에서 활동 중인 실질적인 영향력을 무시해 버린다면, 그리스도를 전파하는 그들의 사역은 하나님이 원하시는 실질적인 윤리적 선택과 무관한 일이 되고 말 것이다.

우리가 그리스도를 온전히 반영하지 못한 채 비록 왜곡된 형상만을 반영한다고 할지라도, 그분의 주권적인 자유와 능력이 파괴되는 것은 아니다. 그리스도는 우리의 분별력보다 더 위대한 분이기 때문에, 바울은 그리스도가 순수하지 못한 동기로 전파되는 것조차 기뻐할 수 있는 것이다. 이는 우리에게 격려와 경고를 동시에 제공한다. 교회를 손상시키는 죄악이 복음의 능력을 파괴하지 못하기 때문에 격려를 받는 것이고, 교회가 회심자들로부터 교정을 받을 준비를 갖추고 또 그것을 기대해야 하기 때문에 경고를 받는 것이다. 교회가 시대의 징표를 분별하려고, 세상에서 활동 중인 세력을 이해하려고, 하나님의 통치와 악의 세력 간의 싸움 가운데 결정적인 이슈가 무엇인지를 드러내려고 최선을 다한 경우에도, 이러한 분별력은 부분적이고 제한되고 왜곡된 것일 수밖에 없다. 인간이 처한 상황은 최상의 기독교적 분석이 모두 섭렵할 수 없을 정도로 복잡하고 미묘하기 때문이다. 그러므로 교회는 그리스도로의 회심을 교회 자체의 분석에 기초한 특정한 윤리적 결정과 완전히 동일시할 수 없는 것이다. 물론 교회는 최선을 다해 그리스도께 순종한다는 것이 무엇을 의미하는지 설명해야 한다. 그러나 동시에 교회의 윤리적 인식이 죄스러운 자기이익에 의해 왜곡되어 있다는 사실도 인정해야 한다. 그리스도를 전파할 때 회심에는 윤리적 의미가 내포되어 있다는 것을 분명히 해야 한다(말보다 본보기가 더 효과적일 것이다). 그러나 동시에 회심자들이 복음의 윤리적 의미에 대해 참신한 통찰을 갖고 있다는 사실을 알고 놀랄 것이며, 그로 말미암아 교회의 순종 방식이 수정되고 교정될 것임을 기대할 필요가 있다. 만일 우리가 선교라는 것을 "해외 선교"의 견지에서만 생각하면 이 점을 이해하기가 어렵다. 이 경우에는 파송하는 교회와 새로운 회심자들이 멀리 떨어져 있어 서로 교정을 받는 일이 불가능하기 때문이다. 내가 주장했듯이 선교는 단지 교회의 확장이 아니다.

그것은 성령이 새로운 일을 행하시고 새로운 순종을 탄생시키는 그분의 활동이다. 하지만 이 새로운 선물은 새로운 구성원만을 위한 것이 아니라 온 몸을 위한 것이다. 선교는 가르침뿐 아니라 배움도, 주는 것뿐 아니라 받는 것도 포함하고 있다.

4. 만일 교회가 스스로를 이 세상에서 악의 통치에 대항하는 하나님의 통치, 곧 그분의 진리와 의가 구현된 몸이라고 생각한다면 이는 상당한 오해다. 이처럼 교회를 하나님 나라와 동일시하려는 오랜 유혹은 해방신학의 일부 양상으로 다시 나타나는 것 같다. 교회와 그 나라의 관계는 보다 복잡한 것이어서, 오직 삼위일체의 모델에 의해서만 제대로 파악할 수 있다고 나는 확신한다.

회심한다는 것은 그리스도를 향해 방향을 전환한다는 뜻이다. 이는 본래 살아 계신 주 예수 그리스도께서 한 사람의 중심을 붙잡음으로 말미암아 그 사람이 기꺼이 신뢰와 순종의 태도로 그분을 향해 방향을 전환하게 되는 개인적인 사건이다. 그리스도는 하나님께서 그를 통해 세상을 만들고 지탱하고 참된 목표를 향하게 하는 그분의 아들이며, 성령의 기름부음을 받아 아버지의 나라를 선포하고 세상의 죄를 스스로 짊어짐으로써 그 나라를 밝히 나타내는 분이다.

그러므로 그리스도께 회심한다는 것은 또한 그리스도와 그분께 헌신한 모든 이들과 함께 있기로 다짐하고, 그분과 똑같이 기름부음을 받고 복음을 선포하고 죄를 짊어짐으로써 그 능력을 힘입어 그분의 사역을 이어간다는 뜻이다. 그것은 나와 똑같이 헌신한 모든 이들과 함께 십자가의 길을 따라 예수님을 따르기로 헌신하는 것이다. 이는 두려움 없는 믿음의 자세로 세상에 있는 악의 세력과 맞닥뜨리고 끝까지 인내하는 삶을 사는 것이다.

이렇게 헌신하고 그분의 길을 좇는 공동체라고 해서 그 속에 모든 지식이나 온전한 순종을 소유하고 있는 것은 아니다. 교회는 배움의 길을 걷는 공동체다. 그 가운데 하나는 성령의 능력으로, 어느 이슈에서 악과 맞닥뜨리고 끝까지 인내해야 할지를 아는 선지자적 분별력을 배우는 일이다. 성령은 이 공동체의 소유물이 아닌 주인이자 안내자로서, 교회에 앞서 가서 복음을 선포하고 인내를 활용하여 새로운 사람들을 회심시키는 역할을 한다. 교회는 그런 사람들에게 헌신의 뜻을 미리 설명할 수 없고, 베드로가 고넬료의 집에서 배운 것처럼 그들로부터 순종에 관한 새로운 교훈을 배워야 한다. 교회는 아버지의 통치에 관한 부분적인 지식에서 온전한 지식을 향해 매진하는 배움의 공동체인 만큼, 어느 한 시점과 장소에서 배운 윤리적 통찰을 성령께서 그 공동체로 인도하는 모든 사람에게 부과할 수는 없다는 것을 알게 될 것이다. 교회는 언제나 더욱 온전한 순종을 향해 매진해야 하지만, 동시에 그리스도가 교회의 불완전한 순종을 뛰어넘는 주님임을 선포해야 하고, 성령께서 그리스도께 헌신하도록 인도하는 자들에 의해 교정될 것을 기대하고 환영해야 한다.

그러므로 나로서는 다음과 같은 롤런드 앨런의 주장이 옳다고 결론을 내리지 않을 수 없다. 그 내용은, 선교사가 일하는 어느 곳에서든 그리스도에 대한 순종을 배우고 그것에서 성장할 수 있는 수단(성경,

성례, 그 교회를 보편 교회와 연결시켜 주는 사역)을 갖춘 살아 있는 교회가 탄생하면 그 선교사의 과업은 완수되었다는 주장이다. 다른 한편, 나로서는 수적인 성장이 선교에서 성공의 평가 기준이라는 맥가브란의 주장과, 그의 저술에서 "제자 삼는 일"과 "온전케 하는 일"을 연관시키는 방식이 옳다고는 말할 수 없는 입장이다. 왜냐하면 성령께서 사람들을 회심시킬 때 활용하는 교회의 증언은, 그 선포의 내용이 (자기 몸에 세상의 죄를 짊어지고 가는) 주님의 고난받는 종의 사역과 연결될 때 주어지는 증언이기 때문이다. 교회가 주님의 고난받는 종의 모습을 더욱 본받는다는 의미에서 "온전한 상태"가 되기 위해 분투하는 것은 결코 "제자 삼는 일"과 경쟁 관계에 있는 것이 아니다. 후자는 사실 우리의 일이 아니라 성령의 사역이기 때문이다.

III

이제 교회성장 학파가 제기한 세 번째 이슈를 다룰 차례가 되었다. 그것은 회심과 문화의 관계다. 맥가브란은 문화의 차이점을 제대로 인식하고 존중하지 못해서 교회성장이 크게 둔화되었다는 주장을 했는데, 이 점은 아무도 부인할 수 없다. 이런 실패로 말미암아 회심자들은 자신의 문화로부터 분리되고, 그들이 물려받은 유산을 빼앗기고, 오히려 외래문화를 지지하는 이류 신봉자로 전락하고 만다.

이전의 많은 선교학자들과 같이 맥가브란도 대위임령에 "모든 민족을 제자로 삼으라"는 명령이 포함되어 있다는 사실에 주목하라고 말한다. 제자가 될 사람들은 제각기 고립된 개개인이 아니라 민족이라는 집단에 소속되어 있는 인간들이라는 뜻이다. 그러므로 진정한 인생은 온 인류의 언어와 문화와 불가분의 관계를 맺고 있기 때문에, 복음전파는 온 인류 공동체를 대상으로 해야 한다고 주장한다. 이 점을 크게 강조한 전통은 독일 선교학에서 찾아볼 수 있다. 흔히 프로테스탄트 선교학의 창시자로 알려진 구스타프 바르넥(Gustav Warneck, 1834-1910년)은 사회를 다 함께 묶어 주는 끈을 최대한 멀리까지 이어갈 필요가 있다고 하면서, 그 목적은 개개인이 아닌 온 공동체의 회심과 세례에 두어야 한다고 주장했다. 뉴기니의 고원지대에서 사역했던 크리스천 카이서(Christian Keysser, 1877-1961년)의 위대한 업적은 '부족 회심'의 원칙에 바탕을 두고 있었다. 그것은 온 공동체가 기독교를 영접하도록 인도하고 그 후에야 개개인에게 세례를 준다는 원칙이었다. 이런 식의 접근은 그 민족의 문화와 사회조직이 붕괴되는 것을 최대한 막을 수 있었다. 이 같은 방법을 보여주는 극단적인 실례로서 탄자니아 차가족 가운데서 일했던 브루노 구트먼(Bruno Gutmann, 1876-1966년)을 들 수 있을 것 같다. 구트먼은 부족과 마을과 연령 집단 같은 형태는 하나님이 주신 창조질서의 일부라고 믿었고, 선교사역은 이런 창조된 실재들 위에 세워지고 또 그것들을 온전케 해야 한다고 생각했다. 이런 관점에서 보면, 선교사역은 '문명'과 '개발' 같은 적대적인 개념으로부터 그 부족들을 보호해야 마땅하다.

    이런 원칙을 바탕으로 수행된 선교사역이 건강하고 안정되고 성장하는 교회들을 설립했다는 것은 틀림없는 사실이다. 그러나 거기에는 명백한 위험도 없지 않았다. 구트먼의 창조된 실재들은 히틀러의 '피와 흙'(국민과 향토의 결합을 강조하는 나치스 농촌 정책—옮긴이)으로 쉽게 인식될 수 있었기 때문에 칼 바르트(Karl Barth) 같은 신학자들이 그의 교리를 비난했던 것이다. 어느 한 시대와 장소의 사회조직에 절대적 가치를 부여하는 일은 역사적으로 순진한 짓이고 신학적으로 용납될 수 없는 것이다. 모든 사회조직은 변하기 마련인 만큼 어느 특정 형태를 변함없는 창조질서의 일부로 여기는 것은 터무니없는 태도다. 더욱 심각한 문제는 신학적으로도 도무지 용납될 수 없다는 점에 있다. 그것은 오직 그리스도에게만 속한 궁극적 가치를 피조세계의 구조에 속한 요소에 부여하는 일이기 때문이다.

우리가 논하는 '문화'를 가장 넓은 의미로 정의하자면, 대대로 내려오는 한 인간 집단의 지속적인 삶을 형성하는(그리고 그 삶에 의해 형성되는) 생활방식의 총합이라고 할 수 있다. 여기에는 그들로 하여금 그들 세계의 실재를 파악하고 개념화하고 전달할 수 있게 해주는 언어, 법, 관습, 결혼, 가정, 농업 등 사회조직의 형태가 모두 포함된다. 이것들이 사회 구성원의 삶을 형성한다. 이것들은 또한 사회 구성원들에 의해 대대로 형성되고 수정되고 개발되기도 한다. 개개 구성원의 관점에서 보면 본인이 태어나고 사회화된 전통의 일부로 주어진 것이다. 그러나 불변하는 절대적인 것은 아니다.

우리가 복음의 관점에서 이 "생활방식의 총합"의 의미를 신학적으로 파악하려면, 바울이 말하는 권세 교리를 수단으로 삼아야 한다고 생각한다. 바울의 서신에서 "권세"와 "기본원리"(*stoicheia*) 같은 것을 언급한 구절을 모두 살펴보면, 그가 정치질서(롬 13장), 율법(갈 3:23-4:11), 1세기 동부 지중해 연안의 종교들에서 유행하던 복잡한 규율과 금지규정(참조. 골 2:8-23) 등을 가리키고 있음이 분명하다. 바울은 이런 것들에 대해 긍정적으로 말할 때도 있고 부정적으로 말할 때도 있다. 긍정적으로는, 그것들이 그리스도 안에서 그리고 그분을 위하여 창조되었다고 말한다(골 1:15-16). 부정적으로는, 그것들이 십자가 위에서 그리스도에 의해 무장해제 되었다고 말한다(골 2:15). 국가와 종교와 율법과 관습의 권세들이 음모를 꾸며서 모두 다 함께 예수님을 십자가에 못 박은 것이다. 이로 말미암아 그것들은 스스로 부족한 존재임을 드러냈다(고전 2:8). 그것들은 모두 무장해제를 당했다. 그리하여 더 이상 그리스도께만 속한 자리를 차지하고 있을 수 없다. 그리고 더 이상 그리스도 안에 있는 자들을 예수 그리스도를 통한 하나님의 직접적인 임재로부터 분리시킬 수 없다(롬 8:38-39).

"권세들"은 그리스도 안에서 그리고 그리스도를 위하여 창조되었다. 그것들은 그분의 목적을 섬긴다. 그것들은 인생이 영위될 수 있도록 만들어 준다. 그것들은 인간의 자유가 발전할 수 있는 환경인 질서정연한 틀을 제공해 준다. 자연의 구조, 계절의 구조, 밤낮의 구조와 같은 질서정연한 구조가 존재한다. 정치질서와 법의 지배 같은 것도 존재한다. 우리가 배우고 이해하고 소통할 때 의지하는 용인된 언어도 존재한다. 우리에게 매 순간 취할 행동을 지도해 주는 관습, 전통, 행동 규범도 있다. 이렇게 주어진 구조들이 없으면 우리는 전혀 인간다운 존재가 될 수 없다. 우리가 이런 구조들에 의존하기 때문에 여기에 의문을 제기할 수 있는 권세 또한 개발할 수 있는 것이다.

이 권세들은 주어진 것이되 불변하는 것이나 절대적인 것은 아니다. 그것들은 피조질서의 일부로서 하나님의 창조적 사랑과 능력으로 말미암아 존재한다. 그렇다고 해서 불변하는 절대적인 위상을 갖는 것은 아니다. 궁극적인 권위는 오로지 그리스도께만 속해 있다. 권세들이 힘을 합쳐 그리스도를 파멸하려고 했던 그 십자가에서 그분은 우리가 하나님과 직접 관계를 맺을 수 있는 자리를 마련하셨다. 그리하여 우리는 이 자리에서 자유로이 권세들을 심판하고 비판하고 도전할 수 있게 된 것이다. 그것들은 여전히 존재하고 있고 필요한 기능을 수행하는 중이다. 그러나 그것들은 그리스도의 목적을 섬겨야 하고, 그리스도 안에 있는 자들, 곧 모든 권세를 포함한 만물을 그리스도를 머리로 삼아 통일하려는 하나님의 비밀을 위탁받은 자들의 도전에 대해 열려 있다(엡 1:10).

이것이 회심과 문화의 문제와 무슨 관련이 있는지는 무척 자명하다. 맥가브란은 인류를 다양한 문화로 구성된 거대한 모자이크라고 말하면서, 각 문화는 "심리적으로 나머지 세계에 대하여 닫혀 있다"고 했다. 그래서 "이 모자이크의 각 조각의 문화에 기독교가 적응하는 일은 대단히 중요하다." 따라서 "참된 목표는 이 장엄한 모자이크의 각 조각 속에 그 조각에 어울리는 기독교회를 많이 세우는 것이며, 교회들은 그 문화에 잘 적응하여 믿지 않는 이웃들에게 '우리 나름의 증언'으로 인식될 수 있어야 한다."[7] 그러면 이러한 설명에 대해 무슨 말을 할 수 있을까?

1. 물론 지금까지도 세계 공동체의 일부 지역은 대체로 "심리적으로 나머지 세계에 대하여 닫혀" 있고 비교적 정적인 공동 문화를 갖고 있는 것이 사실이다. 그러나 인간 문화에 대한 이런 묘사는 일부 공동체의 경우에조차 완전히 타당한 것은 아니며, 절대다수의 경우에는 전혀 타당성이 없다. 모든 인간이 공통된 문화적 요소를 공유하는 집단을 이루며 살고 있는 것은 분명하지만, 다음 몇 가지 사항만 고려해도 이런 모자이크 이미지가 얼마나 우리를 오도할 수 있는지를 알 수 있다.

(1) 모든 인간 공동체는 변하고 있는 중이다. 공동체에 따라 변화의 속도는 다르지만 완전히 정적인 것은 단 하나도 없다. 가장 안정된 공동체에서도 문화의 모든 요소는 변하고 있는 중이다.

(2) 문화는 윤리적으로 중립적인 실체가 아니고, 문화적 변화도 윤리적으로 무관심하게 여겨질 문제가 아니다. 어떤 형태의 사회조직, 정치질서, 가정생활, 개인적 행실이 다른 형태의 그것들보다 더 나은지를 그리스도 안에 계시된 바 인간을 향한 하나님의 목적에 비추어 판단해야 한다. 우리는 특정한 시대와 장소에서 노예제, 일부다처제, 혼인 지참금 제도, 자본주의 제도 등이 한 사회의 문화를 이루는 불가결한 요소임을, 그리고 기독교로 회심한 사람이 그 사회의 일원으로 살려면 그런 것에서 분리될 수 없다는 것을 인정해야 할 수도 있다. 그러나 우리는 또한 한 사회의 경제, 결혼, 정치 등에 다른 제도를 도입하는 편이 더 낫기 때문에 그리스도인들에게 이런 문화적 요소들

을 새롭게 할 책임이 있다고 주장할 수도 있다. 어떤 것이 특정 문화의 일부라고 해서 그리스도인이 무조건적으로 찬성할 필요는 없다는 뜻이다.

(3) 모든 공동체에는 보수주의자와 개혁가가 공존하고 있으며, 사회 구성원들은 이슈에 따라 서로 다른 입장을 취하기 마련이다. 복음의 "토착화" 내지는 "문화적 동화" 프로그램이 지닌 위험성은 교회를 사회의 보수적인 요소와 연관시킨다는 점에 있다. 다른 한편, 19세기 선교 역사를 공부해 보면 회심자들이 선교사로부터 수용한 외래적 요소들이 환영을 받은 것은, 바로 전통문화와는 단절시켜 주고 옛 전통에 대항하는 사회의 보다 젊은 요소들은 더욱 강화시킬 수 있기 때문이다. 그리고 "선진" 문화를 반영하는 외국 선교사들이 "토착" 교회를 과거의 전통적 언어와 문화에 묶어 놓으려고 했던 곳에서는 회심자들이 당연히 크게 분개했다. 이런 현상을 가리켜 우리는 '분리정책'(apartheid)이란 말을 쓸 수 있을 것이다.

(4) 공통된 문화를 가진 공동체들이 "심리적으로 나머지 세계에 대하여 닫혀 있다"는 말은 사실과 다르다. 아마존 숲 속 가장 외딴 지역도 약간의 상호접촉이 있고 새로운 사상이 유입되고 있다. 그리고 인류의 대다수 지역에서는 서로 다른 집단들이 지속적으로 영향을 주고받고 있다. 외부의 영향에서 완전히 벗어나서 자신의 문화를 절대시할 수 있는 집단은 단 하나도 없다. 이보다 더 중요한 점은 인류 가운데 도시에

사는 인구의 비율이 점점 더 커지고 있고, 도시는 각 사람이 동시에 여러 문화 공동체의 일부가 되는 곳이라는 사실이다. 인도의 첸나이를 예로 들어 보자. 이 도시는 삼백만 주민 가운데 25만여 명의 그리스도인이 살고 있다. 맥가브란에 따르면(내가 그를 제대로 이해하고 있다면), 효과적인 복음전도를 위해서라면 그리스도인들은 출신 카스트에 따라 별개의 그룹으로 조직되어야 할 것이다. 이렇게 하면 동일한 카스트에 속한 힌두교도를 개종시키는 일이 더 쉽고 자연스러울 것이기 때문이다. 그런데 첸나이에 사는 그리스도인들은 그런 전략이 기존의 문화에 도전하기는커녕 오히려 변호하는 것이기 때문에 그것을 배척할 것이라는 사실은 잠시 접어두자. 또 다른 위험성은 교회의 언어와 생활방식이 그 문화와 전혀 접촉이 없는 탓에 일종의 게토의 언어와 생활방식이 되어 버리는 것이다. 이 두 가지 극단 사이에 여러 가능한 입장이 있는데, 이에 관해서는 리처드 니버(Richard Niebuhr)의 「그리스도와 문화」(Christ and Culture)가 잘 다루고 있다. 이 고전적인 책은 단일한 문화 내에서의 교회와 문화 간의 관계는 다루고 있으나, 한 문화에서 다른 문화로 복음을 전할 때 발생하는 어렵고 복잡한 문제를 다루지는 않는다. 그러면 교회가 다른 문화에 속한 사람들에게 복음을 전파할 때 어떻게 양극단에 빠지지 않고—한편으로는 타협적인 태도를 취하여 복음이 전통적인 생활방식에 도전하는 힘을 잃는 것이고, 다른 한편으로는 비타협적인 태도를 취하여 아예 복음을 전하지 못하거나 회심자를 그가 속한 문화에서 소외시키는 것—양자 사이에서 적절한 길을 찾을 수 있을까? 이제 이 어려운 문제를 다룰 차례가 되었다.

2. (1) 복음을 전할 때는 언제나 청중이 구사하는 언어를 사용하기 마련이다. 그 언어는 그들의 삶의 경험에 의해 형성되었고 또한 그런 경험을 가능케 해주는 것이다. 그들은 그 언어를 통하여 온갖 종류의 경험에 담긴 의미를 파악하려고 애쓴다. 거기에 삶과 죽음, 죄와 미덕, 죄책감과 용서, 구원과 정죄, 영혼과 몸, 시간과 영원, 하나님과 사람 등에 관한 그들의 믿음이 구현되어 있다. 이처럼 언어는 그것을 사용하는 자들의 믿음을 구현하고 있기 때문에 결코 "중립적"일 수 없다. 그들의 믿음과 복음전도자의 믿음은 같지 않다. 그렇지만 복음전도자로서는 그 언어를 사용하지 않을 수 없는 입장이므로, 그가 청중과 함께 자신의 믿음을 나누기 위해 가능한 한 가장 근접한 말을 찾으려고 최선을 다하게 된다. 복음전도자가 복음의 진리를 가장 효과적으로 전달해 줄 관용적인 말과 생활방식과 의례를 찾기 위해 최선을 다했다 하더라도, 그런 관용어는 다른 신념체계에 의해 형성된 것인 만큼 결국 복음의 진리를 어느 정도 왜곡하게 될 것이라는 사실을 인식할 필요가 있으리라. 이 사실을 피할 수 있는 길은 없다.

(2) 그런데 이런 식으로 말하다보니 내가 문제를 너무 단순화한 것 같다. 복음전도자가 복음을 이해하고 표현하는 수단으로 사용하는 관용적인 말과 행동 역시 그가 속한 문화에 의해 형성된 것이라는 사실을 간과해 버린 것이다. 이전에 심한 문화적 충돌을 경험한 적이 없는 사람은 이 사실을 잘 인식하지 못하고, 자기가 복음을 이해하는 방식이 바로 복음의 "진면목"이라고 단정할지 모른다. 물론 복음전도자는 복

음에 대한 자신의 이해가 언제나 성경에 의해 수정될 수 있다는 사실에 동의할 것이다. 특히 그가 개혁주의 신앙을 잘 배운 사람이라면 더욱 그럴 것이다! 말하자면, 성경이 가르침의 명확한 기준을 제공해 준다는 것과, 복음전도자가 복음을 전달하려고 애쓸 때 성경이 그 복음의 진실성을 확증해 줄 것을 확신할 수 있다는 뜻이다. 그렇기 때문에 복음전도자는 무엇보다 먼저 성경을 수용자 공동체의 언어로 번역하여 그들의 손에 넘겨주는 일에 주력하고, 그들이 성경을 읽을 수 있도록 가르치는 일을 수행하는 것이다.

(3) 그런데 성경이 도입되면서 상황은 변하게 된다. 조만간에 성경은 그 수용자 공동체에서 수용자들에게 독자적인 영향을 미치기 시작한다. 수용자들은 성경에 나온 여러 이야기, 기도, 윤리적 교훈 그리고 무엇보다도 이 인쇄 매체를 통해 새롭게 나타나는 예수라는 인물을 접하면서 그들의 전통문화에 대해서, 그리고 복음전도자가 전해준 '기독교'에 대해서 의문을 제기하기에 이른다. 그리하여 전통문화, 선교사의 '기독교', 성경을 각각 꼭짓점으로 하는 삼각관계가 형성된다. 이로써 수용자 공동체의 문화와 선교사의 문화 모두 복잡하고 예측 불가능한 방향으로 발달할 수 있는 무대가 설정되는 것이다. 전자의 실례로는 아프리카 독립교회의 대규모 발전양상을 들 수 있을 것이다. 이 성장은 서구 선교단체가 설립한 교회들 내에서 동요와 갱신과 분열의 과정을 거쳐 이루어진 것이고, 데이빗 바렛(David Barrett)의 연구는 독립교회의 형성과 그 공동체의 언어로 번역된 성경 사이에

굉장히 밀접한 상관관계가 있다는 것을 입증했다.[8] 달리 말해서, 성경이 선교사들의 기독교와 그 부족의 전통문화 모두를 겨냥한 독자적인 비판의 근거로 작동했다는 뜻이다. 이 독립교회들은 서구 기독교의 특정한 면을 배격할 뿐 아니라 그에 못지않게 전통적인 아프리카 문화의 여러 요소도 배격하는 특징을 갖고 있다. 베르너 호에스켈먼(Werner Hoerschelmann)도 남인도에서 일어난, 이에 비견될 만한 운동을 기록으로 남겼다.[9]

그러나 아시아와 아프리카에 선교 팀을 파송한 서구 교회들은 대체로 내가 방금 묘사한 발전양상의 영향을 거의 받지 않았다는 사실을 시인하지 않을 수 없다. 왜냐하면 그 선교사들은 파송 교회로부터 상당한 거리를 두고 그들을 거의 의식하지 않은 채 일했기 때문이다. 그러나 해외 선교사역을 오랫동안 수행한 사람들이 흔히 경험하는 것과 같이, 나는 인도 교회의 일부로 거의 40년을 지내 온 결과 내가 몸담았던 영국 기독교가 얼마나 영국 문화의 영향을 많이 받았는지, 영국 그리스도인들은 의문을 제기하지 않는 문화적 가정을 얼마나 많이 갖고 있는지를 뼈저리게 인식하게 되었다. 이 점에 대해서는 나중에 다시 다룰 예정이다.

(4) 전통문화와 외래문화와 성경으로 형성되는 삼각관계는 복잡하고 예측 불가능한 방향으로 발달할 수 있는 무대를 설정해 준다고 나는 말했다. 하지만 이는 획일화된 패턴은 아니다. 예수 그리스도 안에서 구원을 경험했지만 때로는 그것이 전통문화에 의문을 제기하지 않을

수도 있다. 이것은 의문이 별로 중요하지 않은 것으로 간주되는 경우다. 어느 정도의 시간이 흐른 뒤에야 비로소 회심자들은 새로운 경험에 의거하여 전통문화에 중요한 의문을 제기하기 시작한다. 흔히 보이는 첫 반응은 전통문화에 대한 강한 반발이다. 전통문화는 곧 악의 세력에 속해 있는 "세상"이다. 그리스도 안에 있는 생활은 완전히 새로운 것이어서 예전 것은 벗어 버려야 한다. 이 단계에서 수용되고 환영받는 것은 외래문화의 기독교다. 그 메시지는 그것을 가져온 메신저와 너무도 밀착되어 있기 때문에 양자를 분리시켜 생각할 수 없다. 여기서는 옛 문화에 속한 요소들을 뚜렷하게 배척하는 경향을 보인다. 그런 요소들(음악, 이야기, 예술 등) 자체가 악하지는 않더라도 그들이 배척한 세계관과 연관되어 있기에 악한 것으로 느끼는 것이다.

 보통 두어 세대 정도가 지난 뒤에 새로운 상황이 연출된다. 교회는 새로운 사고체계에 너무도 익숙해진 나머지 이제는 옛 문화에 위협을 느끼지 않는다. 옛 문화는 그리스도인들에게 더 이상 신성한 것으로 다가오지 않는다. 그들은 예전의 음악, 미술, 춤, 사회적 관습 등이 이방 종교와 연루되어 있다는 이유로 더 이상 두려움을 느끼지 않는다. 그것들은 오히려 하나님이 사랑하시는 세상, 하나님이 인간들에게 주신 세상의 일부로 소중히 여겨지기 시작한다. 이제야 교회는 처음으로 그리스도와 문화의 관계에 대해 생각하기 시작한다. 그리고 이 관계를 묘사하는 다양한 모델을 갖고 실험하기 시작한다. 어떤 경우에는 남태평양 군도의 여러 섬에서 볼 수 있듯이 새로운 "기독교 세계"가 탄생하기도 한다. 교회와 사회가 실제로 동일시되는 현상이 생기고 그리스도는 옛 문화를 조화시키는 존재로 비치게 된다. 이와 달리 교회가 소수파에 불과한 상황에서는 초기 회심자들이 겪었던 소외감이 역전되어 열린 정신으로 옛 문화에 다가가려는 강한 노력을 기울인다. 그래서 옛 문화의 사고체계 내에 수용될 수 있는 그리스도론적 모델을 찾는 경향이 나타난다. 그리고 다시금 갱신의 운동이 일어나게 될 것인데, 이는 교회와 옛 문화 양자 안에 있는 요소들을 날카롭게 공격하는 형태를 취하게 되리라. 이밖에도 전부 거론할 수 없을 정도로 다양한 상황이 연출되며, 그 가운데 정적인 것은 하나도 없다.

(5) 흔히들 문화적으로 오염되지 않은 순수한 복음이 문화적으로 고립되고 안정되고 동질적인 공동체들에 줄줄이 심어지는 것처럼 생각하는 경향이 있는데, 이는 잘못된 생각이라는 것이 이제 분명해졌다. 선교사가 가져오는 기독교는 이미 본국 문화의 영향을 받은 기독교이며, 선교지의 공동체는 외부와의 접촉과 내부의 긴장에 노출된 채 변하고 있는 실체다. 이 수용자 공동체 내에서 일어나는 복잡한 발전양상은 세 가지 요인―전통문화, 선교사의 기독교, 성경의 증언―에 의해 좌우된다고 이미 말한 바 있다. 하지만 이 그림도 완전한 그림과는 거리가 멀다. 현대 세계의 경우, 극소수를 제외한 거의 모든 인간 공동체는 아주 다양한 문화에 노출되어 있고 서로서로 영향을 주고받는다. 우리는 실제로 한 지구촌에 몸담고 있어서 갈수록 서로 가까워지고 있는 중이다. 내가 언급한 삼각관계는 이런 접촉으로부터 동떨어진 것이 아니다. 이런 발전양상은 하나같이 범지구적 차원에서 일어나는 광대하고

복잡한 문화 상호간의 교류의 일환이라고 할 수 있다. 그리고 세계적인 에큐메니컬 운동 안에서 함께 묶여 있고 각각의 문화 속에 몸담고 있는 기독교 공동체들은, 그들이 국민과 시민과 노동자와 사상가 등의 자격으로 참여하고 있는 각국의 문화에 대해 열려 있을 뿐 아니라, 다른 문화 속에 몸담고 있으나 예수 그리스도에 대한 헌신을 공유하는 타국 신자들의 증언에 대해서도 열려 있어야 한다. 이처럼 다른 문화에 속한 그리스도인들에게 열려 있고 이로 말미암아 에큐메니컬한 차원의 교제를 나누게 되면, 각 문화 속의 교회가 그 문화와 맺고 있는 관계에 대해 지속적으로 비판하는 일이 가능해진다. 모든 사람은 원칙적으로 복음이 결코 어느 한 문화 속에 완전히 순화될 수 없다는 점을 인정할 것이다. 우리의 믿음을 위해 성경에 묘사된 그리스도는 모든 문화 위에 계신 주님이고, 그분의 목적은 문화의 다양성을 해치지 않으면서 그것을 초월하는 통일성 안에서 각 문화의 모든 면을 자신과 연합시키는 것이기 때문이다. 그러나 우리가 잘 알다시피, 단지 성경만 가지고는 그리스도를 우리 문화 속에 순화시키려는 시도를 충분히 막을 수 없다. 동일한 성경을 손에 들고 있지만 서로 다른 문화에 속한 그리스도인 예술가들이 얼마나 다양하게 예수를 그리고 있는가 하는 것은 우리의 성경 해석도 문화적 영향을 많이 받고 있음을 보여주는 확실한 증거다. 그래서 우리가 우리 문화에 입각한 성경 해석을 바로잡으려면 다른 문화에 속한 그리스도인의 증언이 반드시 필요한 것이다.

나는 복음을 들어 본 적이 없는 공동체에 최초로 복음을 전하는 선교사의 사례를 출발점으로 삼은 뒤, 삼각관계가 지속적으로 전개되는 범지구적 모임으로서의 교회의 이미지로 이동했다. 지역교회의 차원에서는, 지역문화와 성경 그리고 에큐메니컬 공동체 속에서 다른 그리스도인들의 증언 등 제삼자에 대해 완전히 열려 있는 그런 이상적인 상황을 그려볼 수 있다. 일상적인 지역교회의 예배와 말씀과 증언은 제삼자와의 관계 속에서 전개됨으로 말미암아 그 지역문화에 속한 주민들에게, 모든 문화의 진정한 기원이자 목표인 하나님의 범세계적 통치를 가리키는 표지요 도구요 맛보기로서 믿을 만한 것으로 다가가야 한다. 이 사역은 해당 문화의 언어를 가지고, 그 문화를 지탱해 주는 하나님의 신하심과 그 문화를 심판하며 본래의 목직을 달성하도록 촉구하는 하나님의 뜻을 모두 전달할 수 있어야 한다. 세계적인 차원에서는, 인류의 모든 문화에 대해 열려 있고 각기 다른 문화 속에 뿌리박은 범세계적인 교회 공동체, 성경에 제시된 대로 날마다 새롭게 그리스도께 순종함으로써 모든 나라와 만물을 다스리는 하나님의 통치를 가리키는 믿을 만한 표지요 도구요 맛보기가 되는 그런 공동체를 그려 볼 수 있을 것이다.

오늘날의 에큐메니컬 운동은 범세계적인 교회 공동체의 비전을 향해 비틀거리며 나아가는 연약하고도 한계가 많은 운동이다. 이 운동의 한계에 대해서는 잠시 후에 말할 생각이다. 먼저 이런 한계에도 불구하고 그 목표를 향해 전진하는 진정한 운동이라는 사실을 감사하는 태도로 인정하는 것이 합당하다. 그동안 에큐메니컬 모임에 동참했던 많은 사람들과 마찬가지로, 나 역시 서로 다른 문화적 상황에서 기인한 복음에 대한 이해들이 얼마나 많은 긴장과 모순을 낳았는지를 직접 체험했다. 그래서 이것이 정말 총체적인 모순은 아닌지, 우리가 예수님과 복음에 관해 서로 다른 언어로 이야기할 때 정말 동일한 실재를 논하고 있는지 여부를 묻고 싶은 생각이 들었을 정도다. 하지만 나는 또한, 다른 이들과 마찬가지로, 다 함께 기도하고 성경을 공부하고 서로가 그리스도를 경험한 이야기에 귀를 기울이는 가운데, 우리가 각기 나름대로 증언하는 유일한 주 예수 그리스도가 과거에도 있었고 현재도 존재하고 있다는 것과, 우리를 우리 문화에 묶어 주는 끈보다 더 강한 끈으로 그분이 우리를 다 함께 그분 안에서 묶어 주었다는 것을 거듭해서 발견하는 경험을 했다. 바로 이런 경험에 힘입어 우리는 하나님의 말씀이 우리 문화를 향해 메시지를 던질 때 그 말씀의 예리함을 새삼 깨달으면서 우리의 지역교회로 되돌아가게 된다.

이처럼 감사를 표명하는 긍정적인 말과 함께 나로서는 현재 에큐메니컬 운동의 한계 또한 이야기하지 않을 수 없다. 여기서 나는 본래 인간은 연약하고 죄 많은 존재이기 때문에 모든 운동이 안고 있는 그런 한계를 말하고 있는 것이 아니다. 지금 우리가 논의하는 교회와 문화의 관계에 폭넓은 함의를 갖고 있는 아주 구체적인 결함을 언급하고 있는 중이다. 에큐메니컬 운동을 탄생시킨 교회들은 지난 수세기 동안 서유럽과 북아메리카에서 발달한 문화를 공유하는 교회들, 18세기 이성의 시대 이후 굉장히 급격한 변화를 겪은 교회들이었다. 이 운동의 모든 사역은 서유럽의 언어로 실행되었다. 그래서 서유럽에서 발달한 사유와 연구, 조사와 논쟁의 방법에 오랫동안 훈련된 사람들만이 이 일에 참여할 수 있다. 서유럽의 사고방식이 과거 두 세기 동안 세계 전역을 지배한 나머지, 그와 다른 것은 모르는 사람들로서는 그 사고방식이 인간 경험의 의미를 발견하는 여러 방법 가운데 하나에 불과하다는 사실을 인식하기가 무척 어렵다.

이 점을 분명히 하기 위해 다음과 같은 예를 들어 보겠다. 타밀 교회에 몸담은 적이 있는 사람이라면 누구나 타밀 기독교의 서정시에 생생한 기독교 신앙과 경험의 풍성한 자원이 구현되어 있다는 것을 알고 있다. 그리고 이 서정시의 물결은 지난 한 세기 반 동안 흘러왔고 지금도 강하게 흐르고 있는 중이다. 이런 서정시를 쓰고 읽고 노래하는 사람들은 에큐메니컬 운동에 참여하지 않는다. 그 시들이 유럽 언어로 번역되면 그 고유한 힘과 아름다움을 잃어버리기 때문이다. 그들이 심오한 신앙의 경험을 포착하고 표현하는 매체인 이러한 개념과 사고체계는 에큐메니컬 모임의 문서에는 등장하지 않는다. 오랫동안 서구식 연구와 논증과 실험의 방법을 훈련받은 타밀 그리스도인만이 모임에 참석할 수 있다. 그가 모임에 참석하여도 자기 교회에서 체험한 가장 생명력 있는 신앙을 전달하는 일은 거의 불가능하다. 이와 비슷한 예는 아시아와 아프리카와 태평양 지역에 있는 기독교 문화에서도 얼마든지 찾을 수 있을 것이다.

현대 서구 문화 이외의 다른 문화에서 살아 본 적이 없는 사람들은 이 문화가 인류의 수많은 문화의 하나에 불과하다는 사실을 인식하기가 무척 어렵다. 그들은 서구 문화를 단지 "현대의 과학적 세계관"으로만 알고 있을 뿐이다. 체계적이고 엄밀한 사유는 이 방식으로만 할 수 있다고 생각한다. 다른 모든 것은 이런 형식으로 번역될 때에만 진지한 연구 대상이 될 수 있다. 심지어는 한스 큉(Hans Küng)과 같은 뛰어난 신학자조차 위대한 세계 종교들을 연구하는 신학자들에게, 우리가 세계 종교에 관한 풍성한 대화를 나누려면 "현대적 의미의 과학적 신학들을 개발해야" 할 것이라고 충고했을 정도다.[10] 이처럼 서구의 문화적 패턴이 세계 곳곳을 지배하는 바람에 에큐메니컬 운동은 많은 한계를 갖고 있고, 이 문화에 몸담은 그리스도인들은 정작 자기들에게 필요한 교정 사항을 다른 문화에 속한 그리스도인들로부터 받지 못하고 있다. 물론 최근에 들어와서 '제3세계 신학'에 대한 관심이 높아진 것은 사실이지만, 이런 신학들은 보통 유럽 언어로 쓰여 있으며 (솔직히 말해서) 예전의 유럽 사상—마르크스주의, 헤겔주의 등—이 밟은 단계를 그대로 밟고 있는 경우가 너무도 많다. 아시아와 아프리카 기독교의 진정한 힘은 이런 모조품을 생산하는 데 있지 않다. 그 힘은 자기네 문화의 고유한 방식으로 자연스럽게 기독교 신앙을 실천하고, 이러한 증언을 통해 자기 민족을 그리스도께 인도하는 이들의 신앙적인 삶과 행동에 담겨 있는 것이다.

"오래된" 교회에 속한 신학자들은 종종 아시아와 아프리카의 "어린" 교회들이 혼합주의의 유혹에 빠져 자기네 전통문화에 너무 밀착된 신학을 개발해서는 안된다고 우려를 표명하곤 했다. 그런데 에큐메니컬 운동에서 유럽 문화가 완전히 군림하는 바람에, 서구 신학자들은 그들의 신학이 그들 문화의 가정에 도전하지 못한 결과물이었다는 사실을 거의 인식하지 못하고 있는 실정이다. 그리고 아시아와 아프리카의 어린 교회에서 온 신학자들은 에큐메니컬 운동에 참여하는 선제조건으로 유럽 문화를 채택하지 않으면 안되었기 때문에 그들로서는 서구 신학에 날카로운 도전을 던질 만한 입장이 아니었다. 이 장의 마지막 대목에서 내가 개진할 논점이 어쩌면 이 주장의 좋은 예가 될지 모르겠다.

3. 나는 이제까지 복음과 문화의 상호작용을 삼각지대 내에서 계속해서 발전하는 관계로 묘사했다. 여기서 삼각지대란 지역문화, 다른 문화에서 온 그리스도인의 증언을 대변하는 에큐메니컬한 교제, 예수 그리스도 중심의 계시를 담고 있는 성경을 세 쏙짓점으로 삼는 지대를 말한다. 내가 이 주제를 놓고 현대의 과학적 세계관에 헌신한 문화에 속한 동료들과 토론해 본 결과, 이 삼각형의 첫째와 둘째 꼭짓점에 대해서는 의문이 없으나 셋째에 대해서는 상당한 의문을 품고 있다는 것을 발견했다. 달리 말하면, 현대 서구 신학자는 지역문화에 대해 열린 자세로 대화할 필요성과 전세계 그리스도인들과 함께 에큐메니컬한 대화를 나눌 필요성은 충분히 인정할 것이다. 문제는 성경이 과연 어떤 의미에서 이런 발전양상의 세 번째 독자적인 꼭짓점으로 기능한다고 말할 수 있는가 하는 것이다. 현대의 과학적 세계관에서 이런 식으로 성경의 위치를 주장할 경우에는 다음 세 가지 반론이 제기될 가능성이 크다.

(ㄱ) 성경은 특정한 문화 혹은 문화적 복합체의 경험을 대변하고

있을 따름이다. 신약성경은 인류 역사에서 특정한 시대와 장소의 언어와 형식을 사용하고 있다. 그것은 세계의 여러 문화들 사이에 있는 '중립 지대' 혹은 '비동맹 국가'가 아니다. 인류의 모든 민족 가운데 한 민족의 경험에서 나온 산물이다. 따라서 특정한 문화의 특징이 새겨져 있고 그들의 언어가 담겨 있다. 그런데 어떻게 성경을 다른 문화의 산물보다 우월한 권위를 가진 것으로 절대시할 수 있는가?

(ㄴ) 신약성경 자체만 보아도 복음에 대한 다양한 해석들이 있다. 일부는 구약성경에서 끌어온 모델, 일부는 페르시아의 신화로부터 나온 모델, 일부는 그리스 철학의 세계에서 도출한 모델의 영향을 받고 있는 것 같다. 그런데 이처럼 특정한 시대와 지역의 문화와 연관이 있는 다양한 기록의 모음집이 어떻게 인류의 전반적인 문화에 기초한 모든 것을 시험할 수 있는 평가 기준을 제공할 수 있는가?

(ㄷ) 현대 역사학의 도구를 사용하는 신약 비평학으로 말미암아 많은 학자들은, 미래의 발전양상에 대한 평가 기준을 제공할 만큼 믿음직한 예수의 생애와 성품과 가르침에 관한 지식을 얻는 것이 불가능하다고 생각하게 되었다. 신약성경에 포함된 자료가 어느 정도까지 예수의 성품과 메시지를 반영하고 또 어느 정도까지 원시 교회의 믿음을 반영하고 있는지를 확실히 말할 수 없다고 한다.

위의 질문들이 제기하는 이슈들은 여러 권의 책으로 다뤄야 마땅하지만, 분명 기독교 선교의 성격과 권위에 영향을 미치는 질문들인 만큼 여기에서 어느 정도라도 주목하는 것이 필요하겠다.

(1) 물론 성경이 인류 문화 전반에서 한 특정 부분에 자리를 잡고 있다는 것은 틀림없는 사실이다. 이 사실은 그 옛날 인류를 구성하고 있던 70개 나라 가운데서 하나님이 에벨 가족을 택했던 때로부터 줄곧 성경 이야기의 지평을 이루고 있다. 여기에 기독교 전통의 핵심에 해당하는 원초적인 도그마가 표현되어 있다. 그 내용은, 하나님은 모든 나라를 구원하려는 그분의 목적을 전달하는 자로 삼기 위해 모든 민족 가운데서 한 민족을 선택하셨다는 것이다. 현대 서구 문화에서는 모든 문화 가운데 어느 하나가 독특한 지위를 갖는 것은 불가능하다고 믿기 때문에 이 도그마는 문제에 봉착한다. 이런 불가능성은 인간 경험의 보편적 의미에 대한 또 다른 도그마에 기초하고 있는 것이다. 여기서 상이한 두 가지 도그마 체제가 서로 충돌하게 된다. 그런데 내가 알기로 이 두 가지 도그마보다 더 근본적인 공리는 존재하지 않는다. 말하자면, 둘 중 어느 하나가 참이고 다른 하나는 오류라는 것을 증명해 줄 만한, 양자보다 더 근본적인 공리는 없다는 뜻이다. 앞의 도그마에 따르면, 세계 역사는 어느 의미에서 한 덩어리이므로 특정한 사건이 전반적인 이야기에 대해 독특한 중요성을 갖는 것이 가능하다. 뒤의 도그마에 따르면, 그렇게 독특한 중요성을 갖고 있는 사건은 있을 수 없기 때문에 우리는 역사 전체의 의미에 대해 보편적으로 타당한 주장을 할 수가 없다. 특정 사건이 독특한 중요성을 갖고 있다는 기독교의 선언은 예수를 주님으로 고백하는 신앙적 헌신의 일환으로 개진되는 교리적 진술이다. 다른 한편, 이와 반대되는 선언은 그와 다른 도그마, 곧 현대 서구 문화의 지배적인 "신화"에 속하는 도그마에 기초를 두

고 있다. 여기서 쟁점이 되는 것은 한 문화를 다른 문화로 "번역하는" 문제가 아니라 두 개의 궁극적인 신앙적 헌신이 충돌하는 문제다.

그러나 인류 문화 가운데서 한 특정한 부분이 독특한 위치를 갖고 있음을 인정하더라도 이 독특성을 어떻게 해석해야 하는가 하는 문제는 여전히 남아 있다. 이는 셈족 세계의 문화적 형태가 다른 모든 문화적 형태보다 더 큰 권위를 갖고 있다는 뜻인가? 하나님께서 1세기의 한 유대인 남성 안에서 자신을 계시했고 이 계시가 유일무이하고 궁극적인 것임을 받아들이는 사람들은 이 계시가 주어진 당시의 문화적 형태까지 받아들여야 한다는 말인가? 전혀 그렇지 않다. 신약성경을 보면 예수에 관한 증언이 유대 문화에서 그리스 문화로 이동할 때 원시 교회 공동체 내에서 일어난 논쟁이 기록되어 있기 때문이다. 이 문제에 대해 명쾌한 답변이 주어진 것은 아니다. 사도행전 15:29에 기록된 '포고령'에는 영구적인 타당성을 지닐 수 없는, 순전히 셈족 특유의 요소들이 포함되어 있기 때문이다. 그러나 이 답변은 예수 그리스도의 공동체로 영입된다는 것은 예수님이 몸담고 수용했던 문화적 세계를 수용하는 것을 뜻하지 않는다는 것을 명백히 하고 있다. 새로운 공동체의 일원이 된다는 결정적인 표지는 문화적 견지에서 규정지을 수 없는 것이었다. 그것은 성령의 임재로 확인할 수 있는 아주 명백한 실재였다.

이 논의를 하다 보니 벌써 내가 제기한 세 가지 의문 가운데 두 번째 것으로 진입했다. 그것은 신약성경이 예수에 관해 말할 때 다양한 목소리를 내고 있다는 문제다.

(2) 그리스도에 대한 신약성경의 해석이 단 하나만 있지 않고 다양하다는 사실은 다음의 몇 가지를 성찰하게 만든다.

(ㄱ) 첫 번째 성찰은 부정적인 것이다. 신약성경에는 다양한 그리스도론이 나오지만 무한정 다양한 것은 아니다. 교회가 예수에 관한 전통 가운데 어느 것을 정경에 포함시키고 어느 것을 배제시켜야 할지를 결정하는 과정에서 지침으로 삼은 신념은 첫째, 예수는 알려진 시기와 알려진 장소에 살았던 실제 인물을 가리킨다는 것이었고, 둘째, 따라서 그 전통들은 최초의 증인들의 증언과 공적인 가르침을 통해 최초의 증인들과 관계를 맺었던 인물들의 증언에 비추어 검증되어야 한다는 것이었다. 바로 이런 시험을 거쳐 예수의 인격과 가르침에 대한 어떤 해석들은 배격해야만 했다. 이 과정을 거쳐 수용된 해석들은, 비록 다양하긴 해도, 동일 인물에 대한 믿을 만한 사실로 판정되었다는 공통점이 있다. 단일한 그림을 만들기 위해 차이점을 제거하지 않고 다양한 이야기를 모두 받아들였다는 것은 이 과정을 지배한 결정적 요인이 예수에 관한 교리가 아니라 당시에 살았던 실제 인물이었다는 사실을 입증해 준다.

(ㄴ) 두 번째 성찰은 긍정적인 것이다. 신약성경이 단 하나가 아닌 여러 가지 그리스도론을 담고 있다는 사실을 긍정하고 주장하는 일은 신실한 태도로 기독교 신학을 연구하는 데 중요한 요건이다. 이 사실은 우리가 유감스럽게 생각하거나 숨겨야 할 결함이 결코 아니다. 이와 반대로, 그리스도론이란 것은 언제나 복음이 선교의 여정에서 만나는 문화와의 접점에서 "잠정적으로" 연구되어야 한다는 사실을 분

명히 보여주기 때문에 오히려 이 문제의 본질에 해당하는 것이다. 예수님의 주관심사는 그분의 사역의 열매로서 자신이 말하고 행한 모든 것을 그대로 기록한 문헌을 남기는 일이 아니라, 사랑과 순종의 관계로 그분에게 묶여 있고 죄와 오류의 와중에서도 제자도를 배우며 모든 민족 가운데서 그분의 증인이 될 공동체를 창조하는 일이었다. 신약성경에 나오는 다양한 그리스도론은 그 공동체가 예수님을 증언한 여러 환경, 곧 다양한 문화의 견지에서 예수가 누구인가 하는 것을 말하려고 했다는 것을 보여준다. 만일 신약성경에 예수님의 말씀 그 자체를 틀로 삼은 단 하나의 결정적인 그리스도론이 나와 있다면, 복음이 1세기 팔레스타인의 문화에 "절대적으로" 묶여 있는 결과를 초래했을 것이다. 그럴 경우에는 무슬림들에게 코란이 그렇듯이 신약성경도 결코 번역될 수 없는 것으로 간주되었을 터이다. 그랬다면 우리는 지금과는 전혀 다른 종교를 다루게 되었을 것이다. 신약성경에서 실제로 발견되는 다양한 그리스도론은 복음의 본질에 대한 근본적인 증언의 일부다. 이것은 결국 복음이 인류의 모든 문화에서 도달하게 될 최종 목적지를 가리키고 있다. 신약성경의 통일성, 곧 성경에 온갖 그리스도론이 모두 포함되지 않고 최초의 증언에 충실한 것들만 포함되어 있다는 사실은 복음이 예수라는 유일무이한 인물에 뿌리를 두고 있다는 것을 보여주고 있다.

(ㄷ) 상기한 부정적인 성찰과 긍정적인 성찰은 다음과 같은 주장으로 이어진다. 신약성경을 구약성경의 문맥에 비추어 읽으면 (언제나 이렇게 읽어야 하지만) 예수에 대한 다양하면서도 통일된 해석을 통

해 우리에게 정경(canon)—우리가 연구하는 그리스도론의 지침이자 표준—을 제공해 준다는 주장이다. 이는 그리스도론이 언제나 잠정적이고 불완전한 것이어야 함을 보여주면서도, 그 출발점은 실제로 본디오 빌라도 치하에서 살고 가르치고 죽고 부활한 예수 그리스도라는 역사적 사실에 있다는 것도 보여준다. 그리고 최종 목적지는 바로 전세계의 다양한 문화 속에서 복음이 고백되는 것과 에큐메니컬한 교제 내에서 믿음으로 서로를 영접하게 되는 것이다.

(3) 이는 현대 신약 비평학이 제기하는 세 번째 의문으로 연결된다. 그 내용은, 우리가 그리스도론을 탐구할 때 출발점으로 삼을 수 있을 만큼 참으로 믿을 만한, "그리스도의 역사적 사실"에 관한 지식을 갖고 있는가 하는 문제다. 물론 여기에서 많은 논란을 일으키는 이 문제를 제대로 토론하는 것은 불가능하다. 하지만 우리의 주제와 상관이 있는 한 가지에 주목하는 일이 필요하겠다.

나는 7장에서 현대의 비판적 역사학 방법론을 신약성경에 적용하는 일은 두 가지 이슈와 관련이 있다는 것을 보여주려고 애썼다. 한편으로는, 개별 전통의 기원과 그 전통을 형성하고 전수되는 데 영향을 미친 요인들을 검토하는 작업에서 예전보다 크게 개량된 도구들을 사용한다는 것과 관련이 있다. 그리고 이런 도구들의 사용은 그것을 통제하는 전제와도 관련이 있다는 것도 언급했다. 내가 이미 주장한 것처럼, 역사를 기록하는 모든 작업은 무엇이 의미심장한지에 관한 가정, 따라서 이야기의 모든 부분에 중요한 의미를 부여할 수 있는 그 이야기의 궁극적인 의미에 관한 가정을 내포하고 있다. 그런데 이 문제는 본인의 궁극적인 신앙적 헌신의 문제다. 따라서 우리는 강력하게 이런 질문을 던질 필요가 있다. "혹시 '역사적인 예수'에 관한 믿을 만한 지식의 가능성에 대한 서구 신학자들의 회의적인 입장은 18세기 계몽주의 이후 그들이 속했던 (크고 영향력 있는) 사회의 문화를 지배한 암묵적인 신앙적 헌신을 무비판적으로 수용한 결과가 아닌가"라고 말이다.

신약성경은 인류 역사의 궁극적인 의미가 최초의 증인들이 만났던 그 예수 그리스도 안에서 선언되었다고 믿는 공동체 내에서 형성된 것이다. 그들은 그들 문화에 속한 역사적 방법론의 한계 내에서 기록을 만들어 전수했는데, 이 기록은 육신을 가진 예수를 직접 알았고 그분의 부활을 목격한 자들의 최초의 증언에 충실한 것이었다. 자료의 선정과 취급을 주도했던 통제 신념은 바로 예수 안에 인류 역사 전체의 뜻이 계시되었다는 믿음이었다. 이러한 관점에서 보면 역사적인 예수는 곧 신앙의 그리스도다.

물론 이와 달리 인류 역사의 의미에 대해 전혀 다른 견해를 갖는 것도 얼마든지 가능하다. 가령, 인도의 일반적인 전통과 같이 역사는 아예 의미가 없다고 주장할 수도 있다는 말이다. 그런데 인류의 이야기를 이해하는 면에서 약 이백 년 전 서유럽 사람들의 사고방식에 획기적인 변화가 일어난 것은 분명한 사실이다. 그 이야기의 의미를 인간 이성의 자연에 대한 점차적인 지배, 과거로부터 내려오는 전통과 사회구조에 대한 점차적인 지배에서 찾으려는 이른바 "진보 사상"이

18세기 이후 유럽인의 생각 속에 작동했던 것으로 보인다. 역사를 이런 식으로 이해하면 당연히 예수에 관한 이야기는 결정적인 자리를 차지할 수 없다. 사실 초등학교에서 대학교에 이르는 교과과정에서 계몽주의 시대로부터 현재까지의 세계 역사를 가르칠 때, 보통은 근대과학의 발달, 산업혁명, 현대적 정치질서의 발전과 같은 주제에 결정적인 위치를 부여하는 관점에서 가르치는 것을 볼 수 있다. 예수에 관한 이야기는 '종교학'에서는 여전히 중심적인 자리를 차지하고 있을지 모르지만 '세계사'에서는 변두리에 위치하고 있을 따름이다. 그것은 개인의 종교 영역에서는 한 자리를 차지하고 있지만 인류의 역사를 이해하는 방식에 결정적인 영향을 주지는 못한다.

현대 유럽 문화의 가정 안에서 활동하는 학자가 성경의 기록을 역사로서 연구할 때는 그 가정을 들고 오는 것이 자연스럽다. 역사학자의 작업은 교회에서 사용되는 찬송가와 기도문에 표현된 가정과는 다른 가정의 지배를 받을 것이다. 역사학자는 예수를 "현대의 비판적 역사학자"의 관점에서 이해하려고 애써야 할 것이고, 따라서 그가 발견하는 역사적 예수는 기독교 신앙의 그리스도와는 다른 인물이 될 수밖에 없는 법이다. 그렇다고 두 가지 다른 실체가 존재하는 것은 아니다. 단 한 명의 예수와 단 하나의 기록밖에 존재하지 않는다. 차이점은 그 기록을 연구할 때 들고 오는 사전(事前)의 가정이 다르기 때문에 생기는 것이다.

여기에 당장 덧붙여야 할 사항은 신앙의 그리스도는 문화적 관점에 따라 아주 다르게 보일 수 있다는 것이다. 나는 이미 이 점을 충분히 인정했다. 나는 이런 다양한 견해가 결국은 인간다움의 의미를 결정하는 실제 한 인물에 대한 견해라는 내 믿음(이는 교회의 선교가 기초하고 있는 근본적인 신념의 일부다)을 밝힌 바 있다. 이런 다양한 견해는 결코 절대시되어서는 안되고 언제나 믿음과 예배와 섬김과 증거의 사역을 수행하는 교회들의 교제권 내에서 수정될 준비가 되어 있어야 한다고 나는 주장했다. 그런데 중요한 사실은 에큐메니컬한 교제가 서구 세계의 문화적 모델에 전적으로 의존하는 바람에 상당히 왜곡되어 있다는 것이다. 그 결과, 교회에 필수적인 에큐메니컬한 수정작업이 서구 문화에서 발생하는 신학에는 적용되지 않게 된다. 이 문화에 속한 실무자들은 "현대의 과학적 역사관"은 역사를 보는 다양한 방식 가운데 하나에 불과하다는 사실을 제대로 인식하지 못하고 있다. 그들로서는 그들이 가진 기본적인 전제들이 이 문화의 영향을 받은 것임을 인식하는 것이 어렵기 때문이다. 그리하여 그들의 전제들을 절대시하고 예수에 관한 전통적인 증언은 상대화시키고 싶은 유혹을 받는 것이다. 그러므로 에큐메니컬 교제가 현재와 같이 서구 문화에 의존되어 있는 상태에서 완전히 벗어나서 우리가 제대로 신학을 할 수 있는 처소를 마련하는 일이 급선무다. 이는 주 예수 그리스도만이 절대권위를 가진 유일한 분임을 더욱 명료하게 고백하고, 이에 비해 우리가 가진 모든 문화적 형태는 상대적인 것에 불과함을 인식하는 일이다.

10장_ 복음과 타종교

The Gospel among the Religions

I

나는 이 논의의 첫 부분에서 권위의 문제를 이야기할 때, 기독교 선교는 예수 그리스도를 모든 권위를 가진 분으로 믿고 그분께 무조건 헌신하는 데 기초하고 있다는 내 믿음을 천명했고 이 천명이 논의 전반을 지배했다. 이제는 이 헌신이 동일한 종류의 또 다른 무조건적인 헌신과 접촉할 때 생기는 어려운 문제에 직면할 시점이 되었다. 이번 장의 제목에 나오는 '종교'라는 단어는 이와 같은 모든 헌신을 일컫는 것으로서, 각 종교의 신자는 그것이 다른 모든 헌신보다 더 우월한 권위를 갖고 있고 모든 경험의 의미를 파악하고 모든 사상을 평가할 수 있는 틀을 제공해 준다고 믿는다. 그런 의미에서 이 단어는 마르크스주의와 같은 '이데올로기'도 포함할 것이다. 이데올로기는 그것에 헌신한 개인과 사회 모두에게 궁극적인 신념의 역할을 하기 때문이다.

'종교'라는 단어는 어려운 단어로 악명이 높다는 것을 나도 알고 있다. 이 단어는 일종의 초월적인 경험을 내포하는 모든 신념과 행습의 체계를 묘사하는 데 사용될 수 있기 때문에 너무 모호하여 쓸모없는 단어로 전락하기도 한다. 또 때로는 마치 하나님이나 불멸의 영혼과 관련된 믿음과 행습을 가리키는 것처럼 사용되기도 하는데, 이 경우에는 부처의 원초적 메시지를 제외시키기 때문에 너무 편협하다고 할 수 있다. 나는 이 단어를 한 신자 혹은 한 사회에 대해 최종적인 권위를 갖고 있는 것, 곧 그것이 한 사람의 가치관을 결정해 준다는 의미에서 그리고 그에게 자신의 경험의 의미를 파악하고 정리할 수 있는 모델과 기본 패턴을 제공해 준다는 의미에서 최종 권위를 갖고 있는 용어로 사용한다. 이런 식으로 이 단어를 사용하면, 일반적으로 종교라고 불리는 것은 물론이고 이데올로기까지 여기에 포함된다. 아울러 지적할 필요가 있는 점은, 누군가 "그들의 종교"라고 부르는 것이 사실은 그들의 생각과 행위에서 궁극적인 권위를 가진 요인이 아닌 것일 수도 있다는 것이다. 예컨대, 어떤 그리스도인이 자신의 기독교 신앙을 제한된 영역(이를테면, 사적인 생활과 가정생활)에 국한시키는 한편, 궁극적인 헌신은 자신의 경험을 이해하는 다른 방식, 곧 부족의 전통적인 신화, 혹은 현대 서구의 과학적 세계관에 두는 경우를 생각할 수 있다. 이 경우 그리스도에 대한 헌신은 그보다 우선적인 신화(세계관)에 대한 헌신을 조건으로 삼기 때문에 후자가 그 사람의 진정한 종교라고 할 수 있을 것이다.

나의 관심사는 서로 조화되지 않는 궁극적인 헌신들의 만남에서 생기는 이슈들이다. 이는 내가 예전에는 '비교종교학'이라고 불렸고 지금은 '종교학'이라고 불리는 주제를 다루지는 않을 것이라는 뜻이다. 갈수록 명성이 높아지는 이 학문 분야를, 이 분야의 위대한 개척자 가운데 한 사람인 막스 뮐러(Max Müller)는 "인류의 가장 중요한 모든 종교의 공평하고 과학적인 비교에 바탕을 둔 종교과학"이라고 정의했다.[1] 뮐러의 말이 실린 에릭 샤프(Eric Sharpe)의 책이 이 분야의 역사를 공평하게 개관하고 있는데, 내가 여기에서 이 분야를 논의하지 않는 것은 그것이 나의 관심사인 서로 다른 궁극적 헌신들의 만남의 가능성에 대해 묘사하고 있지 않기 때문이다. 막스 뮐러와 그의 후계자들은 진리를 이해하는 실마리로서 과학적인 방법에 궁극적인 헌신을 두고 있는 것이 분명하다. 위에 인용한 문장이 들어 있는 대목에서 뮐러는 과학 공동체에게 "진정한 과학의 이름으로 이 새로운 영토를 소유하라"고 촉구하고 있다. 이는 부족 신화와 원주민 종교의 진리 주장을 고려할 필요성을 미처 발견하지 못한 선구적인 선교사의 자신만만한 소리다. "진정한 과학"의 토대 자체가, 연구 대상인 한 종교에 의해 의문에 붙여질 수 있다는 가능성을 미처 생각하지 못한 것이다. 거기에는 만남도 마주침도 상호도전도 없다. 단지 "진정한 과학"이 승리의 찬가를 부르면서 접수되지 않은 영토 속으로 진격하는 일만 있을 뿐이다. 이 선교사는 자신의 진리관이, 다른 관점에서 보면, 단지

19세기 말의 시점에 어쩌다가 대다수의 사람들 위에 군림하게 된 그 사회의 지배적인 "신화"에 불과하다는 사실을 미처 깨닫지 못했다. 그의 "과학적 객관성"은 그가 자신의 경험을 정리하고 그 뜻을 파악할 때 사용하는 일련의 모델을 숨기고 있으며, 그는 바로 이 모델에게 궁극적인 헌신을 부여하고 있는 것이다.

종교의 다양성에 대한 이보다 미묘하고 훨씬 오래된 접근방식은, 인도의 한 유명한 이야기에 담겨 있다. 어떤 왕이 많은 맹인들을 궁전에 초대하여 그들 한복판에 코끼리를 두고는 그것이 무엇인지 말해 보라고 했다는 이야기다. 왕이 의도한 대로 그들의 다양한 답변은 신하들을 재미나게 해주었을 뿐 아니라, 세상의 다양한 종교들은 인간 지성이 파악하기에는 너무도 큰 진리이며 그것을 찾는 것은 맹인이 코끼리를 더듬는 행위와 같다는 것을 그들에게 가르쳐 주기도 했다. 이 이야기는 베단타의 기본 철학, 곧 궁극적 실재는 지식의 문제(이는 아는 것과 모르는 것의 이분법을 함축하고 있다)가 아니고 영원한 자아와 온 우주의 자아의 정체성—아트만(atman)과 브라만(brahman)의 정체성—을 깨닫는 문제임을 잘 표현해 준다. 그러므로 궁극적인 실재는 오로지 부정문("이것도 아니고, 저것도 아니다")으로만 가리킬 수 있다고 한다. 이 이야기의 요점은, 맹인들은 여러 종교를 상징하지만 맹인이 아닌 왕은 깨달음에 도달하여 "보게" 된 사람을 상징한다는 데에 있다. 여기에는 종교들이 서로 만나는 접점이 없다. 어느 종교든지 베단타 철학이 의존하고 있는 신비 체험에 대한 해석에 의문을 제기할 가능성은 존재하지 않는다. 이 이야기에는 베단타 철학이야말로 실재와 부합하는 것이고 다른 모든 것은 무지에 불과하다는 뜻이 함축되어 있다.

다양한 종교 간의 충돌을 경험하는 사람이면 누구나 종교들 사이에서 합일의 토대를 찾든지, 적어도 서로 합의한 공동의 틀을 찾으려고 하는 것은 충분히 이해할 만하다. 그런데 난점은 우리가 **궁극적인 헌신**의 문제를 다루고 있다는 것이고, 내가 수용하는 토대는 단지 나 **자신**의 헌신일 따름이다. 이제까지 모두가 수용할 수 있는 토대를 찾으려는 시도가 많이 있었지만, 어느 하나도 헌신의 필연성에서 도무지 벗어날 수 없었다. 존 힉 교수는 종교 상호간의 이해의 문제를 해결하기 위해 신학에서의 "코페르니쿠스 혁명"을 제의했다. 그 핵심 내용은 "기독교가 중앙에 위치한다는 도그마에서부터 중앙에 있는 분은 하나님이라는 깨달음으로, 그리고 우리의 종교를 포함한 인류의 모든 종교가 그분을 섬기고 그분을 중심으로 돌고 있다는 깨달음으로 전환되어야 한다"는 것이다.[2] 그런데 이 제의를 태양계에 대한 프톨레마이오스의 견해로부터 코페르니쿠스 견해로의 전환에 비유하는 것에는 논리적인 오류가 있다. 태양과 행성들과 지구는 모두 관찰이라는 동일한 방법에 의해 조사할 수 있는 대상이다. 그것들은 똑같이 감각으로 인지하는 대상이다. 그러나 하나님과 종교는 동일한 부류에 속하는 대상이 아니다. 만일 논리적인 오류 없이 코페르니쿠스 혁명의 비유가 기독교와 타종교의 관계에 적용되려면, 서로 같은 부류끼리 비교되어야 한다. 하나님은, 우리가 세계 종교를 관찰하는 것과 같은 의미로 관찰할 수 있는 존재가 아니다. 우리에게는 하나님의 진정한 정체성과 세계 종교들이 생각하는 하나님을 서로 비교할 수 있는 참조의 틀이 없다. 서로 비교가 가능한 두 가지 실재는 내가 생각하는 하나님과 세계 종교들이 생각하는 하나님이다. 힉은 종교들 간의 합일의 모델을 내놓기는 했지만, 그것은 사실상 한 신학자의 하나님 개념이 모든 종교의 본질이라고 주장한 것에 지나지 않는다. 종교의 합일을 추구하는 모든 프로그램은 이런 함정에 빠질 수밖에 없다. 여기에는 진정한 만남이 존재하지 않는다. 힉의 하나님 개념만이 곧 진리이므로 어떤 세계 종교도 거기에 도전할 수 있는 가능성이 없는 것이다.

우리가 단일한 틀 안에 서로 상충되는 헌신들을 다 함께 묶을 수 있게 해주는 모종의 관점을 찾으려고 애쓰는 것은 충분히 이해할 만하다고 나는 말했다. 이해할 만하신 하시만 우리는 그것이 불가능하다는 사실에 직면해야 한다. 내가 고안하거나 분별하는 틀은 나의 궁극적인 헌신의 문제다. 그렇지 않다면 그것은 의도한 대로 작동하지 않을 것이다. 그것은 궁극적인 헌신인 만큼 다른 모든 진리 주장에 대해 그 자체의 진리 주장을 변호하지 않으면 안된다. 나로서는 내가 견지하는 그 입장밖에 견지할 수 없다. 나의 주장은 한마디로, 나의 입장에 서면 다른 모든 진리를 상대화시키는 그 진리를 분별하는 일이 가능하다는 주장에 다름 아니다. 이 주장은 나의 진정한 종교인 궁극적 헌신이 표현된 것이다.

만일 이 논리가 타당하다면, 그리스도인은 다른 신앙을 가진 친구와 이웃을 만날 때 궁극적인 권위를 지닌 예수 그리스도에게 헌신한 자로서, 그리고 공공연하게 이런 헌신을 인정하는 자로서 다른 것에 헌신한 상대방을 이해하고 그와 대화를 나누기 위해 그렇게 하는 것이다.

존 힉은 '기독교 신학과 종교 상호간의 대화'라는 강좌에서 대화에 대한 이러한 접근에 대해 논평한 적이 있다. 종교 간의 신학적 대화는 그 본질에 대한 두 가지 극단적인 개념 사이에서 일어나게 되어 있다고 말한다.

> 한 극단에는 순전히 신앙고백형의 대화가 있는데, 여기서는 각 당사자가 자기는 절대 진리를 갖고 있는 반면에 상대방은 상대적인 진리만 갖고 있다고 확신하면서 자신의 신앙을 증언한다. 다른 극단에는 진리추구형의 대화가 있는데, 여기서는 초월적인 존재가 인간의 제한된 시각보다 무한히 더 위대하다는 것을 의식하고, 그들 앞에 있는 신적인 실재를 더 완전하게 인식할 수 있도록 서로서로 도와줄 것을 기대하며 자신의 시각을 나누게 된다.[3]

자신의 "신앙고백"에 기초하여 대화에 임하는 그리스도인은 상대방도 똑같이 그렇게 할 것임을 인정해야 한다. 그래서 각 참여자는 자신의 관점에서 다른 종교를 보게 될 것이다. 각자는 "자신이 의미의 세계의 중심에 서 있고 다른 모든 신앙은 그 변두리에 분산되어 있다는 인상을 품고"[4] 있다. 물론 범세계적인 관점에서 보면 그와 같은 "신앙의 원"은 여럿 존재하고 있다. 이런 신앙고백적인 입장(이에 대해서는 나중에 논의할 것이다)을 좀 세련되게 표현하더라도, 이 입장은 "회심으로 끝나든지 차이점을 강화시키는 것으로 끝날 수밖에 없으므로" 대화의 열매를 기대할 수 없다고 힉은 말한다.[5] 그러므로 "기독교는 단연코 신앙고백형의 대화에서 진리추구형의 대화로 이동해야 한다"는 것이다.[6] 이 글의 두 번째 부분에서는 근대과학의 발흥이 기독교에 미친 영향과 장차 몇십 년 동안 다른 종교에 미칠 영향에 대해 논하고 있다. 그는 근대과학이 발흥하게 된 계기를 그리스-로마 문명을 재발견함으로써 그동안 "도그마의 잠"을 자고 있던 유럽의 지성이 깨어난 것에서 찾는다. 근대과학은 기독교에게 큰 변신을 강요했고 장차 다른 세계 종교들에게도 비슷한 영향을 미칠 것이라고 말한다. 그리고 기독교의 독특성은 바로 "근대적 정신구조를 탄생시켰다"는 사실에 있다는 것이다.[7] 이제 기독교는 "인간의 삶이 몸담고 있는 다른 위대한 신앙의 흐름들"[8]과 손을 잡고 근대과학과 테크놀로지가 우리에게 제기한 문제들에 대한 답을 찾아야 한다고 주장한다.

힉은 그리스도인에게 "단연코 신앙고백형의 대화에서 진리추구형의 대화로 이동해야 한다"고 요청한다. 후자의 입장은 "초월적인 존재가 인간의 제한된 시각보다 무한히 더 위대하다"는 주장으로 표현되어 있다. 전자의 입장은 "예수 그리스도는 만유의 주님이다"라는 고백으로 대변될 수 있을 것이다. 이 양자는 모두 신앙적인 고백이다. 어느 것도 전지(全知)하다고 주장하지 않는다. 그리스도인은 또한 "예수 그리스도는 그분에 대한 나의 견해보다 무한히 더 위대하다"고 말할 수 있을 것이다. 이런 면에서 이 두 가지 주장은 유사점이 있는 셈이다. 양자 모두 진지하게 진리를 추구하는 사람들이 개진한 진술이다. 양자의 차이점은 진리를 추구하는 방식, 쫓아야 할 실마리, 진리를 파악하는 수단인 모델, 서로 다른 증거에 부여하는 비중 등에 있다. "신앙고백형"의 입장은, 진리를 예수 그리스도께 순종하는 제자의 삶에서 찾을 수 있다고 본다. 예수 그리스도는 그분에 관한 전통에 충실한 가운데, 인류의 역사에서 발견될 만한 모든 진리에 대해 열려 있는 자세를 취하면서 그분을 따르는 제자 공동체의 삶을 통해 알 수 있는 분이기 때문이다. 이 입장은 기본적으로 역사적인 한 인물과 그의 역사적인 업적에 헌신하고 있다. 말하자면, 역사 속에 살았던 한 인생, 그가 행했던 업적, 발생했던 사건들에 의존하고 있다는 뜻이다.

다른 한편, "진리추구형"의 입장은 초월적인 존재(Transcendent Being)를 그 참조점으로 삼는다. (여기서 대문자가 사용된 것을 진지하게 여길 필요가 있을 것이다.) 이것은 물론 기록에 남은 역사적인 사건이 아니다. 철학 훈련을 받지 않은 사람은 파악하기 어려운 개념이다. "초월적"이라는 형용사는 문자적으로 어떤 것의 위치가 다른 것보다 위에 있음을 언급하는 단어다. "존재"는 "존재하다"라는 동사에서 나온 명사로서 보통은 주어와 연관시켜야만 의미를 갖게 된다. 아무 주어도 없는 "존재"라는 개념, 곧 존재하는 어떤 것을 가리키지 않는 "존재"의 개념은 대다수의 사람이 포착하기 어려운 개념이다. 철학 훈련을 받지 않은 사람은 그 어떤 것도 아닌 "존재"라는 것 자체가 상상의 산물이 아닌가 하고 물어봄 직하다. "초월적 존재"라는 어구가 힉의 강좌에서 의미를 지닐 수 있는 것은 철학적 관념론의 긴 역사에 친숙한 사람들을 대상으로 하고 있기 때문이다. 그의 진술은 사실상 바로 이 관념론의 전통 안에서 우리가 진리를 추구하고 찾아야 한다는 그의 신앙을 확증한 것이다. 힉으로서는 이런 신앙을 고백하는 것이 당연하고, 이와 다른 진리추구의 견해에 대해 그의 입장을 변호하는 것이 너무도 옳고 당연하다. 그러나 다음 두 가지 논점을 확실히 짚고 넘어가야겠다.

첫째, 특정한 훈련을 받은 아주 소수의 철학자들만이 파악할 수 있는 매우 추상적인 정신적 개념이 과연 진리를 추구하는 모험에서 예수 그리스도의 존재보다 더 믿을 만한 출발점인지는 결코 자명하지 않다. 인간이 처한 상황을 일관성 있게 이해하려는 모든 시도는 애초에 신앙의 행위로부터 시작되기 마련이다. 그 어떤 것이라도, 알기 위해서는 적어도 잠정적이나마 당연시되는 그 무엇에 기초해야만 알 수 있는 법이다. 이 면에서는 기독교 신자와 관념주의 철학자가 동일한 처지에 있다. 내 논점은, 앎의 모험에서 한 역사적 인물과 일련의 역사적 사건들이 철학자가 만든 고도로 복잡한 정신적 관념보다 덜 믿을 만한 출발점이라고 여겨야 할 아무런 토대도, 공리도, 사유의 필연성도 없다는 것이다.

이보다 더 중요한 두 번째 사항은 힉이 두 가지 입장을 규정짓기 위해 "신앙고백형"이란 단어와 "진리추구형"이란 단어를 사용하고 있는 점이다. 이는 신앙고백적인 입장을 취하는 사람들은 진리를 추구하는 자들이 아니라는 의미를 함축하고 있다. 이것은 대단히 심각한 문제임에 틀림없다. 우리가 상대방의 지적인 정직성을 부정한다면 아예 진정한 대화로 진입할 수가 없는 법이다. 힉은 스스로 열려 있고 배울 자세가 되어 있는 것처럼 가정하지만, 실은 자신의 전제가 진리에 이르는 유일한 길인 반면 그리스도인의 전제는 그렇지 않다고 주장하고 있는 셈이다. 이 점과 맥을 같이하는 것은 힉이 그리스도인의 전제를 묘사할 때는 "도그마"란 단어를 사용하는 반면, 자신의 전제는 마치 "실재"인 것처럼 말하고 있다는 사실이다. 많은 예를 들 수 있지만 여기서는 앞서 인용한 중요한 문구를 다시 인용할까 한다. "기독교가 중앙에 위치한다는 도그마에서부터 중앙에 있는 분은 하나님이라는 깨달음으로 전환되어야 한다."[9] 대화에 참여하는 그리스도인은 대화의 토대로서 예수 그리스도에 대한 헌신이 본인을 진리추구에서 배제시킨다는 견해를 수용할 수 없고, 자신이 관념론자의 헌신을 채택해야만 진리를 추구하는 자의 자격을 얻을 수 있다는 것도 받아들일 수 없다. 힉이 제의한 토대 위에서는 사실상 종교 간의 만남이 있을 수 없다. 이런 만남은 처음부터 단 하나의 전제(힉의 전제)만이 진리추구의 조건을 제공할 수 있다는 도그마에 의해 완전히 배제되기 때문이다.

힉의 강좌가 개진하는 또 다른 논리가 이 점을 더욱 분명히 하고 있다. 유럽 사상이 기독교 세계관으로부터 그리스 철학에서 유래한 사고 패턴으로 대치된 현상을 힉은 유럽이 "도그마의 잠에서 깨어난" 것으로 묘사한다. 그러니까 이런 잠을 쫓아낸 "과학적 관점"이 기독교를 포함한 모든 종교를 판단하는 기초로 간주되고 있는 것이다. 이 대목에서 힉은 부지중에 앞서 "신앙고백형의 입장"을 비판할 때 묘사했던 그 패턴을 그대로 보여주고 있다. 그는 "현대의 과학적 세계관"

에 헌신한 자로서 "의미의 세계의 중심에 서 있고, 다른 모든 신앙은 그 변두리에 분산되어 있는" 셈이고, 이로써 "신앙의 원들 각각에 거주하는 사람들은 모두 자신이 중심이라는 인상을 품고서 살아가고" 있다는 그의 말을 예증해 주고 있다.[10] 여기에 "현대의 과학적 세계관"이 또 다른 신앙의 관점에서 제기하는 근본적인 도전에 열려 있다는 암시는 전혀 없다. 그리고 그 세계관이 사람들이 세계에 대한 그들의 경험을 이해할 수 있게 해주는 많은 방법 가운데 하나에 불과하다는 사실을 인정하지도 않는다. 그러므로 대화도 없고 만남도 없는 것이다. 단지 깨어난 사람이 잠자고 있는 것으로 추정되는 자들 혹은 "도그마의 잠"에서 아직 깨어나지 못한 자들을 대상으로 내뱉는 독백만 있을 뿐이다.

그런데 그가 이런 글을 쓴 시기가 바로 현대의 과학적 세계관이 무너지고 있는 때, 세계를 지배했던 서구 백인 문화가 눈에 띄게 허무주의로 빠지고 있는 때라는 사실은 슬픈 아이러니가 아닐 수 없다. 이제는 그리스 합리주의가 3세기나 4세기와 마찬가지로 오늘날에도 사회의 궁극적 토대를 제공해 주지 못한 것이 명백해지고 있으며, 현대 서구 문화의 예전의 가치들을 파멸에서 건지려면 다른 근원에서 나오는 자원에 그 토대를 두어야 할 것이다. 이 근원은 스스로 여러 가능한 헌신 중에 하나님을 인정할 만큼 정직한 궁극적인 신앙적 헌신이어야 할 것이다. 다시 되풀이해서 조금 지겨울지 모르지만 그래도 나는 다음 몇 가지 사실을 반복하지 않을 수 없다. 첫째, 누구든지 본인이 서 있는 지점 이외의 입장을 취할 수는 없는 법이다. 둘째, 이 세상에 세계 종교들의 모든 "주관적인" 신앙적 헌신을 지배하는 "객관적인" 견해를 갖고 있다고 주장할 만한 입지는 존재하지 않는다. 셋째, 각 사람은 다른 모든 사람과 동일한 수준에서 자기 입장을 취해야 하고, 거기에서 자신의 진리관에 인생을 걸고 있는 다른 사람들과 궁극적 헌신의 차원에서 진정한 만남이 이루어져야 한다.

이제 이 주제를 마무리하면서, 그리스도인들은 예수 그리스도에 대한 헌신을 토대로 삼아 다른 종교를 가진 이웃과 만나러 가는 것이라고 말하고 싶다. 여기에는 "신앙고백"과 "진리추구" 사이의 이분법이 존재하지 않는다. 신앙고백이 곧 진리추구의 출발점이기 때문이다. 한 사람은 진리에 관해 더 많은 것을 듣고 싶은 기대감을 품고 대화의 상대를 만나겠지만, 본인이 이미 배우고 시험해 본 사고와 판단과 가치평가의 방식으로 새로운 진리를 파악하려고 애쓸 수밖에 없을 것이다. 그리스도인의 사고방식은 복음으로부터 그 전제가 나오기 마련이다. 이것은 명시적으로 표명될 필요가 있다. 그리스도인은 최종 권위를 가진 입장이 복음이 아닌 다른 어떤 것—철학체계든지, 신비적인 체험이든지, 국가적 통일과 세계적 통일의 필요성이든지—에 의해 정해질 수 있다는 것을 받아들일 수 없다. 기독교 신자는 그리스도—성육신하고 십자가에서 죽고 부활한—를 참된 빛과 참된 생명으로 고백하는 만큼 그 어떤 것이라도 이보다 더 우선권을 가진 것으로 수용할 수 없는 것이다. 그는 예수 안에 주어진 계시를 어떤 유형 가운데 하나 정도로 간주할 수 없고, 그것을 총체적인 경험을 이해하는 하나의 방식에 기초해 있는 범주로 해석해야 할 필요성을 인정할 수도 없다. 예수는 신자에게 총체적인 경험을 이해할 수 있게 해주는 근원이며, 신자는 그를 표준으로 삼아 다른 이해방식을 판단하게 되는 것이다.

이러한 면에서 그리스도인은 대화에 참여하는 다른 종교인들과 동일한 입장에 서게 될 것이다. 힌두교도, 무슬림, 불교도, 마르크스주의자 등 각 종교인은 기독교를 포함한 다른 종교를 해석하는 특유의 방식을 갖고 있으며, 각 종교는 총체적인 경험을 이해하는 토대를 제공해줌으로써 나름대로 기독교를 비롯한 다른 종교의 이해방식을 판단하는 표준의 역할을 하는 것이다. 그러므로 종교 상호간의 대화가 얼마나 성실하고 얼마만큼의 열매를 맺는가 하는 것은 무엇보다 다양한 참여자들이 얼마나 진지하게 자신의 종교를 총체적인 경험을 이해하는 근원으로 생각하느냐에 달려 있다.

II

바로 이런 토대에 근거하여 그리스도인이 대화에 참여하면, 다른 종교를 어떻게 이해하게 될까? 이 질문에 대해서 그동안 다양한 답변이 있어 왔다. 그것들을 모두 검토하려면 여러 권의 책을 써야 할 것이다. 다음의 내용은 방향 제시의 차원에서 몇 가지만 정리한 것이다.

1. 다른 종교와 이데올로기들은 모두 거짓이고 그리스도인이 그들로부터 배울 만한 것은 하나도 없다. 이 같은 답변에 대해 세 가지 사항

을 언급하고 싶다.

(ㄱ) 그리스도에 의해 눈이 열린 기독교 지성은 다른 종교인의 삶에서 나타나는 풍성한 영적 열매를 인식하고 기뻐하지 않을 수 없다. 여기에서 우리는 어느 시대든지 타종교인과 우호적인 관계를 맺었던 많은 그리스도인들의 증언을 상기할 필요가 있다.

(ㄴ) 성경이 비기독교 민족들의 언어로 번역된 대부분의 경우를 보면, 신약성경에 나오는 하나님(*Theos*)이라는 단어가 그 민족들이 최고의 존재로 예배하는 분을 지칭하는 것으로 번역되어 있다. 그리하여 현재 이런 언어를 사용하는 그리스도인들은 그 이름으로 예수 그리스도의 아버지인 하나님을 예배하고 있는 중이다. 번역가들이 논쟁을 피하려고 하나님을 가리키는 그리스어 단어나 히브리어 단어를 그대로 음역한 극소수의 예외적인 경우에도, 회심자들이 그들의 성경에 나오는 그 생소한 단어를 신(神)을 지칭하는 자신들의 토착 용어로 설명하는 것을 보면, 이 논점이 여전히 입증될 따름이다. (이 정보는 유진 나이다[Eugene Nida] 박사와 나눈 대화에서 얻은 것이다.) 예수 그리스도 안에 계시된 하나님의 이름은, 비기독교적인 믿음과 종교의 시스템 안에서 개발된 신의 이름을 사용해야 알 수 있는 법이다. 그러므로 양자 사이에 철저한 불연속성이 있다고 주장하는 것은 불가능하다.

(ㄷ) 요한은 예수님을 각 사람에게 비치는 빛이라고 말한다. 이 텍스트가 다른 종교들에 관해서는 전혀 언급하고 있지 않지만, 이로 보건대 교회 밖에 있는 자들에게 진리가 전혀 없다고 말하는 것은 불가능하다.

2. 기독교 이외의 종교들은 마귀의 작품이고, 기독교와 비슷한 면이 있는 것은 마귀의 장난으로 인한 것이다. 이는 순교자 유스티누스가 「변증」(Apology)에서 진술한 견해다. 그는 소크라테스를 비롯한 여러 사람들을 통해 말씀하시는 로고스는 사람들을 빛으로 인도하고 마귀의 작품에서 멀어지게 한다고 주장했다. 여기서 로고스는 예수 그리스도 안에서 사람이 된 존재를 말한다. 여기에서는 이방 종교(마귀의 작품)와 이방 철학(로고스가 빛을 비추는 통로) 사이에 뚜렷한 선이 그어지고 있다. 이 견해에 대해서는 두 가지 점을 논평할 필요가 있겠다.

(ㄱ) 우선, 일리가 있는 견해라는 점을 인정하는 것이 좋겠다. 종교의 영역은 마귀의 특별한 놀이터이기 때문이다. 새로운 회심자들은 옛 종교의 형태를 버릴 때 두려움에 떠는 모습을 보임으로써 선교사들을 놀라게 하곤 한다. 옛 종교 형태가 세속화된 서구인의 눈에는 흥미로운 민속 전통의 일부로 보이고, 첫 회심자의 3-4세대 후손들에게는 민족 문화의 일부로 소중히 여겨지게 될지도 모른다. 기독교를 비롯한 종교의 영역은 인간의 이성과 양심은 무력하기 짝이 없는, 악의 세력에 좌우되는 놀이터가 될 수 있다. 종교는 한 사람이 스스로 자기보다 더 큰 그 무엇에 굴복하는 영역이기 때문이다.

(ㄴ) 타종교가 기독교와 유사한 면을 갖고 있는 것이 마귀의 장난이라는 생각조차 한 가지 중요한 진리를 가리키고 있다. 다른 종교들이 복음의 위협을 받고 복음과 대립하게 되는 지점은 바로 가장 고도의 윤리적, 영적 성취를 이룩한 지점이기 때문이다. 하나님의 아들을 십자가에 못 박은 사람들은 바로 하나님의 계시를 지키는 자들이었

다. 복음을 가장 단호하게 거부하는 자들은 바로 가장 고상한 힌두교도들이다. 복음의 빛을 가리려고 애쓰는 사람들은 바로 "우리는 본다"고 말하는 자들이다(요 9:41).

3. 다른 종교들은 그리스도에게 이르는 예비 단계다. 복음은 다른 모든 종교의 바람을 성취해 준다.[11] 이 견해는 20세기 초 프로테스탄트 선교사 진영에서 강력하게 대두되었고, 1910년 에든버러 세계선교대회 책자인 「선교사의 메시지」(The Missionary Message)에 잘 표명되어 있다. 다른 종교들은 복음에 의해 만족되는 "인간의 깊은 영적 갈망의 표출"로, 혹은 복음에 의해 교정되고 온전케 되는 부분적인 통찰로 볼 수 있는 만큼, 복음을 위한 예비 단계라고 할 수 있다.[12] 이 견해는 물론 세계 종교들에 관한 자세한 지식이 있어야만 토론할 수 있다. 사실 주로 20세기 전반기에 이러한 관점에서 종교를 연구한 방대한 선교 문헌들이 있다. 그러나 간단하게 말하자면, 서로 다른 종교는 서로 다른 축으로 돌아간다는 루돌프 오토(Rudolf Otto)의 말에 따라 이 견해를 버리지 않으면 안된다. 힌두교가 묻고 답하는 문제들은 복음의 주 관심사가 아니다. 그 어떤 종교든지 그것을 기독교에 이르는 예비 단계로 보아서는 제대로 이해할 수 없는 법이다. 오히려 각 종교는 그 자체의 중심축에 따라 그 자체의 견지에서 이해되어야 한다.

4. 이와 좀 다르지만 연관되어 있는 견해로, 1928년 예루살렘대회에서 지배적이었던 입장이 있다. 이 입장은 여러 종교 속에 있는 "가치

들"을 찾고 그 속에 많은 가치들이 있음을 인정하면서도, 모든 가치들이 적절한 균형의 관계 속에 있는 경우는 기독교밖에 없다고 주장한다. 이 대회의 최종 성명은 다음과 같은 영적 가치들을 열거하고 있다. 바로 이슬람교 안에 있는 "하나님의 장엄함에 대한 의식", 불교 안에 있는 "세계의 슬픔에 대한 깊은 동정", 힌두교 안에 있는 "궁극적 실재와 접촉하고픈 욕구", 유교 안에 있는 "우주의 도덕질서에 대한 믿음", 세속 문명 안에 있는 "진리와 인간 복지에 대한 사심 없는 추구"다. 이 각각을 "유일한 진리의 일부"로 인정하고 있다.[13] 하지만 성명이 이어서 말하듯이, 그리스도는 단지 인간 전통의 연속선상에만 있는 것이 아니다. 그분께 나아오려면 가장 고귀한 전통마저 내어 놓아야 한다. 여러 종교의 "가치들"을 모두 합친다고 해서 홀로 진리이신 그분이 되는 것은 아니다.

5. 기독교와 타종교의 관계에 대한 또 다른 그림은 교황의 회칙 「그분의 교회」(*Ecclesiam Suam*, 1964년)에 나와 있다. 여기에서는 세계 종교들이 동심원을 이루고 있는데, 로마 가톨릭 교회가 중심을 차지하고 다른 그리스도인, 유대교인, 무슬림, 다른 유신론자, 다른 종교인, 무신론자가 점차적으로 중심에서 더 먼 위치에 자리 잡고 있다. 이 입장에 대해 논평하자면, 종교들을 기독교와의 거리에 입각해서 보면 그것을 제대로 이해할 수 없다는 점을 다시금 지적하지 않을 수 없다. 종교들은 각각 그 자체의 견지에서 이해해야 하기 때문이다. 그리고 이 모델은 우리가 다루는 이슈의 중심에 있는 역설적인 사실, 곧 어느

의미에서 진리에 가장 가까이 있는 자들이 다른 의미에서 복음을 가장 극심하게 반대하는 자들이라는 사실을 제대로 다루지 못한다. 과연 하나님의 계시를 맡은 수호자인 제사장과 레위인이 반쯤 이방인인 사마리아인보다 복음의 중심에 더 가깝다고 말할 수 있을까?

6. 최근의 로마 가톨릭 저술은 기독교 이외의 종교들을 아직 복음을 접하지 못한 사람들에게 하나님의 구원의 뜻이 전달되는 수단으로 간주하고 있다. 카를 라너(Karl Rahner)는 다음과 같이 주장한다. 하나님은 모든 사람이 구원을 받게 되기를 바라신다. 그러므로 그분은 은혜로 모든 사람에게 자신을 알리시고, "이와 같은 계시는 죄 많은 인간의 상태에도 불구하고 수용될 것으로 추정할 수 있다." 그리고 구원을 주는 종교는 반드시 사회적 성격을 갖고 있어야 하는 만큼 비기독교 종교들도 구원을 베푸는 면에서 긍정적인 의미를 갖고 있는 것이다. 이런 면에서 그 종교들은 구약성경의 유대교와 비슷하다고 할 수 있는데, 후자는 참과 오류가 섞여 있었음에도 불구하고 그리스도가 올 때까지 "그들을 향한 하나님의 뜻을 담은 합법적인 종교"였기 때문이다. 그리하여 다른 종교를 믿는 신자는 익명의 그리스도인으로 간주된다. 그러나 명시적으로 그리스도를 믿는 그리스도인은 "익명의 그리스도인에 불과한 사람에 비해 구원을 받을 확률이 훨씬 높다."[14]

이 견해는 여러 가지 취약점을 안고 있다. 다른 종교를 믿는 독실한 신자는, 자신을 익명의 그리스도인이라 부르는 것은 자신의 종교를 진지하게 대하지 않는 것이라고 정당하게 항의할 것이다. 하나님의 보편적인 구원의 목적에 근거하여 구원과 관련된 타종교의 유효성을 논증하는 것은 인간의 모든 활동 가운데 종교야말로 하나님의 구원이 이루어지는 영역이라고 추정하는 것인데, 이는 증명될 수 없는 주장이다. 그리고 이 입장은 구약성경과 예수의 독특한 관계를 제대로 고려하지 않는다.

그런데 이 견해의 가장 심각한 약점은 우리가 검토한 다른 견해들도 어느 정도 안고 있는 것이다. 그것은 우리가 그리스도인이기 때문에 마치 다른 사람들에 대한 하나님의 최종 심판을 알고 또 선언할 수 있는 자격이 있는 것처럼 주제넘게 추정하는 잘못이다. 복음을 들은 적이 없는 사람들의 궁극적인 구원의 문제에 관해, 오늘날 대다수의 프로테스탄트 저자들은 그것은 하나님의 지혜로운 자비에 맡길 문제라고 말한다. 그런데 일부 로마 가톨릭 학자들(예컨대, 한스 큉)은 그런 태도를 신학적 본분을 다하지 못하는 것으로 책망한다. 큉은 심지어 심판의 날에 있을 결과를 사전에 선언하지 않으려는 입장을 "거만한" 태도라는 식으로 비판하기까지 한다.[15] 그러나 나로서는 한 신학자가 마지막 날에 누가 "구원"을 받을 것인지를 사전에 알려 줄 권한이 있는 것처럼 생각하는 것이 그저 놀랍기만 하다. 교회의 이런 선언들이 언제나 도덕주의적인 색채를 띠고 있다는 사실은 결코 우연이 아니다. 천국에 자기 자리가 안전하게 확보되어 있다는 말을 듣는 사람들은 보통 "선의를 품은 이들", 종교를 좇는 "성실한" 추종자들, "율법을 지키는 자들"이다. 하지만 이런 생각은 신약성경의 가르침과 정반대 되는 것이다. 신약성경은 언제나 의외의 일이 일어날 것임을 강조하고 있다. 장차 환영을 받게 될 자들은 죄인들인 반면에 자기 자리가 확보되어 있다고 자신하는 사람들은 결국 바깥으로 쫓겨날 것이다. 하나님은 무한한 관대함과 엄청난 가혹함으로 의인을 깜짝 놀라게 하실 것이다. 뒷골목과 시궁창에서 데려온 누더기 옷을 입은 거지들은 잔치 자리에 있을 것이고, 멋진 옷을 입었다고 생각한 사람은 밖으로 쫓겨날 것이다(마 22:1-14). 열심히 일하는 정직한 젊은이는 어둠 가운데 있는 반면, 젊은 망나니는 아버지의 집에서 잔치를 즐기고 있다(눅 15장). 포도나무에 붙은 일부 가지는 잘리고 불에 탈 것이다(요 15장). 구원받는 자들과 멸망당하는 자들 모두 깜짝 놀라는 일이 벌어질 것이다(마 25:31-46). 그러므로 우리는 때가 이르기 전에 아무것도 판단하지 말라는 경고를 받고 있는 것이다(고전 4:1-5). 우리 주님이 응답하기를 거절한 그 질문(눅 13:23-30)에 대한 응답을 거부하는 것은 "거만한" 태도가 아니라 정직한 태도일 따름이다.

이것은 사소한 문제가 아니다. 우리가 다른 종교를 가진 사람에게 접근하는 방식을 좌우하기 때문이다. 나로서는, 나는 구원받은 자이고 상대방은 멸망당할 자라는 것을 염두에 두고 있는 한에서는 상대방과 단순하고 솔직하고 우호적인 의사소통을 하는 것이 거의 불가능하다. 양자 사이의 계곡이 너무 넓어서 일반적인 의사소통으로는 도무지 넘어갈 수가 없다. 그렇다고 내 편에서 상대방 역시 구원받은 것으로 결의한다고 해서 문제가 해결되는 것도 아니다. 만일 내가 힌두교도라면, 에큐메니컬 기독교 공의회가 선한 힌두교도 역시 구원받을 수 있다고 결의한다고 해서 내가 우리의 궁극적인 믿음에 관하여 그리스도인과 일반적인 대화를 나눌 수 있을 것으로 생각하지는 않을 것이다. 이런 유의 선언은 모두 우리의 권위를 초월한 결정이고 진정한 만남의 가능성을 없애 버린다. 우리는 다른 종교인을 만날 때 그보다 훨씬 겸손한 기반 위에 서야 한다. 나는 상대방의 궁극적인 운명을 사전에 알고 있다고 주장하지 않는다. 나는 상대방을 하나의 증인으로, 곧 상대방과 내가 동료 인간으로서 공유하는 전반적인 인간의 처지를 이해할 수 있게 해주는 분인 예수님을 가리키는 자로서 만나는 것이다. 이것이 우리의 만남을 가능케 하는 기반이다.

III

그러면 이런 출발점을 가질 경우 나는 어떻게 상대방의 종교를 이해할 수 있겠는가?

1. 나는 예수님 안에 하나님의 존재가 충만하게 거하고 있다고 믿기 때문에 피조세계의 모든 부분과 모든 인간은 이미 예수님과 연관되어 있다고 믿기로 다짐한 셈이다. 요한의 말을 빌리면, 만물은 예수님을 통해 창조되었고, 그분은 존재하는 모든 것의 생명이며, 각 사람에게 비추는 빛이라고 할 수 있다. 이렇게 말하는 것은 곧 예수님의 임재와 사역이 그분을 인정하는 영역에만 국한되지 않는다고 진술하는 것이다. 동일한 대목에서 요한은 또한 빛이 어둠에 비치되 어둠이 그것을 이기지 못했다고 말하고 있다. 요한복음은 이 진술의 의미를 실제 역

사의 견지에서 설명하고 있는 글이다. 이것은 일종의 그리스도 일원론(Christ-monism)이 아니다. 세상에는 빛도 있고 어둠도 존재한다. 그러나 빛은 가장 먼 곳에 이르기까지 어둠 속을 비춘다. 그래서 빛이 멈추고 어둠이 시작되는 지점은 없다. 단 그 빛을 됫박 아래에 두지 않는다면 말이다. 빛이 자유로이 비칠 때는 아무도 선을 그으면서 "여기에서 빛이 멈추고 어둠이 시작된다"고 말할 수 없다. 그러나 다음과 같은 식으로는 얼마든지 말할 수 있고 또 말해야 한다. "저곳이 빛이 비치는 곳이다. 거기에 가까이 가면 네 길이 밝아질 것이다. 거기에서 네 등을 돌리면 너는 더 깊은 어둠 속으로 빠질 것이다"라고 말이다. 우리는 세례 요한이 행했던 대로 "그 빛을 증언하는" 사람이 될 수 있고 또 그래야 마땅하다.

우리 그리스도인이 예수를 주님으로 고백한다고 해서 기독교회 바깥에 있는 남녀들의 삶과 생각과 기도 속에서 일하시는 하나님의 사역을 부인하는 것은 결코 아니다. 이와 반대로, 그러한 사역의 증거가 있을 것을 기대하고 그것을 찾고 기뻐하는 것이 오히려 마땅하다. 만일 그리스도인들이, 예수님께 충성한다는 것은 곧 그분을 인정하지 않는 사람들의 삶 속에 드러나는 빛의 뚜렷한 증거는 하찮게 여기고 복음을 권할 목적으로 그들의 약점을 뒤지고 숨은 죄와 기만을 찾아내야 하는 것이라고 생각한다면, 그것은 아주 잘못된 생각이다. 만일 우리가 그 빛을 사랑하고 그 빛 가운데 걷고 있다면, 우리는 그 빛을 어디에서 발견하든 기뻐할 것이다. 심지어 캄캄한 어둠 속에서 어렴풋한 빛만 눈에 띄어도 기쁨에 겨워할 것이다.

분명히 말하지만, 여기서 내가 염두에 두고 있는 것은 비그리스도인의 종교생활에서 나타나는 그 빛의 증거뿐 아니라 그리스도인을 부끄럽게 만드는 한결같고 철저한 헌신의 모습이기도 하다. 나는 또한 복음의 메시지와 교회를 노골적으로 배척한 무신론자, 인본주의자, 마르크스주의자 등의 삶 속에 밝게 비치는 빛의 증거도 염두에 두고 있다. 하지만 "그 빛"은 인류의 종교생활과 동일시되어서는 안된다. 종교는 어둠의 영역일 경우가 너무나 많으며 기독교라는 종교 역시 예외가 아니다. 선한 사마리아인의 비유야말로 경건한 모든 종교인들에게 종교와 종교 부재 사이의 경계선을 결코 빛과 어둠 사이의 경계선으로 생각해서는 안된다는 것을 늘 상기시켜 주는 이야기다.

그러므로 그리스도인들이 예수를 주님으로 인정하지 않는 사람들을 만날 때는 그들과 공동의 삶을 나누는 자의 입장에서 그들을 대하되 낯선 자로 대하지 않고, 생명을 주는 동일한 "말씀"에 힘입어 살아가고 생명을 주는 동일한 빛이 비치는 자로 대하게 될 것이다. 그리스도인들은 또한 상대방이 홀로 생명과 빛의 근원이 되시는 하나님께 반응하는 조그마한 증거만 있어도 기뻐할 것이다. 그들은 죽음에 대항하여 생명을 살리는 일과 어둠에 대항하여 빛을 드러내는 일이라면 무엇이든지 비그리스도인 이웃들과 함께 동참할 것이다. 그들은 공동의 삶을 살고 또 세우는 이런 공동의 과업에서 가르칠뿐더러 배우기도 하고, 베풀뿐더러 받기도 할 것을 기대하리라. 그들은 이런 공동의 과업에 기여할 때 굳이 "기독교"라는 별도의 딱지를 붙이려고 열심히 애쓰지 않을 것이다. 단지 그들이 모든 사람을 사랑하고 모두에게 생명을 주고 모두가 축복받기를 바라는 성부 하나님의 통치와 의가 이루어지는 일에 동참할 수만 있다면 무척 행복해할 것이다.

2. 앞에서 온 인류의 구석구석에서 온갖 선을 찾고 그것을 기쁘고 감사하는 마음으로 인정해야 한다고 말한 만큼, 이제는 이어서 이 밝은 그림에 어두운 면이 있다는 것을 말할 필요가 있겠다. 인간 본성의 가장 어둡고 끔찍한 면은 우리가 하나님의 좋은 선물을 취하여 그것을 우리와 하나님을 단절시키는 도구로 변질시킨 채 스스로 독자성을 이룩하려고 하는 모습이다. 온갖 선을 향한 마음, 하나님의 은혜에 대한 모든 경험, 이로부터 나오는 모든 행실과 경건의 행습이 우리가 자율적인 존재인 것처럼 주장하는 근거로 치부되곤 한다. 그리고 인간의 가장 선한 도덕적, 영적 경험의 이름으로 우리는 우리 자신을 하나님이 원하시는 삶—어린아이처럼 순수하게 하나님의 풍성한 자비를 믿는 삶—에서 단절시킨다. 이것은 예수님의 사역에서 연출된 비극적인 이야기다. 즉, 율법과 경건에서 가장 선하고 가장 고상한 모든 것의 이름에 의해 성육신하신 주님이 배척당하여 죽음에 처해진 이야기다. 이것은 바울이 다양한 방식으로 되풀이하는 이야기이며, 특히 로마서의 세 장(9-11장)에 잘 묘사되어 있다. 이것은 교회의 역사에서 계속하여 되풀이되어 온 이야기로서, 그리스도인들이 그들의 믿음과 세례 덕분에 (다른 이들에게는 없는) 하나님께 요구할 권리가 있다고 믿을 때, 그들이 사도 바울의 가르침—"유대인이나 헬라인이나 차별이 없음이라. 한분이신 주께서 모든 사람의 주가 되사 그를 부르는 모든 사

람에게 부요하시도다"(롬 10:12)—의 명백한 뜻을 받아들이길 거부할 때 일어나는 일이다.

예수의 십자가는 한편으로는 이 끔찍한 사실을 폭로하고 있으며, 다른 한편으로는 하나님이 이 사실을 다루는 방식을 보여주고 있다. 바울이 여러 곳에서 가르치고 있듯이, 십자가에서 우리 인간의 의와 경건은 스스로 경외한다고 생각했던 하나님에 대한 살인적인 적대감임이 드러나는 한편, 그 동일한 행위를 통해 우리가 또 다른 종류의 의를 제공받았기 때문이다. 이것은 바로 우리의 의에 의해 정죄를 받고 십자가에서 죽은 한 사람 안에 현존하는 하나님과 지금 여기서 누리는 완전히 화목한 관계, 곧 하나님의 선물인 또 다른 의를 말한다. 이 유일 무이한 역사적 사실—우리가 범세계적 역사의 진정한 전환점이라고 고백하는—은 역사를 통틀어 모든 종교가 스스로 구원의 수단이라고 주장하는 것을 반대하는 증거로 우뚝 서 있다. 우리가 살펴본 많은 가르침과 정반대로, 종교는 구원의 수단이 아니라고 우리는 주장해야 한다. 율법과 도덕과 경건의 세력들에 의해 십자가에서 죽고 부활하여 우주적 권세의 보좌에 앉으신, 성육신하신 유일한 주님에 관한 메시지는 모든 종교가 주장하는 권리를 모두 무효화시킨다. 우리는 이것을 피할 수 없다. 예수께서는 다소의 사울에게 그랬듯이 가장 고상한 인간 영성의 대표들에게 다가오시되, 그들이 딛고 서 있는 가장 신성한 기초를 위협하는 존재로서 오신다. 그분은 율법을 전복시키는 파괴분자인 것처럼 보인다. 사도 바울이 그랬듯이, 그분의 무조건적인 주장을 받아들인 후에야 우리는 과거를 돌아보며 그리스도가 율법을 파괴한 것이 아니라 성취했다는 사실을 볼 수 있을 것이다.

바울의 이런 경험은 나와 이 문제를 놓고 함께 토론했던 힌두교와 이슬람교 출신의 많은 개종자들에게서도 볼 수 있었다. 위기의 순간에 예수님은 그들의 눈에, 그들에게 가장 신성했던 모든 것을 위협하는 존재로 비친다. 하지만 이제 와서 그리스도 안에서의 인생 경험에 비추어 보면 그분이 그 모든 것을 보호하고 성취했다는 것을 알게 된다. 달리 표현하면, 예수 안에 나타난 바 구원에 이르게 하는 하나님의 사랑과 능력을 보면 하나님은 모든 사람이 구원받기를 원하신다고 믿을 수밖에 없지만, 이러한 목적을 계시하고 성취한 역사적 사건을 무시하거나 우회하는 방식으로 그 목적이 이루어진다고 믿을 수는 없다.

3. 구원의 목적은 결국 실제 역사를 통하여 이루어지게 되어 있다. 그것은 바로 "본디오 빌라도 치하에서" 발생한 사건들을 중심으로 하는 역사다. 이 역사의 목표는 그리스도 안에서 하늘과 땅에 있는 만물이 화목하게 되는 것(골 1:20)이고, 그리스도 안에서 만물이 통일되는 것(엡 1:10)이며, 온 창조세계가 속박에서 해방되는 것(롬 8:19-21)으로 묘사되어 있다. 하나님의 은혜로운 목적이 지향하는 대상은 온 창조세계와 모든 인류 가족이지, 인간세계와 자연세계 안에 제각기 고립되어 있는 단일체의 형태를 지닌 수십억의 인간 영혼들이 아니다. 이런 식으로 생각한 나머지, 단일체들 가운데 누가 마침내 목표에 도달하고 누가 도달하지 못할지에 대해 막연히 추측하는 것은 성경의 그림을 왜곡하는 일이다. 그리스도 안에서 약속된 구원, 그분의 몸의 부

활이 첫 열매에 해당하는 그 구원을 단지 각 개인의 영적인 역사의 성취로만 생각해서는 안된다. 이런 식으로 말하는 것은 성경으로부터 이탈하는 것인 동시에 인간 존재에 대한 진정한 이해에서도 이탈하는 것이다. 우리는 타인들과 함께 있을 때에만 온전한 인간이 되는 것이고, 그리스도 안에서 우리는 우리의 개인적 역사가 그리스도 안에 뿌리박고 있기 때문에 그분이 "자기 영혼의 수고한 것을 보고 만족하게 여길" 때까지(사 53:11) 우리 각자의 궁극적인 구원이 있을 수 없다는 것을 알고 있다. 신약성경의 여러 곳에서는 이를 위해 인내가 필요하다고 말한다(히 11:39-40, 계 6:9-11). 히브리서 저자는 지난날의 성도들에 관해 말하면서 "우리가 아니면 그들로 온전함을 이루지 못하게 하려 하심이라"는 논리를 펴는데, 이것은 결코 1세기의 논리로만 끝나지 않는다. 우리 역시 하나님의 보편적인 축복의 약속을 전하도록 부름받은 모든 사람은 아직 그 약속에 반응할 기회를 얻지 못한 모든 사람을 떠나서는 결코 온전함에 이를 수 없고 구원을 받을 수 없다고 말해야 마땅하다. 바로 이런 신학적 맥락에서 우리는 하나님의 목적에 비추어 우리가 보편 역사의 실마리로 믿는 그 이야기를 미처 접하지 못하고 죽은 수많은 사람들이 차지하고 있는 위치를 이해하려고 노력해야 한다.

4. 이 구원은 단지 공적인 삶에서 동떨어진 개개인의 생애의 최종적인 완성이 아니라 보편적인 역사의 진정한 완성이기 때문에, 구원의 역사에서 빠질 수 없는 부분은 하나님께서 인류에 풍성하게 주신 다양

한 윤리적, 문화적, 영적 보물들이 그리스도께 순종하도록 그 앞에 가져오는 역사인 것이다. 이를 어떻게 이해하면 좋을지는 다음과 같은 제4복음서의 유명한 구절에 잘 나타나 있다.

> 내가 아직도 너희에게 이를 것이 많으나 지금은 너희가 감당하지 못하리라. 그러나 진리의 성령이 오시면 그가 너희를 모든 진리 가운데로 인도하시리니 그가 스스로 말하지 않고 오직 들은 것을 말하며 장래 일을 너희에게 알리시리라. 그가 내 영광을 나타내리니 내 것을 가지고 너희에게 알리시겠음이라. 무릇 아버지께 있는 것은 다 내 것이라. 그러므로 내가 말하기를 그가 내 것을 가지고 너희에게 알리시리라 하였노라 (요 16:12-15).

이 구절이 말하는 바를 다음 세 가지로 설명할 수 있겠다.

(ㄱ) 이 1세기 유대인 공동체에 주어지고 이해될 수 있는 것은 그들이 몸담은 시대와 장소와 환경의 제약을 받는다. 영생은 유일하신 참 하나님을 아는 것이고, 이런 의미에서 하나님의 온전한 계시다(요 17:3, 6). 하지만 아직 밝히 드러나야 할 것이 더 남아 있다.

(ㄴ) 이 작은 공동체는 현재 시대와 장소와 문화의 작은 틀 속에 갇혀 있지만, 그들을 "모든 진리 가운데로" 인도하는 것, 구체적으로 "장래에 일어날 일"을 이해하도록 돕는 것은 성령의 사역이 될 것이다. 후자는 장차 연출될 세계 역사를 말한다.

(ㄷ) 그렇다고 해서 그들이 예수님에게서 멀어질 것이라는 뜻은

아니다. 예수님은 육신이 된 "말씀", 곧 그로 말미암아 만물이 창조되고 지금도 지탱되고 있는 그 말씀이다. 따라서 아버지께서 인류에 아낌없이 주신 모든 선물은 사실상 예수께 속해 있고, 성령은 그 선물들을 진정한 소유주의 손에 되돌리는 일을 하실 것이다. 이 모든 선물은 성령께서 그것들을 취하여 교회를 향해 그 진정한 의미와 용도를 말씀하실 때 비로소 받을 수 있고 이해할 수 있는 것이다.

여기에 하나님이 인류에게 주신 모든 선물과 관련하여 교회가 어떻게 증언해야 하는지 그 방식이 개관되어 있다. 나는 교회가 세상 속에 진입할 때 받을 것은 전혀 없이 줄 것만 갖고 들어간다고 주장하는 것이 아니다. 사실은 정반대다. 교회는 아직도 배울 것이 많이 있다. 이 구절은 우리가 앞으로 나아갈 때 우리의 생각을 지도해 줄 삼위일체 모델을 보여준다. 아버지는 모든 것을 주시는 분이다. 그 모든 것은 아들에게 속해 있다. 성령은 하나님께서 모든 인류에게 주신 온갖 다양한 선물들을 취하여 교회를 향해 그 진정한 의미를 말씀하심으로써, 역사의 흐름에 따라 교회를 모든 진리 가운데로 인도하시는 일을 한다. 이 모든 역사가 바라보는 목표는 하나님의 경륜, 곧 때가 차면 하늘과 땅에 있는 모든 것을 그리스도 안에서 그분을 머리로 하여 통일시키는 것이다(엡 1:10). 사도 바울은 언약 밖에 있던 이방인들이 그 속으로 들어와서 하나님 집안의 식구가 되는 놀라운 사건을 목격하는 가운데 이 목적이 성취되고 있는 징표를 본다. 모든 민족을 대상으로 한 교회의 선교를 바울보다 더 길게 경험한 우리는 교회의 역사를 뒤돌아보며 먼저는 헬레니즘 세계의 풍부한 문화와의 만남을, 그

후 인류의 여러 문화와의 만남을 추적하면서, 수많은 혼란과 왜곡과 오해와 함께 이 약속이 성취되기 시작하는 현상을 볼 수 있다.

5. 교회는 아직 길을 가는 도중에 있는 만큼 세상을 대면할 때 독점적인 구원의 소유자로 만나는 것도 아니고, 다른 이들이 부분적으로 갖고 있는 것을 충만하게 가진 자로, 혹은 그들이 묻는 질문에 대한 해답으로, 혹은 익명으로 존재하는 것이 완전히 계시된 형태로 만나는 것도 아니다. 오히려 교회는 구원의 보증(arrabon)으로서, 하나님께서 모두가 얻기를 바라시는 그 구원의 표지요 첫 열매요 상징이요 증인으로 세상을 대면한다. 이렇게 할 수 있는 이유는 교회가 복음의 말씀과 성례에 의지해 살고 이로 말미암아 거듭해서 십자가 밑의 심판대로 인도받기 때문이다. 그리고 그 심판의 전달자는 다른 신앙을 가진 사람일지도 모르며 실제로 그런 경우가 많다(참조. 눅 11:31-32). 교회는 이 세상에서 신성이 충만하게 거하는 예수님이 현존하는 장소로 존재하지만 교회 자체가 그 충만함은 아니다. 교회는 그 충만함이 일어나고 있는 장소다(엡 1:23). 그러므로 교회는 언제나 세상과 대화를 나누며 살되, 그리스도에게 속하지만 그들에게 다가온 하나님의 풍성한 은혜를 받을 준비를 갖춘 채 그리스도를 증언하는 자가 되어야 한다. 이런 대화를 나누는 삶, 이처럼 세상과 계속해서 교류하는 삶은 교회 자체가 계속 변하고 있음을 의미한다. 만일 "아버지께 있는 모든 것"이 그리스도의 소유로서 교회에 주어지려면(요 16:14-15) 교회가 변하지 않으면 안된다. 그리고 실제로 변하고 있다. 4세기 헬레니즘

세계의 교회는 예루살렘의 다락방에서 만났던 교회와 다른 것이 너무도 자명하다. 교회는 새로운 문화를 만나 그들과 대화를 나누며 살 때마다 계속 변하게 될 것이다.

6. 이제 이 논증을 그림으로 요약할 수 있겠다. 혹은 적어도 논증의 방향을 가리킬 수 있겠다. 우리는 그림으로 표현될 수 있는 일련의 모델들을 살펴보았고 또 배격했다. 지금은 발터 프라이타크(Walter Freytag)를 따라 그리스도인과 타종교인 사이의 대화를 위한 진정한 토대를 보여주는 간단한 그림을 다음과 같이 그릴 수 있겠다.[16]

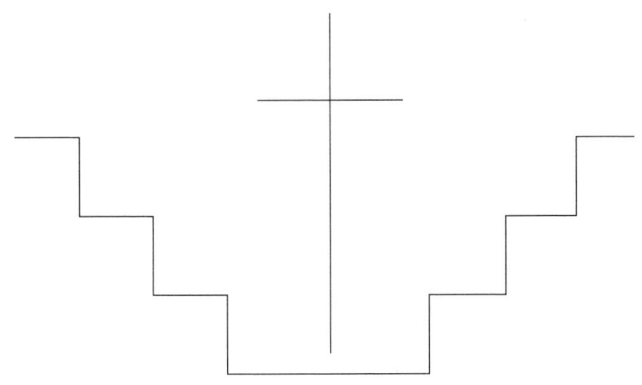

계단은 인간들이 하나님의 목적이 성취되는 것을 향해 올라가는 법을 배우는 여러 길을 상징한다. 거기에는 인류의 많은 문화들을 풍성하게 장식하는 모든 윤리적 업적과 종교적 업적이 포함된다. 그런데 그 중간에 전혀 다른 종류의 상징이 하나 놓여 있다. 이는 하나님께서 스스로를 완전히 나약한 모습으로 우리의 손에 내어놓은 역사적 사건이고, 그 만남을 통하여 가장 고상한 종교를 갖고 있더라도 하나님의 적에 불과한 우리를 그분의 사랑받는 자로 노출시킨 사건이다. 이 그림은 인간이 처한 상황이 지닌 핵심적인 역설을 표현해 준다. 그것은 하나님은 계단의 꼭대기가 아닌 밑바닥으로 우리를 만나러 오신다는 역설, 우리가 우리에 대한 하나님의 뜻을 향해 위로 올라갈수록 그분이 실제로 우리를 만나는 곳에서 더욱 멀어진다는 역설이다. "나는 의인을 부르러 온 것이 아니요 죄인을 부르러 왔노라." 그러므로 우리와 타종교인과의 만남도 계단의 꼭대기가 아니라 밑바닥에서 이루어지는 것이다. "기독교"는 역사적으로 발전함에 따라 이런 계단의 형태를 취하게 된다. 그리스도인들 역시 다른 종교를 믿는 신자를 만나기 위해 계단의 밑바닥으로 내려올 필요가 있다. "자기를 비우는" 케노시스(kenosis)가 있어야 하는 것이다. 그리스도인들은 대화의 상대방을 만날 때 하나님의 진리와 거룩함을 소유한 자로서 만나는 것이 아니라, 그들을 심판하는 하나님의 진리와 거룩함을 증언하는 자로서, 그리고 다른 종교를 가진 상대방의 입술과 삶으로 전해지는 심판의 메시지를 들을 준비를 갖춘 자로서 그들을 만나는 것이다.

IV

이제까지 놓은 토대를 바탕으로 그리스도인이 타종교인과의 대화에 임하는 목적에 대해 간단하게 말할 수 있겠다. 그 목적은 순종하는 태도로 오직 예수 그리스도의 증인이 되는 것일 뿐이다. 그리스도인으로서 이와 다른 어떤 목적, 곧 예수 그리스도의 영광을 종속적인 위치에 두는 다른 목적을 취하는 일은 있을 수 없는 것이다. 그처럼 또 다른 목적을 수용하는 것은 예수 그리스도의 총체적인 주되심을 부인하는 것에 다름 아니다. 그리스도인은 예수 그리스도를 증언하는 순종적인 삶의 일환으로 이 대화에 임한다는 사람들의 비난을 피하려고 해서는 안된다.

그렇다고 해서 대화의 목적이 비그리스도인인 상대방이 나의 기독교를 받아들이도록 설득하는 것이라는 뜻은 아니다. 그 목적은 기독교가 또 한 명의 신자를 충원하는 데 있지 않다. 이와 반대로—그리스도께 순종하는 태도로 그분을 증언한다는 말은—우리가 다른 사람(그리스도인이든 아니든)과 함께 십자가 앞에 나아올 때마다 우리의 기독교가 순종의 모양은 있으나 불순종의 실상을 감추고 있다는 사실을 발견하고 심판과 교정을 받을 준비를 갖추고 있다는 것을 뜻한다. 그러므로 나는 대화를 하기 위해 비그리스도인을 만날 때마다 나 자신의 기독교를 위험에 처하게 하는 셈이다.

이를 보여주는 고전적인 성경의 예는 가이사랴에서 일어난 베드로와 이방인 고넬료의 만남이다. 우리는 흔히 이 사건을 고넬료의 회심이라고 부르지만 이는 그에 못지않게 베드로의 회심이기도 하다. 이 만남에서 성령께서는 자신을 하나님 집안의 순종적인 일원으로 생각하던 베드로의 긍정적인 자아상을 완전히 깨뜨려 버렸다("주여, 그럴 수 없나이다. 속되고 깨끗하지 아니한 것을 내가 결코 먹지 아니하였나이다"). 고넬료가 회심한 것도 물론 사실이지만 "기독교"가 변화한 것 역시 사실이다. 하나님의 말씀이 1세기 팔레스타인의 유대인으로 성육신한 사건에서부터 그분 안에서 **만물이** 통일되는 시점에 이르는 긴 여정에서 결정적인 한 걸음을 내디딘 것이었다.

그리스도인에게 대화의 목적은 순종하는 마음으로 예수 그리스도를 증언하는 것이다. 그리스도는 교회의 자산이 아니라 교회와 모든 민족의 주님이며, 살아 계신 성령이 아버지께서 인류—온갖 믿음과 문화를 가진 모든 민족—에게 주신 모든 것을 취하여 그것을 주님이신 그리스도께 속한 것으로 교회에 선언할 때 영광을 받으시는 분이다. 이 만남을 통해 교회가 변화되고, 세상도 변화되며, 그리스도는 영광을 받으신다.

V

그러면 앞서 논의한 내용을 바탕으로 종교 상호간의 대화의 방식에 대해서는 무슨 말을 할 수 있을까? 우리는 이미 우리에게 진정한 대화의 문법을 제공해 주는 것은 삼위일체 교리라는 것을 시사했으며 이제 이에 따라 논의를 진행하려 한다.

1. 우리가 다른 종교인들과의 대화에 참여할 때에는 우리와 그들이 만유의 아버지이신 유일한 하나님에 의해 창조된 존재라는 공통점을 가진 자들이라는 것, 우리가 하나님의 자비로 살고 있다는 것, 우리 모두

그분에게 의무가 있다는 것, 그분은 우리 모두에게 똑같은 축복을 주기 원하신다는 것을 믿으면서 나아간다. 우리는 대화의 상대방이 자신의 아들됨을 받아들이는지 여부와 상관없이 한 아버지의 자녀들로서 만나는 것이다. 이는 적어도 세 가지 함의를 갖고 있다.

(ㄱ) 우리는 상대방으로부터 하나님이 그들에게 주신 것을, 또 하나님이 그들에게 보여주신 것을 간절히 듣고 싶다. 칼 바르트의 표현에 따르면, 우리는 이 넓은 세상에서 선한 목자의 음성을 들을 수 있는 귀를 가져야 한다.

새롭고 낯선 것이라도 간절히 듣고 배우고 받고 싶어하는 태도가 "아버지의 것은 다 나의 것"이라는 예수님의 말씀을 아는 사람의 특징일 것이다. 나른 종교를 가신 사람들과의 만남에서 우리는 한 하나님이 자기 형상으로 만든 인간들로서 서로 공동의 유산에 동참하는 법을 배우게 된다.

(ㄴ) 우리는 비인격적인 실체들을 공유하는 맥락에서 만난다. 이런 대화를 순전히 벌거벗은 영혼들 간의 만남으로 생각할 때 생기는 왜곡된 현상을 생각해 보면 이 말이 왜 중요한지 알 수 있다. 종교의 핵심을 순수한 대존재(Being)와의 미분화된 연합이라는 신비로운 경험으로 간주하는 자들은, 대화라는 것을 개념화할 수 있는 수준보다 "더 깊은" 차원에서 사람들과 만나는 것으로 생각하는 편이 자연스러울 것이다. 물론 대화의 당사자들이 말로 표현할 수 있는 수준을 뛰어넘는 만남이 있을 수 있다는 것을 충분히 인정하면서도, 나는 진정한 인격적인 관계는 비인격적인 실체들의 맥락에서 개발된다고 주장하

지 않을 수 없다. 우리는 스스로를 사물의 세계에서 떼어 놓는다고 더 온전한 인간이 되는 것은 아니다. 다른 종교인들과의 대화에 참여하는 그리스도인은 그들과 더불어 유일한 하나님이 모두에게 선물로 주신 공동의 세계를 공유하는 것을 기뻐한다.

(ㄷ) 더 나아가, 우리는 계속 진행 중인 세계 역사의 한 시점과 특정 장소에서 대화를 위해 만나는 것이고, 이 역사는 하나님의 섭리와 다스림 아래 있다고 믿는다. 우리는 과거의 죽은 전통을 배우는 학자들로서 만나는 것이 아니고, 우리의 도시와 나라와 세계의 삶에서 바로 이 순간의 요구와 기회에 대처하려고 씨름하는 신앙의 사람들로서 만난다. 이 점을 인정하면 우리는 옛 요새에 몸을 숨긴 채 그로부터 서로에게 화살을 퍼붓는 일을 피할 수 있을 것이다. 우리가 무슨 신앙을 갖고 있든지, 우리 모두는 우리의 신앙을 전례가 없는 새로운 상황에서 결정과 행동의 시험대에 올릴 수 있는 넓은 들판에서 만나게 될 것이다. 이처럼 오늘날의 이슈에 대해 결정을 내리는 들판에서 공공연하게 만날 때 진정한 대화가 이루어지는 법이다. 그리고 이 대화는 공적인 삶의 많은 문제에 대해 공동의 행동을 취하는 방향으로 나아갈 것이다.

2. 우리는 그리스도의 몸에 붙은 지체로서 대화에 참여한다. 이 몸은 예수님의 사명을 계속 이어가도록 아버지에 의해 세상으로 보냄을 받은 공동체다. 이것은 대화의 방식과 관련하여 세 가지 함의를 갖고 있다.

(ㄱ) 이는 우리에게 취약점이 있다는 뜻이다. 우리는 유혹에 노출되어 있다. 우리는 스스로 방어할 수 있는 능력이 없다. 우리는 난공불락의 진리를 소유하고 있지 않다. 다른 종교인과의 진정한 만남은 상대방의 세계관이 나의 것이 될 수도 있다는 가능성을 열어 놓아야 가능하다. 만일 본인이 수세기 동안 수많은 사람을 감동시킨 그 위대한 종교에 정말로 감동을 받지 않았다면, 영혼 속에서 그 종교의 권능을 느끼지 못했다면, 그는 그 종교의 메시지를 제대로 듣지 못한 것이다. 예수께서는 인간의 종교적 열정과 이데올로기적 열정이 지닌 권능에 대해 "나의 하나님, 나의 하나님, 어찌하여 나를 버리셨나이까?"라고 울부짖을 정도로 노출되었으면서도, 그의 아버지께 완전히 붙어 있으면서 자기 영혼을 아버지의 손에 의탁하셨다. 신성한 대화가 이루어질 때는 참 제자 역시 방어기제 없이 그렇게 노출될 것이다.

(ㄴ) 이 점을 303쪽에 나온 그림의 형식으로 표현해도 좋겠다. 그리스도인은 대화의 상대방을 만나기 위해 계단의 밑바닥으로 내려와야 한다. 이 만남에서 "기독교"의 상당 부분을 내려놓아야 할지도 모른다. 그리스도의 제자도를 구현하는 지적인 사상, 경건의 모습, 종교적 행습 등의 상당 부분을 의문시해야 할지도 모른다. 만남의 장소는 바로 십자가이며, 십자가는 그리스도인이 예수님을 양자 모두의 심판자이자 구원자라고 증언하는 장소다. 대화에 대한 이런 접근에 대해 존 힉은 다음과 같이 논평한다.

나는 이것이 아주 효과적인 접근이라고 생각한다. 그러나 이에 따른 결과는 이 접근이 호소하는 역사적 예수에 관한 조사, 오랜 세월에 걸쳐 형성된 그분에 대한 해석에 달려 있을 수밖에 없다. 가장 중요한 문제는 인간 예수를 교회에서 개발한 신학의 견지에서 어떻게 이해할 것인가 하는 것이다.[17]

만일 이 접근법을 따른다면, 전통적으로 기독교의 핵심으로 간주되어 온 많은 교리를 포기해야 할지도 모른다고 그는 덧붙인다. 가령, 삼위일체와 성육신의 교리 같은 것들이다.

여기에서 제기된 이슈는 내가 앞 장에서 논의한 바 있다. 교회가 대대로 그리고 서로 다른 문화에 몸담게 되면서 예수가 누구인가 하는 문제에 대한 답변을 형성할 때, 삼각구도를 지닌 관계로 그려 보려고 애썼다. 그 답변은 보편 교회의 모든 증언에 열려 있으면서, 인류의 많은 문화와 대화하는 가운데, 성경에 구현되어 있는 전통에 충실한 형태를 지녀야 한다. 다른 종교를 가진 사람들과 대화를 하게 되면 분명히 다른 환경에서 형성된 기독교 교리들이 재고되고 재구성되는 방향으로 나아갈 것이다. 이러한 재구성이 어떤 한계를 지닐 것인지는 사전에 이론적으로 규정할 수 없다. 그러나 나의 전반적인 논의는 신앙고백적인 입장을 전제로 삼고 있다. 말하자면, 예수 그리스도를 결정적인 존재로 인정하는 사람들을 대화의 참여자로 설정하고 있다는 뜻이다. 반면에 힉은 노골적으로 이런 입장을 반박하고 이백 년 전에 기독교 세계의 "교리적 잠꾸러기들"을 대치한 근대의 과학적 세계관의 입장을 채택하고 있다. "예수는 누구인가"라는 질문에 대해 그의 입장(이것도 물론 "신앙고백적인" 입장이다)이 내는 답변은 전통적인 기독교 교리와 판이하게 다를 것이다. 힉의 저술이야말로 이 점을 보여주는 충분한 증거물이다.

종교 간의 대화에 참여하는 그리스도인은 분명히 자신의 "기독교"를 위험에 처하게 할 것이다. 그는 오랫동안 수용되어 온 교리를 근본적으로 재고해야 할지도 모르기 때문이다. 하지만 예수 그리스도를 모든 경험을 이해하고 거기에 반응하는 방식을 좌우하는 결정적인 존재로 믿고 그분께 궁극적으로 헌신하는 것을 전제로 그렇게 하는 것이다.

(ㄷ) 따라서 그리스도인은 교회의 삶—예배, 가르침, 성례, 공동의 제자도—에 깊이 뿌리박은 존재로서 종교 간의 대화에 참여하게 될 것이다. 그리스도인이 진정한 만남의 선제조건인 취약성을 수용한다는 것은 어디까지나 그리스도의 몸의 지체로서 그렇게 하는 것이다. 그는 자신의 힘만 믿고 대화에 참여하는 것이 아니다. 종교들의 세계는 곧 마귀의 세계이기 때문이다. 그가 그리스도의 신실한 증인이 되기 위해 스스로를 비우고 이 세상에 완전히 노출된 채 대화에 진입하는 것은 그리스도께 깊이 뿌리를 박고 있을 때에야 가능하다.

3. 우리가 대화에 참여할 때는 성령께서 대화에 임하는 양방을 모두 예수님께 회심시킴으로 그분을 영화롭게 하기 위해 주권적으로 이 대화를 이용하실 것을 믿고 기대하며 그렇게 한다.

(ㄱ) 대화에 참여하는 그리스도인은 그 결과로 자기 안에 심대한

변화가 생길 수도 있다는 것을 인식해야 한다. 우리는 이미 베드로와 고넬료가 만난 이야기, 사도와 이방인 군인 모두에게 근본적인 회심이 일어난 그 이야기를 언급한 바 있다. 클라우스 클로스테르마이어(Klaus Klostermeier)는 힌두교도와 대화를 나눈 자신의 경험을 이렇게 묘사하고 있다. "나는 하나님 앞에서 나 자신이 그만큼 부서지고, 또 그토록 부족하고 무력하게 느낀 적이 없었다.…… 갑자기 깊은 차원에서 회개해야 할 필요성을 절박하게 느꼈다."[18] 죄와 의와 심판에 대해 세상을 책망하는 성령께서 대화에 참여하는 비그리스도인을 사용하여 교회를 책망하실지도 모른다. 대화란 곧 우리를 산산이 부수고 다시 세우시는 성령 하나님의 권능에 노출되는 것을 뜻한다.

(ㄴ) 그리스도인은 또한 성령께서 대화를 이용하여 상대방이 예수님을 믿도록 회심시킬 수 있다는 것을 믿고 또 기대할 것이다. 이런 믿음과 기대를 배제하는 것은 대화를 단지 상대방을 예수에 대한 믿음으로 회심시키는 기회로만 축소시키는 것이다. 또한 대화가 가진 진정한 중요성을 그보다 못한 것으로 전락시키는 것이다. 우리가 가이사랴에서 일어난 "베드로의 회심"에 관해 말했다고 해서 그것이 고넬료의 회심을 가리는 데 이용되어서는 안된다. 후자가 없이는 전자도 일어나지 않았을 것이기 때문이다. 종교와 철학 분야의 저명한 힌두교 저자인 첸나이의 순다라라 라잔(R. Sundarara Rajan) 박사는 최근 힌두교도-기독교도 대화의 발전양상에 대해 논평한 적이 있다. 자기 비판적인 태도를 강조하는 것, 곧 각 당사자가 사물을 상대방의 관점에서 보려고 노력해야 하고 어느 쪽이든 상대방의 신앙에 의문을 제

기해서는 안된다는 주장은, 대화라는 것을 정말로 중요한 질문은 모두 배제시킨 채 단지 상호간에 서로 다른 믿음을 확인하는 행위로만 여기는 것이라고 그는 지적한다. "만일 다른 신앙과의 만남의 결과로 자신의 신앙을 잃어버리는 것이 불가능하다면, 그것은 모든 위험에서 안전하게 보호받는 대화라고 나는 생각한다."[19] 모든 위험에서 안전하게 보호받는 대화는 진정한 대화가 아니다. 그리스도인은 성령의 주권적인 능력이 그 대화를 이용하여 본인 뿐 아니라 상대방도 회심시킬 수 있음을 믿으면서 대화에 진입할 것이다.

(ㄷ) 우리가 말하는 성령은 바로 하나님의 모든 선물을 취하여 그 것들이 그리스도에게 속한 보물임을 교회에 보여줌으로써 그리스도를 영화롭게 하는 분이다(요 16:14-15). 성령의 사역으로 우리는 그리스도를 주님으로 고백하게 된다(요일 4:2-3, 고전 12:3). 성령은 교회의 소유물이 아니라 교회를 다스리는 주님이시고, 진리에 대한 제한적이고 부분적이고 왜곡된 지식을 갖고 있는 교회를 (만물의 존재를 지탱하고 계시는) 예수 안에 있는 온전한 진리로 인도하는 분이다(골 1:17). 모든 영이 성령은 아니다. 모든 형태의 생명력이 그분의 사역으로 인한 것은 아니다. 그러므로 분별의 은사가 필요하다. 가이사랴에서의 베드로는 물론이고 예루살렘에 있는 회중도 그들의 종교적 믿음이 완전히 역전되는 충격적인 현상이 적그리스도의 사역이 아니라 성령의 사역임을 깨달을 때 이런 분별력이 필요했다(행 11:1-18).

분별의 은사를 대체할 만한 것은 없고, 우리에게 분별의 책임을 면제시켜 줄 수 있는 일련의 규율이나 제도적 규정도 존재하지 않는다.

대화란 것은 "모든 위험에서 안전하게 보호받을" 수 없는 것이다. 다른 종교와 이데올로기를 가진 사람들과의 대화에 진입하는 그리스도인은 위험부담을 받아들이는 사람이다. 그러나 나의 기독교를 위험에 처하게 하는 것이 바로 내가 예수 그리스도를 주님으로 고백할 수 있는 길이다. 모든 세계를 다스리고 나의 믿음을 다스리는 주님으로 말이다. 교회가 이런 위험부담을 받아들일 때에야 비로소 성령이 인류의 모든 민족과 문화에 흩어져 있는 아버지의 풍성한 선물을 취하여 교회를 향해 그것들이 예수님의 소유물임을 선언할 것이라는 약속이 성취된다.

VI

교회와 복음의 관계를 묘사하려고 신약성경이 가장 자주 사용하는 것은 청지기직의 비유다. 교회와 교회에서 온갖 리더십을 맡은 자들은 그들의 소유물이 아닌 주님의 소유물인 복음을 위탁받은 종들이다. 이 복음은 그것을 위탁받은 종들의 낮은 지위에 비하면 한없는 가치를 지니고 있는 것이다. 그들은 사실 질그릇에 불과하지만, 그들에게 위탁된 복음은 최고의 보물이다(고후 4:7). 이 보물은 다름 아닌 "하나님의 비밀"(고전 4:1)이고, "복음의 비밀"(엡 6:19)이며, "영세 전부터 감추어졌다가 이제는 나타내신 바 되었으며…… 모든 민족이 믿어 순종하게 하시려고 알게 하신" 것이다(롬 16:25-26). 이 비밀은 하늘에 있는 것이나 땅에 있는 것이 모두 그리스도 안에서 통일되게 하려는 그분의 뜻이다(엡 1:9-10). 또한 이것은 그리스도를 통하여 만물을 삼위일체 하나님의 영광 안에 있는 참된 목적에 이르게 하려는 하나님의 목적, 곧 공공연한 비밀이다. 모든 민족에게 전파되는 복음 안에서 선포되었다는 점에서 공공연하게 열려 있는 것이고, 오직 믿음의 눈에만 밝히 보인다는 점에서 하나의 비밀이다. 그것은 하나님께서 믿음의 선물을 주셔서 십자가의 약함과 어리석음이 곧 하나님의 능력과 지혜인 것을 알게 된 자들에게 위탁되었다. 그것은 그들 자신만을 위해서가 아니라 모든 민족을 위해 위탁된 것이다. 그것은 곧 그들 속에 계신, 영광의 소망이신 그리스도다.

청지기는 여러 가지 유혹에 빠질 수 있다. 이 모든 유혹은 교회의 역사에서도 볼 수 있고 예수님의 비유들 속에도 잘 나와 있다. 그는 자신이 청지기에 불과한 것을 잊어버리고 주인이라고 생각할 수 있다. 이 경우에 그는 모든 민족("이방인")은 멸망을 당하지만 교회는 구원을 받을 것으로 여기게 된다. 혹은 청지기가 게으르고 부주의해서 그 보물을 도둑맞을 수 있다. 이 경우에는 교회가 세속적인 잠에 빠져들고 세상은 복음의 메시지를 듣지 못하게 된다. 혹은 청지기가 자기에게 그 보물이 위탁된 목적을 잊어버린 채 그것을 포장해서 보관하거나 땅 속에 묻어 둘 수 있다. 예수님의 비유를 보면 바로 이런 무익한 종을 향하여 주인이 다음과 같이 말하는 장면이 나온다. "악하고 게으른 종아…… 네가 마땅히 내 돈을 취리하는 자들에게나 맡겼다가 내가 돌아와서 내 원금과 이자를 받게 하였을 것이니라"(마 25:14-30). 높은 이자율을 고려하여 돈을 투자하는 일은 자본금을 잃을 위험을 감수하는 것이다. 교회는 성도들에게 전해진 믿음을 고스란히 보존하고 조금도 바꾸면 안된다고 생각한 나머지 그런 투자를 하기 두려워하곤 했다. 그래서 구두적인 정통이 최고의 미덕이 되고 혼합주의는 가장 두려운 적이 되기에 이르렀다. 이런 분위기에서는 진정한 대화가 불가능하다. 그리고 진정한 선교 역시 불가능하다. 만일 교회가 이렇게 강하게 버티고 있으면 개종은 가능할지 모르지만, 성령께서 그리스도에게 속한 것을 취하여 교회에 보여줌으로써 교회를 새로운 진리 가운데로 인도할 것을 진지하게 기대하는 참된 선교는 있을 수 없다. 복음의 비밀은 땅에 묻어 두라고 교회에 맡겨진 것이 아니다. 그것이 교회에 맡겨진 것은 인류의 영적인 교류를 통하여 위험을 감수하도록 하기 위함이다. 그것은 교회에 속해 있지 않고 교회의 머리인 동시에 우주의 머리가 되시는 분께 속해 있다. 교회에 맡겨진 그 비밀, 오래도록 감춰져 있던 그 목적이 마침내 성취되어 모든 민족에 밝히 드러나는 진리가 되도록 하는 일은 어디까지나 그분의 권한과 은혜에 달려 있다.

주

1장_ 논의의 배경

1. Willingen Conference of the International Missionary Council (1952).
2. *The Student World* 54, nos. 1-2(1961), pp. 81-82.
3. *The Church for Others*, pp. 20-23.

2장_ 권위의 문제

1. K. L. Schmidt in *Theological Dictionary of the New Testament*, ed. G. Kittel (Grand Rapids: Eerdmans, 1965), vol. 3, pp. 501-536을 보라. (「신약성서 신학사전」 요단출판사)

3장_ 삼위일체 하나님의 선교

1. Michael Polanyi, *Presonal Knowledge* (Chicago: Univ. of Chicago Press, 1958), p. 265. (「개인적 지식」 아카넷)
2. 같은 책, p. 267.

4장_ 성부 하나님의 나라를 선포하는 일

1. 나는 D. T. Niles의 설교에서 도움을 받았다.

5장_ 성자 하나님의 삶에 동참하는 일

1. Joachim Jeremias, *New Testament Theology*(London: SCM Press, 1971), I, 57. (「신약신학」크리스챤다이제스트)

7장_ 복음과 세계 역사

1. Westminster Confession, II, 1.

8장_ 선교, 하나님의 정의를 실현하는 행동

1. Gustavo Gutierrez, *Theology of Liberation*(Maryknoll, N.Y.: Orbis Books, 1973), p. 153. (「해방신학」분도출판사)
2. Jose Miguez Bonino, *Revolutionary Theology Comes of Age*(London: SPCK, 1975), p. 72
3. 같은 책, p. 88.
4. 같은 책, p. 72.
5. Gutierrez, *Theology of Liberation*, pp. 176-177.
6. 같은 책 p. 178에서 인용한 *La Pastoral en las Misiones de America Latina*, p. 16.
7. John Hick, *Death and Eternal Life*(New York: Harper & Row, 1976).
8. David M. Paton, ed., *Breaking Barriers: Nairobi 1975. The Official Report of the Fifth Assembly of the World Council of Churches*(Grand Rapids: Eerdmans, 1976), p. 63.
9. Gutierrez, *Theology of Liberation*, p. 13.
10. 같은 책, p. 15.
11. Bonino, *Revolutionary Theology Comes of Age*, p. 72.
12. 같은 책, p. 97.
13. 같은 책, p. 72.
14. Michael Polanyi, *Personal Knowledge*(Chicago: Univ. of Chicago Press), pp. 238-239.
15. Miguez Bonino, *Revolutionary Theology Comes of Age*, p. 81.
16. Dar-es-Salaam Statement of Third World Theologians 1976, *Study Encounter* 11, no. 3, p. 48을 보라.
17. Bonino, *Revolutionary Theology Comes of Age*, p. 104.
18. Polanyi, *Personal Knowledge*, pp. 229-230.

9장_ 교회성장, 회심, 문화

1. Donald McGavran, in *Concise Dictionary of the Christian World Mission*, ed. S. Neill et al.(London: Lutterworth Press, 1971), p. 479.
2. M. R. Bradshaw, *Church Growth through the Evangelism in Depth*(S. Pasadena: William Carey Library, 1969), p. 30.
3. Lausanne Congress, "The Dimensions of World Evangelization"
4. Margaret Kane, *Theology in an Industrial Society*(London: SCM Press, 1975), pp. 31-32.
5. M. M. Thomas, *Secular Man and Christian Mission*, ed. Paul Loeffler(New York: Friendship Press, 1968), pp. 22-23.
6. John V. Taylor, *The Growth of the Church in Buganda*(London: SCM Press, 1958), pp. 45-49.
7. Donald McGavran, "The Dimensions of World Evangelization," Lausanne Congress Strategy paper, 1974.
8. David Barrett, *Schism and Renewal in Africa*(Nairobi: Oxford Univ. Press, 1968).
9. Werner Hoerschelmann, *Christliche Gurus*(Frankfurt: Lang, 1977).
10. Hans Küng, *On Being a Christian*(Garden City, N.Y.: Doubleday, 1976), p. 105.

10장_ 복음과 타종교

1. Eric Sharpe, *Comparative Religion*(London: Duckworth, 1975), p. xi에서 인용한 Max Müller, *Introduction to the Science of Religion*(1873).
2. John Hick, *God and the Universe of Faith*(New York: St. Martin's Press, 1973), p. 131.
3. John Hick, "Christian Theology and Inter-Religious Dialogue," in *World Faiths*, no. 103(Autumn 1977), pp. 2-19.
4. 같은 책, p. 4.
5. 같은 책, p. 7.
6. 같은 책, p. 11.
7. 같은 책, p. 18.
8. 같은 책, p. 19.
9. Hick, *God and the Universe of Faith*, p. 131.
10. Hick, "Christian Theology and Inter-Religious Dialogue," pp. 4-5.
11. J. N. Farquhar, *The Crown of Hinduism*(Madras: Oxford Univ. Press, 1915)을 보라.
12. *The Missionary Message*(New York: Revell, 1910), p. 247.

13. Jerusalem Report I, p. 491.
14. Karl Rahner, *Theological Investigations* (London: Darton, Longman & Todd, 1966), vol. 5, pp. 115-134.
15. Küng, *On Being a Christian*, p. 99.
16. Walter Freytag, *The Gospel and the Religious* (London: SCM Press, 1957), p. 21.
17. Hick, "Christian Theology and Inter-Religious Dialogue," p. 8.
18. Klaus Klostermeier, in *Inter-religious Dialogue*, ed H. Jai Singh (Bangalore, 1967).
19. R. Sundarara Rajan, "Negations: An Article on Dialogue among Religions," *Religion and Society* 21, no. 4, p. 74.

찾아보기

ㄱ

개발(development) 169, 171
고난(suffering) 191-193
교회성장연구소(Institute of Church Growth) 215-218
구스타보 구티에레즈(Gustavo Gutierrez) 178, 180, 201
구스타프 바르넥(Gustav Warneck) 244
구원(salvation) '선택', '특수성'을 보라.

ㄷ

내화(dialogue) '종교'를 보라.
데이빗 바렛(David Barrett) 252
도널드 맥가브란(Donald McGavran) 215-218, 222-225, 229-230, 233, 237, 243, 247, 250

ㄹ

롤런드 앨런(Roland Allen) 225-230, 233, 237, 242
루돌프 오토(Rudolf Otto) 288
리처드 니버(Richard Niebuhr) 250

ㅁ

마거릿 케인(Magaret Kane) 230
마르크스주의(Marxism) 171, 186, 197-198, 202-211
마이클 폴라니(Michael Polanyi) 61-62, 203, 207
막스 뮐러(Max Müller) 274
문화적 관점(cultural context)
  성경 261-270
  언어 251-252, 286
  에큐메니컬 운동 256-261, 270
  예수 46-50

찾아보기 **321**

하나님 나라 84-86
회심 243-270
또한 '역사적 탐구'를 보라.
미구에즈 보니노(Miguez Bonino) 173, 202, 205

ㅂ

바울(Paul)
    선교사 바울 226-227
발터 프라이타크(Walter Freytag) 303
베르너 호에스켈먼(Werner Hoerschelmann) 253
보편구원론(universalism) 145-151
브루노 구트먼(Bruno Gutman) 244

ㅅ

사회정의(social justice) 28-30
    또한 '해방신학'을 보라.
삼위일체(Trinity) 46-63, 124
    또한 '예수', '하나님 나라'를 보라.
상황화 신학(contextual theology) 232-233
선교의 권위(authority for mission) 34-44
선교학의 역사(history of mission theology) 18-31
선택(election) 68-73, 129-145
    또한 '특수성'을 보라.
성령(Spirit) 52-53, 110-124
    또한 '삼위일체'를 보라.
성장(growth) '회심'을 보라.
순다라라 라잔(Sundarara Rajan) 312
C. N. 코크런(Cochrane) 57

ㅇ

아들(Son) '예수', '삼위일체'를 보라.
아버지(Father) '하나님 나라', '삼위일체'를 보라.
아우구스티누스(Augustine) 43, 58, 62
언약(covenant) 138-145
에릭 샤프(Eric Sharpe) 274
에큐메니컬 운동(ecumenical movement) 256-261, 270
역사(history) 126-163, 194
    역사로서의 성경 67-68
    역사의 예수 100-104
역사적 탐구(historical research) 154-163, 262, 267-269
예수(Jesus) 46-58, 74-82, 84-108
요아킴 예레미아스(Joachim Jeremias) 89
윌리엄 템플(William Temple) 25
유진 나이다(Eugene Nida) 286
M. M. 토머스(Thomas) 232

ㅈ

존 테일러(John V. Taylor) 263
존 힉(John Hick) 183, 276-282, 309-311
종교(religions) 272-316
    기독교와 타종교 285-293
    대화 278-285, 304-314
    본질 272-275
    또한 '문화적 관점'을 보라.
죽음(death) 184-188

ㅊ

청지기(stewardship) 314-315

ㅋ

카를 라너(Karl Rahner) 290
칼 바르트(Karl Barth) 245, 307
크리스천 카이서(Christian Keysser) 244
클라우스 클로스테르마이어(Klaus Klostermeier) 312

ㅌ

특수성(particularity) 126-129
    또한 '선택'을 보라.

ㅍ

파울루 프레이리(Paulo Freire) 170
피터 바이어하우스(Peter Beyerhaus) 28

ㅎ

하나님 나라(Kingdom of God)
    교회 91-108
    선포 66-82
    선행 110-124
    예수의 몸 85-98
    예수의 선포 50-51
    현존 84-108

하나님의 정의(God's Justice) 166-211
    또한 '사회정의'를 보라.
하나님의 통치(Reign of God) '하나님 나라'를 보라.
한스 큉(Hans Küng) 260, 291
해방신학(liberation theology) 173-211
    또한 '사회정의'를 보라.
헨드리쿠스 벌코프(Hendrikus Berkhof) 232
회심(conversion) 214-270
    교회성장 연구소 215-218
    문화와의 관계 243-270
    민중운동 217
    선교 기지 216, 218
    수적 성장 219-230
    윤리와의 관계 233-243